中国式供应链管理

大国博弈时代的供应链战略与运营

廖利军 著

电子工业出版社
Publishing House of Electronics Industry
北京·BEIJING

内 容 简 介

21世纪，是中国全球供应链、产业链崛起的世纪。

企业未来靠供应链，得供应链者得天下。2017年是中国供应链管理元年，这一年，国家出台了关于供应链管理创新实践的总要求，供应链管理也成为一个独立的企业分类。供应链管理是设计、采购、生产、销售、服务、信息流、资金流全过程的集成和协同。伴随着信息化、数据化和物联网的发展，企业从线下、电商、新零售，向供应链管理不断升级发展。我国正走向供应链强国和物流强国。企业通过变革，不断降本增效，提升自身竞争力。"中国式供应链管理"系列丛书从供应链管理师的角度出发，理论、实践与案例相结合，深入浅出，全面阐述了供应链管理的相关概念、知识、应用，系统全面、内容完善、数据详细，具有很强的实战特色，是一套不可多得的供应链管理著作。

本书既能引导各行业人士进入供应链管理领域，又能帮助传统企业领导者、电商从业者、新零售企业负责人全面了解供应链管理，同时也可作为高等院校供应链管理和物流专业、商贸专业的教材。

未经许可，不得以任何方式复制或抄袭本书之部分或全部内容。
版权所有，侵权必究。

图书在版编目（CIP）数据

中国式供应链管理：大国博弈时代的供应链战略与运营 / 廖利军著. —北京：电子工业出版社，2022.4

ISBN 978-7-121-43213-2

Ⅰ.①中⋯ Ⅱ.①廖⋯ Ⅲ.①供应链管理－研究－中国 Ⅳ.①F259.22

中国版本图书馆CIP数据核字（2022）第051472号

责任编辑：秦淑灵　　　　特约编辑：田学清
印　　刷：三河市鑫金马印装有限公司
装　　订：三河市鑫金马印装有限公司
出版发行：电子工业出版社
　　　　　北京市海淀区万寿路173信箱　　　邮编：100036
开　　本：720×1000　1/16　印张：16.75　字数：338千字
版　　次：2022年4月第1版
印　　次：2022年4月第1次印刷
定　　价：59.00元

凡所购买电子工业出版社图书有缺损问题，请向购买书店调换。若书店售缺，请与本社发行部联系，联系及邮购电话：（010）88254888，88258888。

质量投诉请发邮件至zlts@phei.com.cn，盗版侵权举报请发邮件至dbqq@phei.com.cn。
本书咨询联系方式：qinshl@phei.com.cn。

推荐序 1

得供应链者，得天下。

随着全球经济的复苏和发展，在当今市场环境下，人们对供应链的认识越来越深刻，不仅业界人士更加清楚地认识到供应链管理的重要性，政府部门也对供应链管理关注有加。习近平在党的十九大报告中提出要将"现代供应链"作为经济建设的新动能；国务院办公厅印发《关于积极推进供应链创新与应用的指导意见》（国办发〔2017〕84号），创新发展供应链新理念、新技术、新模式，高效整合各类资源和要素，提升产业集成和协同水平，打造大数据支撑、网络化共享、智能化协作的智慧供应链体系。无独有偶，美国政府也成立了一个专门的供应链咨询委员会，在货物运输及物流方面为联邦政府提供指导，帮助美国企业增加出口额。

企业与企业之间的竞争，已转变为供应链与供应链之间的竞争，在新零售的大时代背景下，每家企业的运作都属于供应链运作的某个环节。新零售依托于供应链管理。供应链是围绕核心企业，通过对商流、物流、信息流、资金流的控制，从采购原材料开始，然后制成中间产品及最终产品，到由销售网络把产品送到客户手中为止，将供应商、分销商、零售商、最终客户连成一个整体的功能网链结构。

廖利军敏锐地抓住了新零售与供应链管理的特质，编写"中国式供应链管理"系列丛书，并以良品铺子、华为、周黑鸭等全渠道电商与供应链管理为主要研究对象，系统地阐述了新零售和供应链管理中的问题。这些名企的快速发展，得益于其对供应链管理的长期执着努力，其未来的成长也取决于其对供应链的深入掌控和优化。力促整个供应链管理的协同化、客户响应的敏捷化、整体价值的最大化、利益分配的共享化，是新零售标杆企业下一步要重点做的工作，本系列丛书也给出了具有重要参考价值的答案。研究新零售和供应链管理，对我国企业实现"两个转变"，彻底打破"大而全""小而全"局面，实现高质量发展，快步迈向国际市场，提高在国际市场中的生存能力和竞争能力，都有着十分重要的理论意义和实际意义。

我是廖利军研究生时候的导师，他与良品铺子、华为、周黑鸭等知名企业有长时间的交流，其"中国式供应链管理"系列丛书较全面地分析了新零售背景下全球供应链管理的运营和实践，希望读者能从中受益。

华中科技大学管理学院教授、博士生导师

中国物流学会副会长，享受国务院政府特殊津贴

推荐序 2

每个人对新零售和供应链管理的理解不同。

阿里巴巴对新零售的定义：新零售是以互联网为依托，多角色运用大数据、人工智能等先进技术，强化对客户需求的洞察和连接，共同开创价值创造，从而对品牌、产品供应链、流通与全渠道销售过程进行升级改造，孵化和重塑业态结构与生态圈，并对线上、线下服务体验进行深度融合的零售新模式。

新零售的关键词：客户体验，大数据驱动，人工智能，线上、线下，深度融合。

新零售是以客户体验为中心的大数据驱动的泛零售形态。

中国零售业正在向 4.0 时代转变。具体来说，1.0 时代是线下实体商铺时代；2.0 时代是以 PC 端为主体的电商时代；3.0 时代是基于移动互联网实现产品、服务、营销互联的时代；4.0 时代则是以客户体验为中心的、大数据驱动的、端到端全网全渠道融合的新零售时代。

现阶段，阿里巴巴新零售的布局是围绕客户全渠道进行的。2014 年以来，阿里巴巴陆续对银泰商业、苏宁、三江购物、华联超市、盒马鲜生等进行战略性投资，都是为了打通线下布局，也让阿里巴巴供应链管理变得更强。高德纳咨询公司发布的"2021 年全球供应链 25 强"，阿里巴巴成功入选并进入全球 10 强。阿里巴巴数字供应链是基于 DT 时代的云供应链，支持天猫、淘宝、天猫国际、同城零售、淘宝特价、速卖通、盒马鲜生、阿里健康等业务板块的供应链业务，链接了超过 5 万户商家和 6 亿名消费者，阿里巴巴数字供应链在全球范围都较为领先。

如何让生意不难做？回归根本，即客户需要什么。企业需要重构人、货、场，共创共赢。智能的"人"——智能导购；适合的"货"——"品牌偏好+室内动线"；优质的"场"——"全局优化选址+竞争分析"，有组织地进行营销管理和精准营销。

阿里巴巴下一步将开发系列供应链管理决策支持系统，以帮助商家进行高效精准的产品企划。所有供应链管理决策基于数据分析，从渠道、产品、时间等不同维度、不同属性、不同指标，和整个行业比、和竞品比，让商家决策更优。

人们对理想生活的渴望和追求是生生不息的，更多城市将加入阿里巴巴新零售之城，阿里巴巴新零售和供应链管理将带领大家走进一个全新的世界。

我与廖利军先生有过多次接触，他长期跟踪研究新零售与供应链管理，"中国式供应链管理"系列丛书以阿里巴巴及国内外知名新零售与供应链管理企业为案例，深入剖析，观点独特，视野开阔，值得新零售和供应链管理从业者深入研读和借鉴学习。

肖利华　博士

阿里巴巴集团副总裁

自　　序

大国博弈时代，"供应链管理"这一词语在近两年迅速响彻中国。

一般人听到供应链管理，首先联想到的就是物流或采购。然而，这仅是供应链管理的一部分。进入21世纪后，中国企业在全球供应链和产业链中扮演着越来越重要的角色，供应链管理成为社会各界探讨最多的经济课题之一。

究竟什么是供应链？什么是供应链管理？行业误区很多。供应链管理诞生于日本，发展于美国，并在2000年左右成为美国企业通用的经营管理手段。2017年10月，中华人民共和国国务院办公厅印发《关于积极推进供应链创新与应用的指导意见》（国办发〔2017〕84号），这是我国首次把"供应链"这一词语上升到国家战略层面，具有重要意义。当前，国内供应链管理尚处于教育和基础试应用阶段，很多企业家或政府官员尚不太了解，随着中国经济国内大循环和国内国际双循环政策的实施，中国必将以更加开放的市场经济环境面向世界，因此对供应链管理的相关知识更为渴求。

供应链管理包括企业间的供应链管理和企业内部供应链管理。一般只有产业链的核心企业才涉及企业间的供应链管理，更多企业主要是企业内部供应链管理。本书聚焦企业内部供应链管理，让更多企业真正掌握并使用供应链理论、方法和工具。企业内部供应链管理包括设计的供应链管理、采购的供应链管理、生产的供应链管理、销售的供应链管理、服务的供应链管理五大环节，实现四个支撑，即供应链信息流管理、供应链资金流管理、供应链管理体系标准实施和供应链管理体系评价。

供应链管理的核心在于"集成+协同"，通过实施三流集成（物流、信息流、资金流），强化三处协同（部门协同、内外协同、生态协同），实现企业成本更低、速度更快、服务水平更高，从而提升企业的竞争能力，使企业在市场竞争中取得优势地位。供应链管理协同的基础是建立企业供应链管理体系；供应链管理应从设计、采购、生产、销售、服务五个环节不断优化，提升企业核心竞争力，而不仅仅是采购或物流环节，一家企业在供应链三个环节领先，就具备了较强的行业竞争力，而苹果、华为等企业，在这五个环节均已实现全球领先。供应链管理师的工作就是整合企业的内外部资源，对企业的物流、信息流、资金流进行集成管理，再优化、再提升，使企业具备更强的核心竞争力。

本人与国内知名高校教授、行业组织、企业专家共同参与了中国首部《供应链管理体系标准》的制定，力求使供应链管理这一专业理论更好地服务于中国企业，把握未来零售发展趋势。之前，本人历经三年创作的专著《新零售运营与实践——全渠道电商与物流供应链方法+技巧+案例》一书，由电子工业出版社出版，讲的是"销售的供应链管理"，受到读者的欢迎，并冲上"当当网新书榜"第七名和京东"通俗易懂的市场营销书籍精选"，且一再重印。

企业基业长青，一方面，需要推动企业销售的供应链管理发展，实现全渠道营销；另一方面，需要推进企业建立健全供应链管理体系标准，运用新思维，迎接供应链管理新时代。当前，企业与企业之间的竞争，已演变为供应链与供应链之间的竞争。

本书基于全球供应链管理研究的前沿变化，从宏观微观、国际国内、政府企业等多个维度进行剖析，全书分为三篇：战略篇、战术篇、实践篇。战略篇，从供应链管理的前世今生、供应链及供应链管理体系、供应链管理体系标准和供应链管理体系评价四个方面进行阐述；战术篇，从供应链管理涉及的设计、采购、生产、销售、服务、信息流、资金流七个方面进行剖析，介绍了管理方法和最佳实践案例；实践篇，通过分析智慧供应链、智慧物流供应链、智慧行业供应链、数字供应链、智慧供应链金融、供应链风险管理六个方面的最新理论和实践，指导企业的供应链全过程管理，提升企业核心竞争力。

希望本套"中国式供应链管理"系列丛书，能对更多的企业管理者从事供应链管理工作起到抛砖引玉的作用。本书理论和实践相结合，具有操作性和应用性，是一本"做过供应链管理的人写的书"，通过案例力求使企业减少失误，增强国际供应链和产业链的竞争能力。当今中国、世界都正经历新一轮的大发展、大变革和大调整，大国间的战略博弈日益加剧，中国正处于近代以来最好的发展时期，世界处于百年未有之大变局，全球产业重心正逐渐向亚洲转移，中国企业要抓住全球供应链和产业链的发展契机，加强供应链管理人才的培养，降低全球供应链不确定性因素的影响，占领战略制高点，实现制造强国、供应链强国。

企业未来靠供应链，得供应链者得天下，世界已进入全面供应链管理时代。

受限于本人的知识、能力和时间，若有内容出现偏差，希望广大专家、读者不吝赐教，再版时予以更正，希望这是一套供应链管理从业者喜爱的丛书。

廖利军
2022 年 1 月于武汉东湖

目 录

一、战略篇 得供应链者，得天下

第 1 章 供应链管理的前世今生 //2

- 1.1 供应链的起源 //2
  - 1.1.1 供应链的前世今生 //2
  - 1.1.2 供应链管理的定义 //4
  - 1.1.3 大国竞争的供应链时代 //4
- 1.2 供应链管理的目标 //5
  - 1.2.1 供应链管理的核心目标 //5
  - 1.2.2 供应链管理重要的原因 //6
  - 1.2.3 供应链管理的变化趋势 //7
- 1.3 供应链管理的环节 //7
  - 1.3.1 供应链管理的组成 //7
  - 1.3.2 供应链管理的环节及职能 //8
  - 1.3.3 供应链管理的学习资源 //9
- 1.4 供应链管理教育 //9
  - 1.4.1 供应链管理的行业组织 //9
  - 1.4.2 供应链管理的国际认定 //10
  - 1.4.3 国内供应链管理的教育 //11
  - 小贴士 供应链管理的学习方法：费曼学习法 //12
- 1.5 全球供应链最佳实践 //13
  - 1.5.1 全球供应链 25 强评分标准 //13
  - 1.5.2 供应链创新的中国实践 //14
  - 1.5.3 "中国式供应链管理"系列丛书 //15

第 2 章 供应链及供应链管理体系 //18

- 2.1 供应链相关定义 //18
  - 2.1.1 供应链的定义 //18
  - 2.1.2 供应链管理的定义 //19

2.2 供应链管理体系 //19
2.2.1 供应链管理战略 //19
2.2.2 供应链管理体系分层 //20

2.3 供应链管理层级划分 //21
2.3.1 供应链管理的五个层级 //21
2.3.2 中国供应链管理的三个时代 //22

2.4 全球供应链管理 //23
2.4.1 美国供应链的特点 //23
2.4.2 美国主流供应链企业 //24
2.4.3 国内供应链整合 //25
2.4.4 "新基建"与供应链 //26

小贴士 "10天建成一座医院"——武汉火神山、雷神山医院超级供应链管理 //26

第3章 供应链管理体系标准 //30

3.1 供应链管理体系标准的实施 //30
3.1.1 何为供应链管理体系标准的实施 //30
3.1.2 如何实施供应链管理体系标准 //31

3.2 供应链的特征分析 //33
3.2.1 供应链三个层级的衍变 //33
3.2.2 供应链的敏捷性和柔性 //34
3.2.3 供应链管理中心 //35
3.2.4 供应链管理系统 //36
3.2.5 供应链运作参考模型 //36
3.2.6 供应链人才管理体系 //37
3.2.7 供应链管理的牛鞭效应 //38

第4章 供应链管理体系评价 //39

4.1 供应链管理的效果维度 //39
4.1.1 可靠性 //39
4.1.2 反应速度 //40
4.1.3 柔性 //40
4.1.4 成本 //40

4.2 供应链效益提升的五个绝招 //41

4.3 "中国式供应链管理评价指标体系"的建设 //42
4.3.1 中国式供应链管理评价指标体系 //42

4.3.2 供应链管理指数分级 //42

☑ 本篇知识点小结 //44

二、战术篇　供应链赋能运营

第5章　设计的供应链管理 //48

5.1 设计的供应链管理概述 //48
 5.1.1 设计的供应链管理分类 //48
 5.1.2 产品设计 //51
 5.1.3 品类设计 //53
 小贴士　设计的供应链管理案例：小米之家 //54

5.2 供应链需求管理 //56
 5.2.1 供应链需求管理的定义 //56
 5.2.2 供应链需求采集 //56
 5.2.3 供应链需求预测 //57
 5.2.4 供应链需求的研发管理 //57
 小贴士　日市连锁店铺供应链管理的秘密 //58

5.3 供应链品类设计 //58
 5.3.1 品类细分 //58
 5.3.2 供应链产品设计心理学 //59
 小贴士　立讯精密的供应链突围之路 //60

5.4 供应链产品设计 //61
 5.4.1 产品设计的定义 //61
 5.4.2 产品设计的分类 //62
 5.4.3 产品设计的思路 //63
 5.4.4 产品设计的流程 //63
 5.4.5 产品设计的战略 //64
 小贴士　名创优品的供应链管理 //65
 5.4.6 产品质量设计 //66

5.5 供应链产品体系设计 //66
 5.5.1 五级产品体系 //66
 5.5.2 好产品的"三力模型" //68
 5.5.3 产品生命周期管理 //68
 5.5.4 好产品的对标企业 //69
 小贴士　供应链产品设计的"波士顿矩阵" //70

5.6 产品极简设计 //71
    5.6.1 极简设计目标 //71
    5.6.2 极简设计路径 //72
    5.6.3 极简设计应用 //73
    小贴士 苹果公司设计供应链的秘密：不给选择 //73

5.7 供应链设计的"二次曲线" //74
    5.7.1 非连续性创新"二次曲线" //74
    5.7.2 供应链设计的"二次曲线"需满足消费者心理 //75
    小贴士 费列罗集团的"健达奇趣蛋"经典产品设计供应链案例 //77

5.8 供应链产品定价设计 //78
    5.8.1 廉价是否真的很好 //78
    5.8.2 定价的秘密 //78
    5.8.3 供应链的品牌策略与定价设计 //80

第6章 采购的供应链管理 //82

6.1 采购的供应链管理概述 //82
    6.1.1 采购的定义 //82
    6.1.2 采购的目标和采购的供应链管理的目标 //82
    6.1.3 采购的分类 //84
    6.1.4 采购的分项管理 //84
    6.1.5 采购流程管理 //86
    小贴士 苹果供应商采购案例：策略及执行 //88

6.2 供应商管理 //89
    6.2.1 供应商的相关定义 //89
    6.2.2 供应商选择的因素 //90
    6.2.3 供应商的分类 //91
    小贴士 飞机的采购供应链管理案例 //92
    6.2.4 供应商的激励方式 //93
    6.2.5 采购中对供应商的评审 //93
    6.2.6 采购中对供应商的监督 //93
    小贴士 富士康采购供应链管理的13项准则 //94

6.3 采购成本管控（物流） //96
    6.3.1 传统物流方式的不足 //96
    6.3.2 成本管控方法 //97

6.3.3 成本管控步骤 //97

小贴士 华莱士采购供应链管理的案例："极致成本之路" //98

第7章 生产的供应链管理 //100

7.1 生产供应链 //100

7.1.1 生产的定义 //100

7.1.2 生产供应链的类型 //101

7.1.3 生产的分类与生产供应链的定位 //103

小贴士 格力电器供应链管理的五个阶段 //103

7.2 精益生产 //104

7.2.1 精益生产的定义 //104

7.2.2 精益生产的演变过程 //104

7.2.3 精益生产的思想精髓 //105

7.2.4 精益生产的三个专注 //105

7.2.5 日本和德国的精益生产 //106

小贴士 黄记煌中餐供应链"标准化工厂"的三无模式 //108

7.3 精益供应链 //109

7.3.1 精益供应链的定义 //109

7.3.2 准时制生产方式 //109

小贴士 小米的"精益供应链思维" //110

7.4 生产库存及生产降本管理 //111

7.4.1 生产库存管理 //111

7.4.2 降低库存的原因 //112

7.4.3 削减库存的八个方法 //112

7.4.4 生产降本管理和降本设计 //114

7.5 柔性供应链 //115

7.5.1 柔性供应链的定义 //115

7.5.2 企业柔性生产 //115

7.6 供应链生产优化 //116

7.6.1 全面质量管理 //116

7.6.2 供应链生产流程变革 //117

7.6.3 供应链生产外包 //118

小贴士 工匠精神，德日如何创造供应链细分领域的隐形冠军 //119

第 8 章　销售的供应链管理　//122

8.1　销售的供应链管理的内涵　//122
8.1.1　销售的供应链管理的定义　//122
8.1.2　销售的供应链管理的数据化　//122
8.1.3　销售供应链预测　//124
小贴士　满意度=感知-期望，你不知道的满意心理学　//125

8.2　销售供应链策略　//125
8.2.1　短视频营销的七种方式　//125
8.2.2　互联网的九种思维　//126
8.2.3　创造第一 IP　//127
8.2.4　销售的五力模型　//128

8.3　销售供应链市场细分　//128
8.3.1　中国互联网流量四大领域　//128
8.3.2　深挖细分市场　//129
8.3.3　十大开源策略　//130
小贴士　蜜雪冰城的"低定价策略"　//131

第 9 章　服务的供应链管理　//132

9.1　服务的供应链管理内涵　//132
9.1.1　服务的供应链管理的定义　//132
9.1.2　物流服务阶段分析　//132
9.1.3　物流的分类　//134
9.1.4　新趋势推动物流供应链转型　//135

9.2　仓储管理　//137
9.2.1　仓库管理　//137
9.2.2　仓库的分类　//139
9.2.3　库存及持有原因分析　//139
9.2.4　库存相关指标　//141

9.3　运输管理　//142
9.3.1　运输方式　//142
9.3.2　运输方式选择　//143
9.3.3　集装箱运输　//143
9.3.4　物流园区　//145

9.4 配送管理 //146
    9.4.1 配送方式及时限 //146
    9.4.2 区域配送中心 //147
    9.4.3 配送降本 //148
    9.4.4 配送损耗管理 //149
    9.4.5 配送"新基建" //150
    小贴士 猛兽大战：社区团购的2021生鲜供应链之争 //151

9.5 售后增值服务 //154

9.6 冷链物流 //155
    9.6.1 冷链物流的定义 //155
    9.6.2 冷链市场需求细分 //155
    9.6.3 中美日农产品冷链物流的差距 //156
    9.6.4 生鲜冷链物流"决胜之战" //157

9.7 物流供应链相关概念 //158
    小贴士 日市排名第一的冷链物流企业——日冷物流 //159

第10章 供应链信息流管理 //161

10.1 供应链信息流管理概述 //161
    10.1.1 供应链信息流管理的六个环节 //161
    10.1.2 供应链信息管理系统 //162
    10.1.3 供应链信息价值分析 //163
    小贴士 美的集团"数字化物流供应链"实践案例 //164

10.2 供应链信息流相关概念 //166

10.3 供应链数字化 //166
    10.3.1 供应链数字化背景 //166
    10.3.2 数字经济基础设施 //167
    10.3.3 企业数字化 //168
    小贴士 "数字货运第一股"满帮集团估值过千亿元 //169

第11章 供应链资金流管理 //171

11.1 供应链资金流概述 //171

11.2 安全资金流管理 //172

11.3 供应链资金缺口管理 //173

11.4 供应链金融 //174

☑ 本篇知识点小结 //175

三、实践篇　智慧供应链管理

第 12 章　智慧供应链　//178

12.1　智慧供应链概述　//178
12.1.1　智慧供应链的定义　//178
12.1.2　智慧供应链的源起　//178
12.1.3　智慧供应链的层级架构　//179
12.1.4　智能供应链　//180

12.2　智慧城市与供应链　//181
12.2.1　智慧城市物流　//181
12.2.2　智慧供应链管理的"四化提升"　//182
小贴士　国美智慧供应链制胜"五字诀"　//182

12.3　供应链控制塔　//183
12.3.1　企业供应链困局　//183
12.3.2　供应链控制塔的作用　//183

12.4　供应链灯塔企业　//184
12.4.1　企业对标管理　//184
12.4.2　灯塔企业精益供应链管理　//185
12.4.3　精益供应链管理的六个关键　//185
小贴士　茶颜悦色的供应链"武汉冲击波"　//185

第 13 章　智慧物流供应链　//189

13.1　物流供应链时代　//189
13.1.1　物流供应链的时代变迁　//189
13.1.2　物流供应链的分类　//190
13.1.3　物流供应链的五条路径　//191
13.1.4　物流供应链管理阶段　//191
小贴士　中国物流层级分析图　//192
13.1.5　物流服务分类　//193

13.2　智慧物流供应链装备　//194
13.2.1　智能物流装备　//194
13.2.2　智慧物流技术　//194
13.2.3　智慧物流决策　//195
小贴士　中国电商企业的智慧物流实践　//197

13.3 物流成本与GDP //199
  13.3.1 中国物流成本变化趋势 //199
  13.3.2 物流四要素对比 //200
13.4 智慧物流供应链规划 //202
13.5 智慧物流生态 //203
  13.5.1 京东物流生态 //203
  13.5.2 小米企业生态 //205
  小贴士 中国物流供应链生态"六大江湖门派" //205

第14章 智慧行业供应链 //208

14.1 智慧行业供应链简述 //208
  14.1.1 三类供应链的定义 //208
  14.1.2 智慧供应链的变化趋势 //209
14.2 商贸业供应链 //209
  14.2.1 卓尔商贸业供应链崛起 //209
  14.2.2 名创优品的供应链管理 //211
  14.2.3 钱大妈的供应链之道 //213
  14.2.4 良品铺子的供应链 //215
14.3 制造业供应链 //216
  14.3.1 手机供应链解困 //216
  14.3.2 攀升电脑供应链崛起的秘密 //216
  14.3.3 华为供应链管理 //217
  14.3.4 格力供应链的成本控制 //218
  14.3.5 特斯拉供应链管理 //219
14.4 服务业供应链 //219
  14.4.1 外卖企业供应链 //219
  14.4.2 服务爆品供应链 //220
  小贴士 依云的供应链管理 //220

第15章 数字供应链 //222

15.1 供应链数字化 //222
  15.1.1 数字供应链的定义 //222
  15.1.2 企业数字化的四个阶段 //222
15.2 数字供应链技术 //224
  15.2.1 数字供应链技术的五个层级 //224

15.2.2 数字供应链的四种大数据 //224
15.2.3 数字重构供应链 //225
15.2.4 数据驱动企业 //225
15.2.5 物联网的数据崛起 //226

15.3 数字物流技术 //226
　　小贴士　物联网科技公司G7 //227

15.4 供应链信息技术 //228
　　小贴士　数字物流四大趋势 //230

第16章 智慧供应链金融 //232

16.1 供应链金融三层级 //232

16.2 供应链金融九大应用 //233

16.3 新零售与供应链金融 //234

16.4 供应链金融中外发展解析 //234
　　小贴士　中国股市上的供应链企业 //239

第17章 供应链风险管理 //240

17.1 供应链风险管理概述 //240
　　17.1.1 供应链风险管理的定义 //240
　　17.1.2 供应链风险的产生原因 //241
　　17.1.3 供应链风险的应对 //241

17.2 应急物流 //241

17.3 绿色供应链和碳中和 //244

17.4 供应链管理体系建设风险管理 //245
　　小贴士　服装企业电商供应链如何崛起 //246

☑ 本篇知识点小结 //249

一、战略篇

得供应链者，得天下

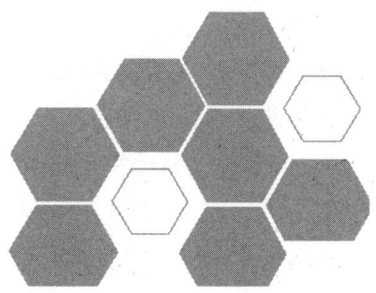

第1章 供应链管理的前世今生

1.1 供应链的起源

管理学大师德鲁克曾说过:"21世纪,将不再是企业与企业的竞争,而是供应链与供应链之间的竞争。"一家成功的企业必然要对企业的供应链全环节实施全方位的综合管理。随着中国经济的不断发展,供应链管理已成为当代企业战略发展的必然选择,也是企业获得竞争优势的新方法。实施全球供应链战略,通过供应链管理的工具和方法提高劳动生产率、节约资源、增加企业利润,成为当今企业经营管理发展的新趋势。

1.1.1 供应链的前世今生

供应链是企业的"生命线",供应链管理的水平直接决定着企业的经营成败。供应链管理既可以解决成本和库存问题,又能提高企业发展的核心竞争能力。近几年,我国供应链管理的研究和实践发展很快,各类相关书籍也不断涌现。2021年,中央经济工作会议进一步强调增强产业链、供应链的自主可控能力,明确产业链、供应链安全稳定是构建我国新发展格局的基础,要强化顶层设计和应用牵引。

供应链管理(Supply Chain Management)源于日本,兴于美国。20世纪80年代,当时的日本制造业快速发展,产品质量好、价格低,生产速度快,给美国企业以沉重的打击。日美在汽车产业的深度较量,正是一个国家的供应链战胜另一个国家供应链的真实写照。鉴于与日本企业的激烈竞争,美国一些企业开始深入分析并学习日本企业的做法,经过系统的研究和总结,提出了供应链管理的成套理论和系统方法论。一些美国企业开始联手,推动供应链上下游合作伙伴协同发展。"供应链管理"这个术语最早出现在1982年的《时代财经》杂志上,是由博思艾伦汉密尔顿咨询公司（Booz Allen Hamilton）提出的一种管理方法。在20世纪90年代初期，美国亦把物流管理扩展为供应链管理，从本质上说，供应链管理是企业内部或者企业与企业间供求关系管理的整合。

2000年左右，供应链管理的概念开始在美国大热，而在此时，国内高校还只有物流管理专业，相差甚远。美国物流管理协会拥有40多年的历史，2005年正式更名为美国供应链管理专业协会，这也标志着全球物流行业开始进入供应链管理时代，物流也拓展到供应链管理领域。美国政府还专门成立了供应链咨询委员会，为政府在货物运输及物流方面提供建议，帮助美国企业发展出口贸易。供应链管理开始与金融、会计、运营、营销等专业并驾齐驱，作为一个单设的专业，成为MBA教学的重要分支。供应链管理专业的学生毕业后，可以到顶级咨询公司、电子商务公司或是ERP（Enterprise Resource Planning，企业资源计划）企业工作，同时该专业成为美国的精尖专业。2012年，美国政府将供应链上升为国家战略，正式发布《美国全球供应链国家安全战略》。截至2019年，美国供应链就业人数超过4400万人，占其就业人口的37%。

在中国，华为是最早实施供应链管理知识应用的企业，其于1997年系统导入IBM的集成供应链管理。当时面临企业营收增长和成本加大的压力，华为通过优化供应链管理，主要保留市场和研发两个核心业务，因此成为本土供应链管理的佼佼者。供应链管理被作为一门学科进行研究，在我国源于2000年。当时，华中科技大学管理学院的马士华教授出版了中国第一本供应链管理的书籍《供应链管理》，并荣获全国首届宝供物流理论创新二等奖，至今该书已发行至第六版，马士华教授也成为中国供应链管理学的奠基人。马士华教授是作者研究生时候的导师，作者多年来一直在向其请教，也发现社会上关于供应链管理的概念渐热，传统企业从不重视、不了解、不知如何使用，到重视、开始学习、尝试和研究供应链管理。

政府层面也开始大力推动供应链管理创新工作。2017年10月，国务院办公厅印发《关于积极推进供应链创新与应用的指导意见》（国办发〔2017〕84号），这是我国首次把"供应链"这一词语上升到国家战略层面，具有重要意义。文件出台具有重要意义，既是落实国家关于新发展理念的重要举措，又是企业落实供给侧改革的重要抓手，还是新时代经济发展的重要方向和目标。供应链管理开始作为公司注册的一个行业细分类目出现，以供应链为名称的企业开始大规模登记、注册、运营。

从电商、新零售到供应链管理，伴随着互联网经济的不断发展，如何实现数字化供应链管理，让供应链管理理论实现二次腾飞？当前，中国是全球供应链的重要组成部分，拥有世界上齐全的制造业品类。供应链管理不仅是推动企业降本增效的有力抓手，还是提升企业运营安全和赋能核心竞争力的重要武器。我国的供应链管理思维也从初期的制造业逐步向商贸业和服务业延伸，并发挥着越来越重要的作用；供应链管理在中国从千亿级企业向百亿、亿级企业不断下沉拓展，从无人知晓，到越来越多的中小型企业开始运用这一理论管理企业，逐步成为本土企业管理的重要手段。

在企业管理上，我们需要努力成为企业领袖，或是不断提升专业能力，成为行业专家，两项优势必居其一，才不会被社会淘汰。然而，企业领袖岗位相对有限，因此成为行业专家是每个人成功的重要路径之一，这也要求针对供应链管理这一学科，我们争取能够做到"系统学过、系统做过和系统总结提高过"，进而成为企业的行家里手、热门人才。

1.1.2 供应链管理的定义

《中华人民共和国国家标准：物流术语》（GB/T 18354—2021）对供应链的定义：生产及流通过程中，围绕核心企业的核心产品或服务，由所涉及的原材料供应商、制造商、分销商、零售商直到最终用户等形成的网链结构。

2017年10月，国务院办公厅印发《关于积极推进供应链创新与应用的指导意见》，明确了我国对供应链的官方定义："供应链是以客户需求为导向，以提高质量和效率为目标，以整合资源为手段，实现产品设计、采购、生产、销售、服务等全过程高效协同的组织形态。"

供应链管理（Supply Chain Management，SCM）就是管理企业供应链资源的各种活动和过程。

供应链管理体系标准是对企业设计、采购、生产、销售、服务产生的内外协同工作进行系统化管理的体系标准。供应链，"供"就是物流，"应"就是信息流，"链"就是资金流。供应链的竞争力来源于资源整合和协调管理，简单来说就是"集成+协同"。如果说"品牌和营销"是企业的面子，那么"供应链"就是企业的里子，面子由客户说了算，里子却是企业的真功夫。所以，很多企业讲的"我们有很强的供应链优势"，是指完成商品生产并交付的组织能力。当前，真正具备强大供应链能力的企业是稀缺的，企业需要不断提升供应链管理能力。

1.1.3 大国竞争的供应链时代

美国、德国、英国、日本等发达国家和地区，已认识到供应链在全球经济发展中具有不可替代的重要作用，已将供应链从企业微观层面上升到国家战略和全球治理的宏观层面，供应链政策也成为各国提升产业竞争能力和经济实力的重要手段，围绕供应链的立法也越来越多，大国竞争的供应链时代来临。2021年1月，美国提出《美国供应链安全规则》，着手重塑自己在全球供应链中的核心地位，2021年2月24日，美国签署"美国供应链行政令"，包括供应链风险审查、产业供应链评估、美国供应链加强建议等方面的内容。2021年3月3日，德国正式通过《供应链法草案》，要求将尽职调查义务延伸到整个供应链的每个环节。

2019年以来，贸易战频发，2020年全球新冠肺炎疫情蔓延。我国国家领导人在各类会议中反复强调"要共同维护全球产业链、供应链稳定"，"产业链、供应链在关键时刻不能掉链子"，"要提升产业链供应链现代化水平"，"要更好融入全球价值链、产业链、供应链，并从中受益"。一时，供应链成为热词，供应链管理成为众多企业管理者渴望了解，并深度应用的管理知识。

供应链管理师行业认证出现在2020年。2020年2月25日，中华人民共和国人力资源和社会保障部、国家市场监督管理总局、国家统计局联合发布我国16个新兴职业，其中就包括供应链管理师这一职业。

本书的目的是帮助供应链管理从业者从新人一步步成长为行家里手、行业专家。当前，中国供应链管理人才极其匮乏，有相关实践工作经验的人才更是稀缺。本书同时还将帮助企业制定供应链管理转型战略，实施供应链管理体系标准，开展供应链管理体系评价等。

1.2 供应链管理的目标

1.2.1 供应链管理的核心目标

供应链管理的核心目标（见图1-1）如下：一是系统地帮助企业实现降本增效，降本就是降低成本，增效就是提高效率和效益；二是全面地帮助企业实现协同集成，协同就是供应链管理全环节协作同频运作，集成就是通过数字化集合形成大数据平台；三是实现企业的全面优化，而非局部改善，最终实现智能分析、智能管控，提升企业的核心竞争力。

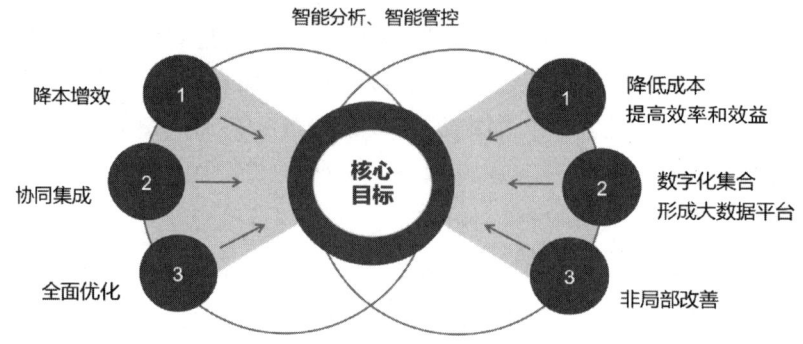

图 1-1 供应链管理的核心目标

1.2.2 供应链管理重要的原因

供应链管理之所以重要，主要有以下几点原因。

一是支出占比多。根据 Benchmarking Partners 的相关报告，在 2000 年前后，美国供应链管理的开支，包括存货、运输、订单管理、供应链融资和相关信息技术等方面的支出，已占到美国企业预算的 25% 以上；在中国，生产、销售、物流等硬性费用的占比较高，从企业资本角度出发，需要对这部分支出进行统筹管理，不断优化。

二是杠杆优化高。企业通过供应链管理的微小改善，就可以获得利益的较大提升，即小变革、大提升。企业通过对供应链成本的持续优化，可以提升供应链管理的水平和效率，整合供应链管理的信息平台，改善供应链客户的应用体验，从而扩大企业的市场份额，不断提升企业的市场竞争能力。

三是应对挑战强。随着企业产品品种的增加、互联网电子商务的冲击、全渠道销售导致的管理分散、产品生命周期的缩短，企业的供应链变得越来越冗长、越来越复杂，另外，消费者也渴望获得更好的产品和服务，企业供应链管理面临极大的挑战。

四是未来机会大。沃尔玛开始仅是一个物流公司，在 1985 年投资 7 亿美元建立了企业的卫星系统，实现了商店、分销中心、总公司和各个供应商之间的快速沟通，大幅提升了运营预测能力，增强了可靠性，企业供应链管理的成本同比减少了 15%～20%，使沃尔玛的产品价格更低、更具竞争力。沃尔玛通过供应链管理的创新，从单店供应链走向整体供应链。当前，中国已经建立了品类完善的供应链生产体系，但供应链管理尚在起步阶段，发展潜力很大。进入 21 世纪，互联网的发展也为供应链管理创造了机遇，企业通过信息技术高度连接供应链中的其他相关企业，将会获得更大的竞争优势。

供应链管理就是企业内部和企业之间的供给管理和需求管理的充分集成，也可以说是企业经营管理的升级版。供应链管理的内容包括对物流、信息流和资金流的管理，随着社会经济环境的变化，供需市场和社会分工也在悄然变化，需要企业不断研究开源发展的途径和节流增利的方法。

1.2.3 供应链管理的变化趋势

全球供应链管理的变化趋势是动态、小批量、多频次、低时延。动态是指供应链交易和交付行为持续演变，动态发展；小批量是指单次数量少的交易和交付行为逐渐成为今后的趋势，而不再是规模交易和规模交付；多频次是指伴随单次交易交付数量的减少，在总需求不变或增加的背景下，更多次的交易亦将成为新常态；低时延，也就是高时效，消费者对获取商品的时效要求变得更高，延时交付率将更低。

供应链管理有三个特点。一是协同性，供应链管理主要实现商流、物流、资金流、信息流的内外协同；二是实用性，供应链管理的最终目的是实现企业经营的降本增效；三是科学性，在供应链管理过程中，企业会大量使用数字化工具和方法。

供应链管理是对现代流通方式的一种创新，是企业获取利润的重要手段，并且实现了供应链成员企业之间的信息共享，实现了社会资源的有效配置，提升了整体供应链的效益，降低了社会总成本，避免了企业之间的无序恶意竞争。

1.3 供应链管理的环节

1.3.1 供应链管理的组成

供应链管理包括设计的供应链管理、采购的供应链管理、生产的供应链管理、销售的供应链管理、服务的供应链管理，以及供应链信息流管理、供应链资金流管理等内容（见图1-2）。

狭义的供应链管理由采购、生产和服务三个核心职能组成。

广义的供应链管理由设计、采购、生产、销售、服务、信息流、资金流七个职能模块组成。

供应链管理的环节较多，企业的供应链管理人员往往处于某一供应链环节，受工作限制只能看到自己的"冰山一角"，看不见供应链管理的整体面貌，不识"庐山真面目"，就像"盲人摸象"。有些人员将供应链管理等同于采购管理，有些人员认为是物流管理,其实这些都只是供应链管理的部分职能。随着经济的发展和企业管理水平提升,越来越多的人认识到了供应链管理全面性的重要价值。

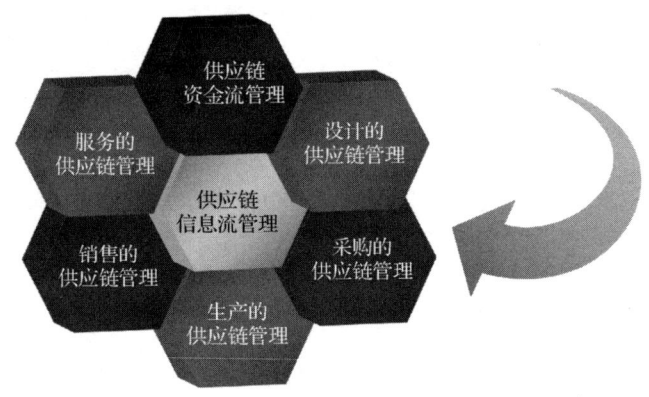

图 1-2　供应链管理的内容

供应链管理同时也是三流的集合,包括物流、信息流、资金流;而"物流+""互联网+""金融+",就是在三流的基础上分别加上新的作业工具,进一步提升了三流的效率。所以,不论是大型企业,还是中小型企业,都需要通过建立供应链管理思维,运用供应链管理体系标准来开展企业运营,提升竞争力。

1.3.2　供应链管理的环节及职能

一是设计的供应链管理,主要承担品类设计和产品设计等职能。

二是采购的供应链管理,主要承担需求定义、供应市场调查、采购谈判、合同签订、订单执行、供应商管理等职能。

三是生产的供应链管理,主要承担精益生产、生产库存管理、生产降本管理、柔性生产等职能。

四是销售的供应链管理,主要承担需求数据采集、数据分析、数据传递等职能。

五是服务的供应链管理,主要承担仓储管理、物流配送等职能。

六是供应链信息流管理,主要承担供应链的信息流策划、采集、传输、存储、计算、呈现等职能。

七是供应链资金流管理,主要承担资金预算管理、资金使用管理、资金考核管理等职能。

八是供应链管理体系,包括实施的组织体系、管理基础、系统支持和管理步骤。

采购的供应链管理（采购管理）、生产的供应链管理（运营管理）和服务的供应链管理（物流管理）是供应链优化的重点，设计的供应链管理（规划管理）和销售的供应链管理（营销管理）是新零售时代供应链竞争力快速提升的高效途径。加快供应链管理的信息流平台建设和供应链管理体系标准的实施，将是建设企业新时代供应链生态圈的重要工作。

1.3.3 供应链管理的学习资源

供应链管理进入中国的时间并不长，从理论到实践，目前我国尚处于发展的初级阶段。从事供应链管理研究的主要有三类人员：高校学者、行业专家和行业组织。部分代表人物及代表作分析如下。

一是高校学者：马士华，华中科技大学教授，《供应链管理》；陈荣秋，华中科技大学教授，《生产运作管理》。

二是行业专家：廖利军，"中国式供应链管理"系列丛书《新零售运营与实践——全渠道电商与物流供应链方法+案例+技巧》《中国式供应链管理——大国博弈时代的供应链战略与运营》等；刘宝红，供应链采购生产领域《采购与供应链管理：一个实践者的角度》等；施云，供应链架构管理领域《供应链架构师》；柳荣《采购是个技术活》等。

三是行业组织：湖北省供应链管理协会，《供应链管理标准体系》；美国供应链管理专业协会，《供应链管理知识体系构建参考书籍》。

其中，华中科技大学马士华教授的专著《供应链管理》于 2000 年出版，是国内第一本有关供应链管理的专著，他也因此成为这个学科的奠基人，该书已发行至第六版。之后国内供应链管理学科在二十多年间不断发展，并在 2017 年、2018 年成为社会的热点学科，引起各级政府和企业界的高度关注。

本系列丛书的作者廖利军，师从马士华教授，他将供应链管理理论和中国实践相结合，创新性地提出了"中国式供应链管理"，以建立和推广供应链管理体系标准，推动国内政企中国式供应链管理的应用和创新实践。

1.4 供应链管理教育

1.4.1 供应链管理的行业组织

在中国，供应链管理的主要行业组织为中国物流与采购联合会。

供应管理（也称采购管理）、运营管理、物流管理是美国供应链管理学科的三大分支，行业组织也据此分类。

ISM（The Institute for Supply Management，美国供应管理协会）。2002 年，美国采购经理联合会更名为美国供应管理协会，供应管理成为国际主流方向，采购的重心也从订单处理转向对供应商的全面战略管理。美国供应管理协会是世界上规模最大、影响最大的供应管理组织之一。

APICS（The Association of Operations Management，美国运营管理协会）。2004 年，美国库存与生产控制学会改名为美国运营管理协会，运营管理不仅涉及制造业，还涉及服务业，并且研究重心有从制造业向服务业转变的趋势，因为服务业的市场容量更大。

CSCMP（Council of Supply Chain Management Professionals，美国供应链管理专业协会）。2004 年，美国物流管理协会（CLM）更名为美国供应链管理专业协会。物流管理是供应链管理的重要部分，协会名称改变也意味着物流管理全面向供应链管理靠拢和延伸，物流时代正逐步走向供应链管理时代。

1.4.2 供应链管理的国际认定

随着供应链管理上升为国家战略，供应链管理成为新的职业，供应链管理师的时代正在来临。国际国内供应链管理相关的从业资质认定主要有以下几类。

一是采购管理方向认证。CPSM（Certified Professional in Supply Management，供应管理专业人士认证）由美国供应管理协会颁发，主要是采购与供应管理方向。认证有供应管理基础、供应绩效管理、供应管理中的领导力三门课程，已引入国内，并在国内设考点，人们可以以中文或英文考试，具体可对接中国物流与采购联合会或美国供应管理协会中国分会。另一个是英国皇家采购与供应学会（Chartered Institute of Purchasing and Supply，CIPS）认证，分为六个等级，分别针对基层、管理和高级管理人员。两个认证中，北美企业比较认可 CPSM，欧洲企业认可 CIPS 认证。

二是运营管理方向认证。CPIM（Certified in Planning & Inventory Management，生产与库存管理认证）是美国运营管理协会的重要认证，主要是运营管理方向。该认证被广泛认可，始于 1973 年。

三是供应链管理方向认证。CSCP（Certified Supply Chain Professional，注册供应链管理师认证），2006 年由美国运营管理协会推出，主要是运营与计划方向，着眼于整体的供应链管理，包括三项内容：供应链设计、供应链计划/执行和供应链改进及实践。

1.4.3 国内供应链管理的教育

一是国家政策大力扶持供应链管理教育。国务院 2017 年印发《关于积极推进供应链创新与应用的指导意见》（国办发〔2017〕84 号），明确到 2020 年，我国要培育 100 家以上具有全球供应链竞争力的市场经营主体，重点行业和产业的供应链竞争力要进入世界前列，中国将成为全球供应链持续创新和应用的重要中心。2018 年，中华人民共和国工业和信息化部、中国物流与采购联合会等部门（单位）共同发文，拟在我国重点开展供应链创新和应用试点，首批共确定了 55 个试点城市及 266 家试点企业。试点企业纷纷反映供应链管理人才短缺，并将供应链管理人才培养提升到战略高度。供应链管理人才要能够熟练运用供应链管理的方法、工具和技术，实现供应链的设计、采购、生产、销售、服务等全过程的"集成"和"协同"，以控制整个供应链系统的准确性、经济性、安全性和服务水平。粗略估计，全国供应链管理人才的缺口在几百万人以上。2019 年，全国只有 7 家本科院校开设了供应链管理专业，2020 年达到 24 家，少数职业院校和技工院校也开办了采购和供应管理专业。另外，企业内部供应链管理人才的培养和发展，也需要相关职业教育。当前中国已成为全球供应链网络的中心，培养一批深谙国情，同时兼具国际视野的供应链管理专业人才，对我国经济发展，以及稳定中国在全球供应链的战略地位至关重要。

二是供应链管理职业认定方兴未艾。2020 年 2 月，供应链管理师正式作为一个新职业发布，并纳入国家职业分类目录。供应链管理师是指运用供应链管理的方法、工具和技术，从事产品设计、采购、生产、销售、服务等全过程的协同，以降低整个供应链系统的成本，并提高各环节响应速度的人员。行业已将供应链管理体系建设和供应链管理作为经营重点加以研究，供应链管理师职业人才缺口凸显，职业发布恰逢其时。

三是供应链管理就业方向前途光明。第一，设计的供应链管理方向，主要包括计划经理、需求计划经理、生产控制经理、库存计划专员、生产控制专员、需求计划专员、数据分析师等；第二，采购的供应链管理方向，主要包括采购经理、商品经理、物料经理、采购员、供应商工程师、质量工程师等；第三，生产的供应链管理方向，主要包括运营经理、生产经理、质量经理、项目经理、维护经理、工艺工程师、生产工程师、质量检查员、一线员工等；第四，销售的供应链管理方向，主要包括客户经理、销售数据分析师等；第五，服务的供应链管理方向，主要包括物流经理、仓储经理、运输经理、配销经理、供应链经理、仓储一线员工等；第六，整体供应链管理方向，主要包括供应链架构师，供应链管理师等。供应链管理专业一般设在高等教育院校的商学院。

企业生存和发展不仅要开发好的产品（设计），卖出好的价钱（销售），还需要通过成本控制（采购）和效率管控（生产），将产品快速、安全、准时送达客户手中（服务），各环节缺一不可。人们往往只会为解决方案而付费，而不会为信息而付费，因此供应链整体解决方案，更强调解决实际问题。

本书将从设计、采购、生产、销售、服务等角度全面阐述供应链管理。

 小贴士

供应链管理的学习方法：费曼学习法

成年人要采取主动的学习方法，而不是被动的学习方法，费曼学习法就是主动的学习方法，而且是一种深度学习方法。其精髓主要有以下两个方面。

一是输出式学习。要学习供应链管理知识，就一定要输出，并且是通过自我语言的输出，而不只是背诵各类概念。

二是降维展示。要把专业语言消化吸收，转换成通俗的语言或者通过生活场景表达出来，实现降维展示和表达。

在学习内容平均留存率上，被动学习留存率为5%～30%（听讲5%、阅读10%、视听20%、演示30%），主动学习留存率为50%～90%（讨论50%、实践75%、教授给他人90%），具体如图1-3所示。

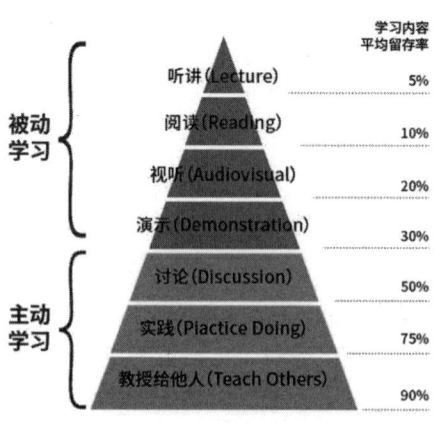

图1-3 主动学习与被动学习效率评估

供应链管理的应用性和实践性较强，只有掌握了供应链管理的核心理念、方法及工具，才能运用更加自然贴切的语言进行精准描述，以及在各种场合自如使用。敢讲、善讲，才能学得更好。要想成为供应链管理专家，需要做到"三个系统"，即系统学过、系统做过和系统总结提炼过。

1.5 全球供应链最佳实践

高德纳咨询公司每年会发布全球供应链 25 强，他们从《财富》世界 500 强和《福布斯》全球 2000 强名单中，剔除没有实体产品的企业，以及没有公开财务数据的企业，最终将大约 300 家公司纳入全球供应链 25 强研究，最低收入门槛约为 120 亿美元。这一评选一直为供应链管理行业所推崇，值得研究学习。

1.5.1 全球供应链 25 强评分标准

评分标准具体是，综合得分=同行的意见×25%+高德纳咨询公司研究意见×25%+总资产回报率×20%+库存周转率×5%+营收增长率×10%+ESG 得分×15%。

其中，50%主观分由评委打分，从供应链领导力和供应链未来发展的双重角度出发，由知名企业高管和高德纳咨询公司专业分析师打分，各占 25%；另外 50%为客观分，由三年加权复合总资产回报率、库存周转率、营收增长率三个硬性指标组成。ESG 是责任投资中的专有名词，是三个英文单词的首字母，即环境（Environment）、社会（Society）、公司治理（Governance），是衡量上市公司是否具备足够社会责任感的指标。

同时，2020—2021 年，由于新冠肺炎疫情对业务的影响，企业的弹性和敏捷性能力成为生存的关键因素。为表彰持续卓越供应链，高德纳咨询公司从 2015 年开始推出"大师 Master"类别，入选企业在过去 10 年至少有 7 年得分获前 5 名。综合评价 2021 年全球供应链大师企业为亚马逊、苹果、麦当劳、宝洁、联合利华。这一榜单从三个层面进行评选，即目标驱动型的企业、客户驱动的业务转型，以及数字化优先的供应链。

2021 年，在高德纳全球供应链 25 强（见表 1-1）企业中，美国企业有 16 家，占比 64%。中国在全球供应链 25 强企业中，从 2016 年没有一家，到 2021 年阿里巴巴、联想两家企业入选，中国在供应链管理领域还有很长的路要走。其中，阿里巴巴数字供应链是基于 DT 时代的云供应链，支持天猫、淘宝、天猫国际、同城零售、淘宝特价、速卖通、盒马生鲜、阿里健康等业务板块的供应链业务，链接了超过 5 万户商家和 6 亿名消费者，较为领先。联想在全球拥有 30 多家制造基地，超过 2000 多家核心供应商，为全球 180 多个国家和地区提供产品和服务，并且坚持科技创新、以客户为中心，专注用户体验，供应链协同和管理能力领先。

表 1-1　2021 年高德纳供应链全球 25 强

排　名	公　司	总部所在地	综合得分
1	思科	美国	6.37
2	高露洁	美国	5.58
3	强生	美国	5.22
4	施耐德电气	法国	5.07
5	雀巢	瑞士	4.41
6	英特尔	美国	4.40
7	百事	美国	4.37
8	沃尔玛	美国	4.23
9	欧莱雅	法国	4.05
10	阿里巴巴	中国	3.90
11	艾伯维	美国	3.78
12	耐克	美国	3.60
13	Inditex	西班牙	3.51
14	戴尔	美国	3.47
15	惠普	美国	3.46
16	联想	中国	3.40
17	帝亚吉欧	英国	3.36
18	可口可乐	美国	3.34
19	英美烟草	英国	3.13
20	宝马汽车	德国	3.13
21	辉瑞	美国	2.97
22	星巴克	美国	2.87
23	通用磨坊	美国	2.83
24	百时美施贵宝	美国	2.80
25	3M	美国	2.78

1.5.2　供应链创新的中国实践

从 0 到 1 考验的是研发，从 1 到 N 考验的是供应链。企业发展的核心竞争力是质量，不是价格。当前中国企业往往实施"价格跟随"战略，"你有，但我更便宜"。

然而，只有质量过关，企业才能获得长远发展。源于此，我国近几年提出供给侧改革，核心是产品提档升级，更好地满足人民群众对美好生活的追求。我国供应链管理的学科和实践正在快速发展，只有打造好产品、制胜供应链，企业才能成为"快公司"，才能逐步从优秀走向卓越。供应链管理的核心是协同，没有协同，就没有供应链管理。

2021年5月24日，中华人民共和国商务部公布了第一批全国供应链创新与应用示范城市和示范企业评审结果，确定了10个示范城市和100家示范企业，并从五个方面重点开展试点工作：一是加强供应链安全建设，二是加快推进供应链数字化和智能化发展，三是稳定全球供应链，四是助力决战决胜脱贫攻坚，五是充分利用供应链金融服务实体。

国内已有很多企业开始将采购、生产、服务等供应链管理相关部门职能整合，导入集成供应链概念。20世纪90年代后期，华为在我国率先导入IBM集成供应链管理，设立专门的供应链管理部门，设立"华为首席供应官"，将其与公司的设计、营销副总并列，打通了职能部门的横向联系，承担了企业的供应链管理职能，解决了组织上的障碍，提升了企业供应链管理的效率和水平。这些举措在一定程度上帮助华为从百亿级企业成为千亿级企业。2009年，家电巨头海尔开设了供应链管理部门；2020年前后，休闲零食企业良品铺子、攀升电脑等生产流通类企业，也纷纷导入供应链管理部门及职能，打通部门间的壁垒，通过全局性的优化，提升企业的运营管理效率，这也是一项非常重要的企业变革。中国企业正在形成共识：必须从供应链的整体来看物流、信息流和资金流。

内部纵向一体化更重要。企业"内部纵向一体化"是指强化内部上下作业环节的协同，企业"外部横向一体化"是指企业成为产业链上的核心企业，这都是供应链管理研究的内容。然而，更多的普通企业只能强化"内部纵向一体化"，尝试"外部横向一体化"，只有做到一定规模，企业才能打破"大而全、小而全"的局面，真正迈向国际市场。高效的供应链管理将降低企业运营成本，提升企业的资产回报率。根据对供应链管理的实施企业进行效果分析，一般供应链管理可推动企业总成本下降10%，各节点企业按时交货率则提高15%，生产周期可缩短30%，生产效率提高10%以上。

1.5.3 "中国式供应链管理"系列丛书

廖利军"中国式供应链管理"系列丛书包括《中国式供应链管理——大国博弈时代的供应链战略与运营》《新零售运营与实践》《华为供应链管理法》《数智物流与

供应链》等。作者着眼于中国时代特性，推广实施产品全生命周期供应链管理，从原材料的获取到产品的设计、生产、销售、运输、使用、回收，利用全过程管理思路，结合中国企业供应链管理的最佳实践案例，为我国企业在供应链管理创新方面提供前沿、实用和体系化的全套管理知识。

供应链管理原来是从采购、生产、物流三个角度来开展研究的，现在需要从更广的角度——设计、采购、生产、销售、服务（物流）、信息、资金七个方面实施研究，全面了解供应链管理和供应链优化的路径，建立企业供应链管理体系，并真正提升企业供应链管理能力。

供应链管理需要创新"三把刀"。第一把刀是"打造捕鱼工具"，解决的是思维方法的问题；第二把刀是"用工具捕鱼"，解决的是商业工具的问题；第三把刀是"捕到一条大鱼"，解决的是实际问题。

传统的供应链管理模型如图1-4所示，现代供应链管理模型"制导火箭模型"如图1-5所示。

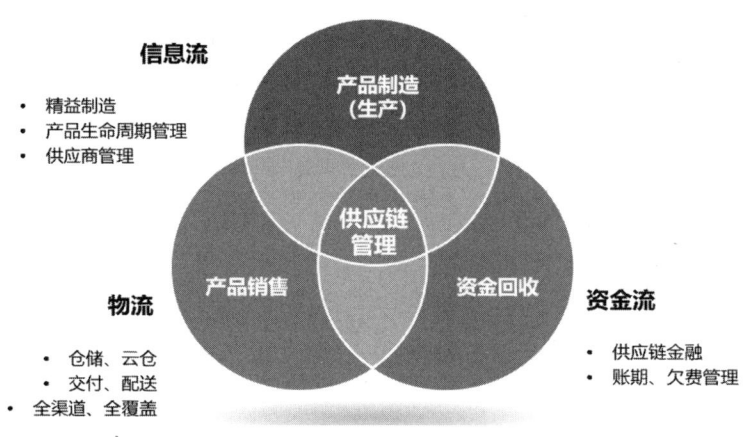

图1-4 传统的供应链管理模型（从运作角度考虑）

当今时代的关键词：把握趋势和创新。在趋势变化中，供应链管理学科的崛起成为中国企业成熟和发展的重要标志。创新，一种是从0到1，开发出新的事物和产品，属于"颠覆性创新"；另一种是从1到N，属于"持续性创新"，需要企业越来越精细化地管理。社会上99%的创新属于后一种。把自家的产品做得更好、更省成本，正是中国企业综合管理水平提升的体现。

在新时代，不是对手的企业，可能会成为对手；不是同行的企业，可能会成为同行。科学技术的发展成为推动各行各业竞争的核心要素，供应链管理作为企业提升竞争力的核心利器和"撒手锏",也得到越来越多国家和企业的重视和应用。

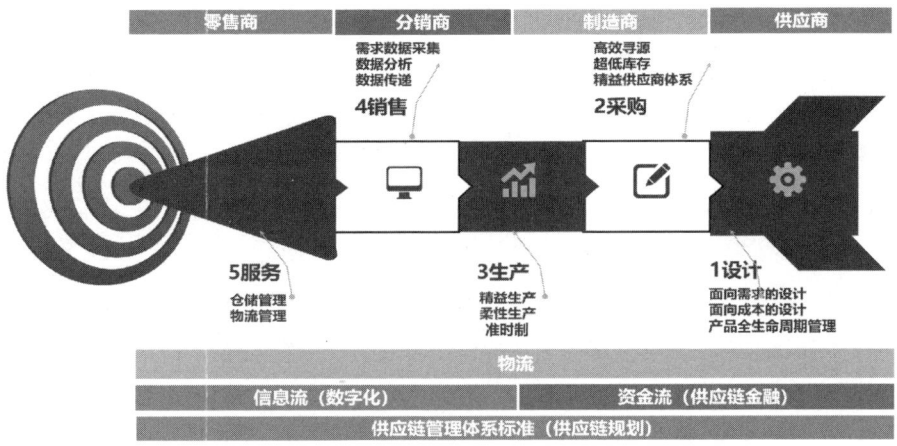

图 1-5 现代供应链管理模型"制导火箭模型"

第 2 章 供应链及供应链管理体系

2.1 供应链相关定义

2.1.1 供应链的定义

供应链并不是简单地把产品从供应商送到消费者手中,而是涵盖整个产品运动过程的增值链全环节。供应链管理向智能化、自动化、柔性化、可视化、数字化、协同化、网络化、集成化的方向发展,供应链与互联网深度融合,实现物流、信息流和资金流的无缝对接。

狭义供应链:主要是指制造业企业充分利用自身资源,优化采购、生产、加工、装配、销售等全环节,将产品传递给消费者,这其中更多地局限于企业的内部操作。

现代供应链:"四四五"模式,是指以核心企业为中心,通过掌控"四流",即商流、物流、信息流和资金流,在"四环节",即采购、加工、组装、销售过程中,对"五端",即供应商、制造商、分销商、零售商及消费者之间,重新构架整体性的功能网链结构,实现供应链上下游供需关系的二元结构优化。

供应链实现了"四流通",即物资流通、信息流通、商业流通和资金流通。①物资流通,主要承担者为物流服务企业,是指将商品及时送到消费者手中的过程,衔接生产与消费两端;②信息流通,主要承担者为信息技术软件服务企业,是指商品交易信息的流通过程,是供应商和消费者贸易信息流的双向流动,伴随着交易越来越细分、复杂,这一环节也越来越重要,信息技术是其主要推动力;③商业流通,主要承担者为商业服务机构和电商服务平台等企业,是指买卖流通过程,包括订货、签订协议等,伴随着互联网的发展,店面交易、网络销售、上门推销、线上线下新零售模式出现,商业流通形式更为丰富;④资金流通,主要承担者为金融商业机构或供应链服务机构,是指货币流通过程,主要包括资金回收、投资和融资等,这是企业正常运转的基本保障。在新时代，企业供应链的竞争，已从产品、交易等环节，转向全环节、全产业链、全供应链金融之间的竞争。

2.1.2 供应链管理的定义

马士华教授对供应链管理的定义如下：供应链管理就是使供应链运作达到最优化，以最少的成本，使供应链从采购开始，到满足最终顾客的所有过程，包括物流、资金流和信息流等均高效率地操作，把合适的产品以合理的价格及时、准确地送到消费者手上。

本书对供应链管理的定义：运用供应链管理的方法、工具和技术，实现产品设计、采购、生产、销售、服务等全过程的协同，从而降低整个供应链系统的成本，提高各环节的响应速度和效率，实现物流、资金流、信息流的高效运作，实现在供应商、制造商、分销商、零售商及消费者之间重新构架整体性的功能网链结构，实现供应链上下游供需关系的二元结构优化，如图 2-1 所示。

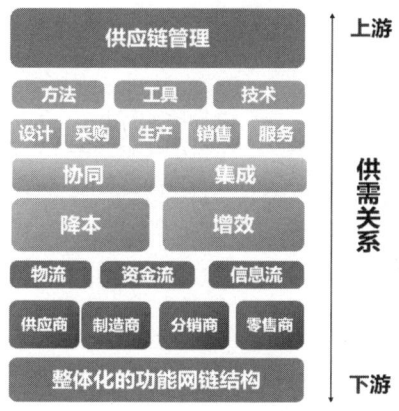

图 2-1　供应链管理的定义

2.2 供应链管理体系

2.2.1 供应链管理战略

要将供应链管理作为企业的战略问题来考虑，而不是将其视为一种业务操作方法，需要从企业领导人的层次来审视和安排。当前，我国国内 50% 以上的企业没有建立供应链管理战略。

供应链管理战略的三步走。一是有清晰的供应链管理战略,了解公司未来的发展方向,并明确供应链必须具备哪些基础能力才能满足公司未来数字化的需求,针对供应链数字化进行投入,提升自身能力,推动目标实现;二是执行正确的供应链管理战略,制定战略规划路线图,为企业供应链管理明确各阶段的方向和时间;三是学习顶级供应链企业,学习借鉴国内外优秀供应链企业的经验,可利用人工智能、数据决策、物联网等关键技术。

2.2.2 供应链管理体系分层

供应链管理体系分为四层。第一层(底座):可视化、可感知、可调节;第二层(平台):设计、采购、生产、销售、服务;第三层(中台):物流、信息流、资金流;第四层(顶部):标准实施、体系评估,如图2-2所示。

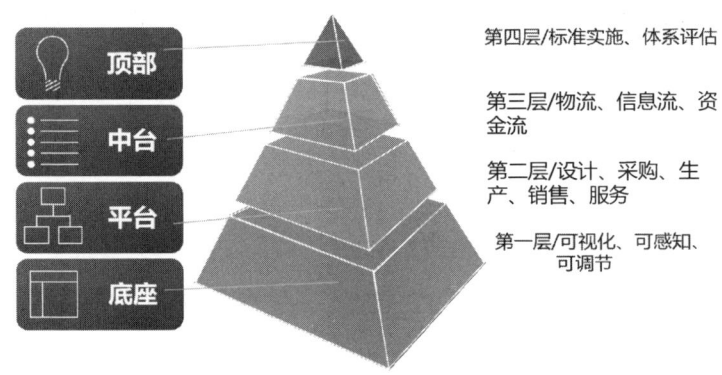

图2-2 供应链管理体系分层图

根据推拉方向,供应链分为以下两种(见图2-3)。

一是推式供应链。由制造商推动,供应链的上游企业根据客户的需求提前预测产量,组织采购、生产、库存,并依据销售计划将库存推向下游市场。推式供应链适合经济型供应链。

二是拉式供应链。由消费者推动,供应链下游客户的真实订单需求转为拉料和补货的信号,并向供应链上游传递,上游企业根据补货信息组织采购、生产、交付等行为,满足客户的实际需求。拉式供应链属于精益供应链,库存低、反应快、柔性高,预售模式就是拉式供应链的典型应用。拉式供应链的缺点是客户等待的时间相对较长,适合响应型供应链。

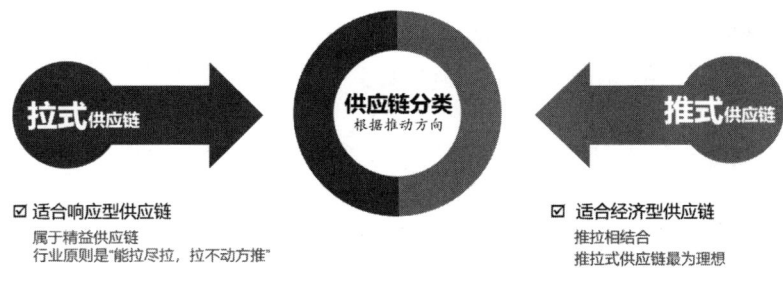

图 2-3 供应链分类

拉式供应链适合响应型供应链，推式供应链适合经济型供应链，行业原则是"能拉尽拉，拉不动方推"。所以，推拉相结合的推拉式供应链最为理想。对于客户期望的交付时间，一般无定制产品，客户期望3~5天完成交付；定制产品，客户希望7~14天完成交付。

2.3 供应链管理层级划分

2.3.1 供应链管理的五个层级

从理论上讲，供应链管理分为五个层级，分别为原始供应链、初级供应链、整合供应链、协同供应链及智慧供应链。

第一层级：原始供应链。货币出现，使商品流通得以大规模开展，如夫妻门店，没有信息系统、没有绩效考核。

第二层级：初级供应链。计划、采购、生产、物流及仓储等岗位和部门出现，但各岗位间缺乏有效沟通，各部门单兵作战，信息不流动、协同不足，目前较为普遍。

第三层级：整合供应链。企业内形成有效的协同机制，建立跨部门协同的流程，按照计划、采购、生产、交付、退货五大标准流程进行运转，围绕需求和供应两端，寻求平衡点。

第四层级：协同供应链。企业与供应链上下游建立有效协同机制，实现物流、信息流、资金流三流在供应链平台的顺畅流动。

第五层级：智慧供应链。以数字技术推动供应链管理优化，从企业的内外、上下游方面，构建产业链、供应链、价值链生态，提升竞争力。

五个层级转换的驱动力各不相同。原始供应链到初级供应链依靠专业化分工，初级供应链到整合供应链依靠跨部门流程的重构，整合供应链到协同供应链依靠领导力的驱动，协同供应链到智慧供应链依靠新技术的应用。

2.3.2 中国供应链管理的三个时代

中国供应链管理的三个时代如图2-4所示。

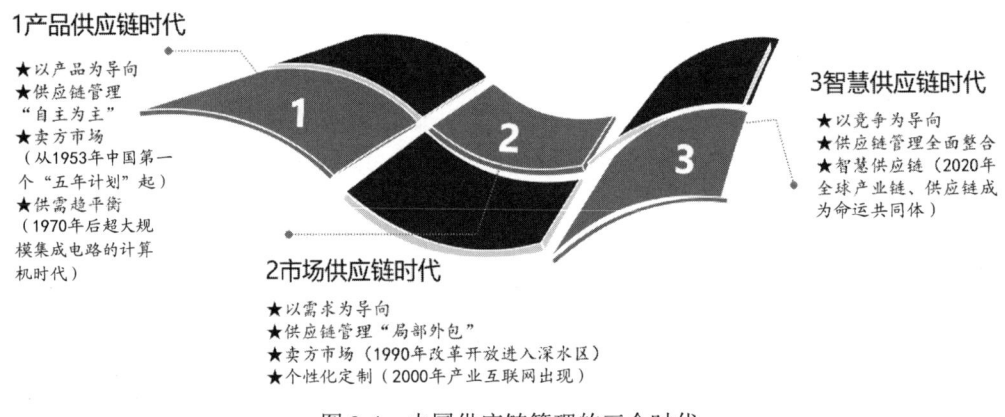

图2-4 中国供应链管理的三个时代

（1）产品供应链时代：以产品为导向，供应链管理"自主为主"。

第一阶段：卖方市场（从1953年中国第一个"五年计划"起）。国内实行大批量流水生产，向工业化时代迈进；推行均衡生产；注重产品成本和质量。

第二阶段：供需趋平衡（1970年后超大规模集成电路的计算机时代）。多品种、批量化生产；计算机进入部分企业，强调成本、质量和服务；企业开始注重实现均衡生产。

供应链表象：这个阶段整体属于计划经济阶段，国有企业和政府承担了社会所需的几乎所有商品的生产、制造、销售、物流、仓储等供应链各环节的职责，并将商品按计划分配到人民群众的手上。由于生产力水平低下及时代因素，从上游原材料到下游终端，形成了产品全链条模式，企业负责所有环节的工作，甚至承担了不应承担的社会职能，"大而全、小而全"现象特别突出。

供应链特点：企业以工厂为主，以产品为导向。只要生产就有市场，只要有产品就可以卖出去，供应链管理以企业自主为主。

（2）市场供应链时代：以需求为导向，供应链管理"局部外包"。

第三阶段：卖方市场（1990年改革开放进入深水区）。小批量大规模定制产生；全球步入信息化时代；管理从纵向一体化向横向一体化升级；供应链管理理念开始在部分企业形成；ERP 软件和互联网开始普及；柔性生产出现；企业注重个性化需求和精准服务。

第四阶段：个性化定制（2000 年产业互联网出现）。供应链管理要求可视化和协作化、敏捷响应及柔性生产；需求多变和固化流程间产生矛盾；市场开始向个性化需求、更好的服务及体验的方向发展。

供应链表象：社会进入市场经济时代，企业希望掌控流通的更多环节，市场从"供不应求"向"供需平衡"，再向"供大于求"转变。企业在市场竞争中，无法获取所有的资金、技术和资源等，于是开始向产业价值链细分领域中更有优势的企业寻求局部外包合作。

供应链特点：企业以客户需求为导向，根据市场需求生产产品，并在市场竞争中发展壮大，此阶段市场竞争日趋激烈，很多企业开始将供应链管理的部分环节外包给第三方，提升主业竞争力。

（3）智慧供应链时代：以竞争为导向，供应链管理全面整合。

第五阶段：智慧供应链（2020 年全球产业链、供应链成为命运共同体）。全球供应链进入更高阶段，要求安全化、智慧化、数字化。

供应链表象：由于经济全球化和一体化，信息和物流基础设施日益完善，产品同质化、技术同质化和产品供大于求的环境，需要企业不断地开展产品创新，迭代产品，不断采用新的市场营销方法，挖掘客户需求并极力满足，企业处于完全竞争状态。谁的资源整合能力更强，谁在全球供应链中的竞争力就越强。

供应链特点：企业获得优质资源的能力，需要企业在产品创新、客户服务、供应链创新等方面，不断增加投入、加快发展。在这个时代，社会和市场弱化了区域差异和地域阻隔，企业将面临跨地域、跨行业，甚至跨领域的市场充分竞争。

2.4　全球供应链管理

2.4.1　美国供应链的特点

当前，美国供应链有四个显著特点。一是成熟，美国批发业从 20 世纪 90 年代进入稳定发展期。美国由于商业和物流体系高度发达，百货商店、连锁商超等体系已经非常完善，同时消费者已形成"一周一次"集中采购的消费习惯，且近年少有新批发市场和公司诞生。二是直接，电商让批发商环节逐步弱化。互联网让交易双方信息更加透明化，批发商原有的信息、资金、规模优势下降，使中间环节更易被替代,生产者和消费者的直接对接让消费路径较原来更短、速度更快,配套支撑体系日益成熟。三是相融,批发、零售、生产的界限模糊且相互渗透。大型零售商直接向厂商下单,厂商通过社会物流配送商品;消费者开始与厂商直接联系,定制商品,消费者与厂商的关系变得紧密;零售商开辟批发业态,介入批发,也成为趋势。四是食品领域的批发市场依然是主流。美国每年食品批发达 2400 亿美元,批发商为农场主和连锁商超建立对接关系,通过合作农场协议模式,建立稳固的流通业态。鉴于以上特点,美国主流供应链企业不超过 20 家,前五大供应链企业 2016 年 GMV(商品交易总额)高达 1600 亿美元,集中度非常高。

2.4.2 美国主流供应链企业

美国主流供应链企业(前五)的分析如表 2-1 所示。

表 2-1 美国主流供应链企业(前五)的分析

序 号	企业名称	企业介绍	核心竞争力
1	Sysco	1969 年成立,是全球最大的餐饮食材供应商,员工 5 万人,客户数超 42.5 万家,2018 年 GMV 约为 587 亿美元,除美国外业务遍布全球 90 多个国家,提供专业食材供应服务。借助并购,Sysco 奠定了其在食品供应商的核心地位,投资回报率较竞争对手高近 6 个百分点	1. 产品丰富。经营范围包括冻肉、海鲜、水果、零食、家禽、蔬菜及厨房用品、环保餐具等 10 余个类别。其中,鲜冻肉占比 20%、罐头和干制品占比 17%、冷冻果蔬和面包占比 15%、奶制品和家禽均占 10%左右。 2. 物流强大。Sysco 发展迅速,及时、高质量的仓配物流网络为其提供了重要的支撑保障,截至 2018 年其物流中心高达 332 个,配送车辆达 1.4 万辆,其采取重资产运营模式,78%的物流配送中心和 88%的配送车辆均为自持。 3. 资本运作。Sysco 的发展史就是一部超常规的企业并购史,1970 年 Sysco 在纽约交易所上市,当年即开展并购,至 1990 年先后开展了 43 次并购,至 2012 年并购企业数量超过 157 家
2	McLane	1894 年成立,2016 年营收 480 亿美元,主要为美国便利店、连锁药店、大卖场、连锁餐厅等提供杂货、酒水饮料、食品等,员工达 2.3 万人,为 4.7 万家便利店提供供应链服务	1. 收入体量巨大。 2. 低风险,严格管控,实行较低利润率。 3. 依托核心大客户,主要代表客户有百胜集团、7-11、沃尔玛等。 4. 基础能力强大。累计先后投入超过 10 亿美元用于基础及配套设施的建设,在美国拥有 22 个分拨中心。 5. 集采能力。与数千家产品供应商保持深度合作,在很多品类上,如烟草、零食、糖果等,均为全球较大的买家之一

续表

序 号	企业名称	企业介绍	核心竞争力
3	C&S Wholesale	1918年成立，美国十大私人企业之一，员工达1.7万人，为美国约6500家连锁店提供供应链服务，年营收超过300亿美元	1. 拥有自持商店。拥有Piggly Wiggly杂货品牌及Best Yet自有品牌。目前为美国最大的批发杂货分销商。 2. 服务美国主流超市。先后为BIG D超市、A&P连锁超市、BI-LO美国知名连锁超市、Winn-Dixie商店等提供仓储、配送和采购等供应链服务
4	Core-Mark	北美便利零售行业最大的生鲜供应商，为传统便利零售商、药店、杂货店及专卖店服务，员工达0.55万人，在美国及加拿大拥有超3万家客户	1. 建立配送中心。配送中心超过30个，其中两个为第三方物流供应商。 2. 两次上市。1984年在多伦多证券交易所上市，后几经易手，2005年在纳斯达克证券交易所再度上市
5	SuperValu	1926年成立，是美国杂货批发商和零售商，2017年收入125亿美元，员工达2.9万人，其发展过程中，并购投资不断	数次并购。先后收购折扣连锁店Shopko、美国连锁超市Hornbacher's、Cub Foods、北美第二大连锁超市Albertsons等公司

以上美国供应链企业的发展历程给了中国企业六点启示：一是加强区域深耕，打通企业连接消费者的通道；二是注重杠杆收购，企业成长史也是并购史，尝试渐进式跨区扩张并购；三是混业经营，批零兼营，整合中小零售企业业态，向上拓展成为一级或者二级代理商，向下融合连锁便利店；四是全品类经营，饮料、食品等全品类经营；五是多元发展，金融、咨询、广告等；六是B2B2C成为行业共识，通过B端辐射C端，为客户提供优质可靠、性价比高的产品或服务。

2.4.3 国内供应链整合

国内市场的B2B平台正在逐步显现威力，"天猫小店""苏宁小店""京东小店"纷纷切入"最后一公里"的社区零售。本土企业往往强于运营执行，但对计划和采购的重视度不够，需要重点改进，应实施三流集成管理，即将物流、信息流、资金流进行集成管理。其中，物流包括产品的采购、生产、仓储、交付等；信息流支撑物流和资金流的运作，是供应链的神经中枢；资金流是盘活供应链的关键，也是供应链的血液。目前，中国正处于传统商贸（国美、苏宁、武商、中百）、电商平台（阿里巴巴、京东、腾讯）、新零售企业（小米、抖音、快手、拼多多、小红书、朴朴超市）等三股力量共同交织的阶段。

2.4.4 "新基建"与供应链

传统的基础设施是指交通运输、港口机场、桥梁水利等领域的设施,近几年我国政府大力倡导做好"新基建",也就是在 5G、移动支付、物流、云计算等领域加大投入力度,这些领域与供应链管理息息相关,信息技术、物联网将促进企业智慧供应链和智能供应链的建设,进一步提升我国的核心竞争能力。在国内消费升级的大时代,在国内国际双循环的大背景下,"新基建"和供应链管理的能力提高,必将推动中华民族在 21 世纪的伟大复兴。

 小贴士

"10 天建成一座医院"

——武汉火神山、雷神山医院超级供应链管理

2020 年 1 月 23 日,武汉因爆发新冠肺炎疫情封城,这是中华人民共和国成立以来发生的最大公共卫生事件,为应对新冠肺炎疫情,武汉比照 2003 年非典期间北京建设小汤山医院的做法,在武汉蔡甸区紧急建设武汉火神山、雷神山医院。相较于小汤山医院,火神山、雷神山医院的建设工程量更大、技术要求更高,工期仅 10 天,这样一个看起来几乎不可能完成的任务,如何通过供应链管理准时交付?

1 月 23 日,决定建武汉新冠救治"小汤山医院";1 月 24 日,火神山医院选址完成,图纸设计完成,百余台挖掘机抵达现场,开始土地平整;1 月 25 日,火神山医院正式开工,5G 信号基站完成建设,信号实现全覆盖,电力保障工作完成;1 月 26 日,火神山第一栋楼完工,仅用时 16 小时;1 月 27 日开始"云监工",场地平整和碎石黄沙回填完成,首批集装箱板房吊装搭建;1 月 28 日,一栋双层病房钢结构初具规模;1 月 29 日,医院板房建设全面铺开,300 多个箱式板房骨架完成安装,机电管线开始作业;1 月 30 日,HDPE 膜完成铺设,基础混凝土完成 100%浇筑;1 月 31 日,90%集装箱拼装完成,活动板房骨架安装超 3000 平方米,污水处理间完成设备吊装,火神山医院实现通电;2 月 1 日,400 张床位完成安装,ICU 病房完成骨架安装,展开医疗配套设备仪器安装;2 月 2 日,火神山医院完工开始交付,1400 名医护人员进驻,从接受任务到交付整整十天;2 月 3 日,调试医疗设备,准备收治患者。历时 14 440 分钟,3000 多名工人、1000 台(辆)机械设备及运输车,共同创造了"火神山奇迹",拆解细节分析如下(见图 2-5)。

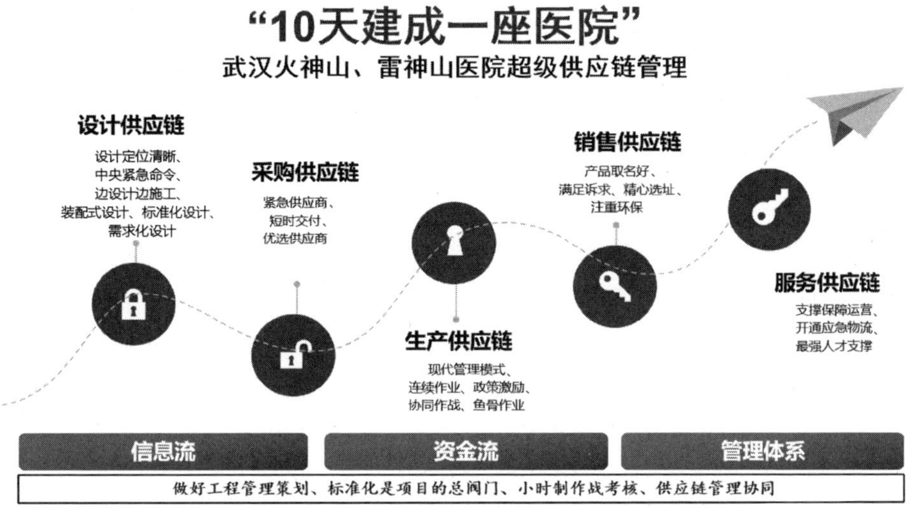

第 2 章 供应链及供应链管理体系

"10天建成一座医院"
武汉火神山、雷神山医院超级供应链管理

设计供应链：设计定位清晰、中央紧急命令、边设计边施工、装配式设计、标准化设计、需求化设计

采购供应链：紧急供应商、短时交付、优选供应商

生产供应链：现代管理模式、连续作业、政策激励、协同作战、鱼骨作业

销售供应链：产品取名好、满足诉求、精心选址、注重环保

服务供应链：支撑保障运营、开通应急物流、最强人才支持

信息流　　资金流　　管理体系

做好工程管理策划、标准化是项目的总闸门、小时制作战考核、供应链管理协同

图 2-5　火神山、雷神山医院供应链管理剖析图

设计供应链。此次火神山、雷神山医院建设的核心是"快"，采取三边工程（边勘测、边设计、边施工）。一是"设计定位清晰"，一切围绕战略意图和诉求取舍，这次两家医院为临时建筑，规定使用寿命为 5 年，基础设施按一层楼规划建造，包括用水、用电、污水处理量等。二是"中央紧急命令"，三军号命、精英挂帅，该项目由中建三局牵头，其向全国人民和武汉市民立下军令状"十天建成一所容纳 1000 张床位的救命医院"，先后共组织 2 万余名管理和作业人员，两家医院同步建设并交付。三是"边设计边施工"，中信建筑设计研究总院 1 月 23 日接到武汉火神山医院建设设计任务，迅速组建 60 余人的项目组连夜投入工作，78 分钟完成小汤山设计施工图，5 小时完成场地平整设计图，为连夜开工争取了时间，24 小时完成方案设计，并获武汉市政府批准，60 小时交付项目全部施工图纸。四是"装配式设计"，对医院建筑设计提出超高的要求，最大限度地采用行业最前沿的拼装式工业化生产设计，批量化、易操作、可复制、工期短、污染少、现场施工与整体吊装穿插，减少现场作业工作量、缩短时间。五是"标准化设计"，每间病房套内面积为 18 平方米，带装修，接入床、卫浴等基础生活设施，插电即用，厂家按一次备料 600 套（间）准备，标准作业，极力提升产能。六是"需求化设计"，50 个床位为一个护理单元，4 个护理单元为一个组团，即 200 个病人为一个组团，配备护士、医生、医疗器械、供氧系统等，组团间的连接区域为公共区域，提供化验检查等，形成满足需求的标准化户型产品。

采购供应链。一是"紧急供应商"，中建三局选择行业顶尖企业组成医院紧急供应商。二是"短时交付",一批行业顶尖的供应商加入建设供应链,将生产配送周期压缩至3天。三是"优选供应商",宝武钢铁集团等提供优质钢材;中国建材提供石膏板、龙骨;徐工、三一、柳工等机械名企提供工程机械设备;施耐德电气提供电力基础设施;美的集团提供医院所需的家电;恒洁卫浴、星星制冷等企业纷纷加入。

生产供应链。一是"现代管理模式",尽量选取标准化作业部件,实现模块化、工厂化、通用化、装配化、机械化,流水作业生产,穿插施工,将外部拼接、整体吊装与现场施工相结合,减少现场作业量,实现效率最大化。二是"连续作业",生产工期内,连续24小时不间断施工。挖掘机、吊装机、叉车、水泥罐车、照明车共同作业。三是"政策激励",各企业针对派出的人员做足了精神动员,参战人员具备强烈的社会责任感。各参战企业纷纷为医院建设人员安排专项补助,如华为每人每天1000～2000元,项目工人24小时两班倒,大工1500元/天,小工1000元/天,工资日清。四是"协同作战",通信企业36小时完成5G覆盖,建成与解放军总医院远程会诊系统,国家电网260名职工24小时连续施工快速供电。五是"鱼骨作业",一个组团、一个组团共同推进,采用半成品材料,装配式施工,连地面也是由PVC材料预制成的,然后通过盖板连接,每间房子都有4根支撑柱。现场作业量大,高峰时工地上有超过7000名员工、800台挖掘机和推土机同时作业,场面非常壮观。

销售供应链。一是"产品取名好",武汉遭受疫情,火神山医院、雷神山医院的医院名称寓意好,增强了武汉人民的力量。二是"满足诉求",好产品要能满足客户、资方、城市的诉求,具有空间价值、经济价值和文化价值。三是"精心选址",火神山、雷神山医院远离市区,大片空地方便机械化大兵团施工作业,同时临近武汉职工疗养院,方便就近指挥办公。四是"注重环保",施工项目的污水、医疗垃圾单独收集处理,利用HDPE膜为火神山医院2.5万平方米穿上"防护服",不让一滴污水流入地下。

服务供应链。一是"支撑保障运营",中石油(中国石油天然气集团有限公司)提供现场加油车,提供石油供给保障;中粮集团捐赠粮油;中百仓储现场建设无接触超市,满足施工工人和医务工作者的日常需求。二是"开通应急物流",中国邮政、阿里物流平台等开通国内外绿色物流通道,积极承担医院的应急物流任务。三是"最强人才支撑",项目集结了国内多名金牌项目经理,中建三局等单位均安排了"最强天团"参与。

供应链信息流。一是"云监工",医院施工全过程通过央视进行直播,千万网友在线观看,消除和转移了民众的焦虑情绪。二是"企业援建",联想公司驰援所有的IT设备,提供了2000多套计算机设备和现场的IT服务;华为公司支持湖北移动、湖北联通开通 5G 基站，实现网络 24 小时连接；紫光集团及旗下新华三援建网络支持火神山医院的信息系统，实现医疗数据和信息的安全管理。

供应链资金流。中央预算，投资 3 亿元专项补贴，用于购买重要医疗设备和保障设施，保障项目快速建成。

供应链管理体系标准。分析此案例，"快（速）、标（准）、集（成）、数（据）"是火神山、雷神山医院 10 天完成建设的关键。两院建设中的设计供应链、采购供应链和生产供应链都有独到之处。一是设计供应链管理，"做好工程管理策划"，组建供应链管理委员会，预先评估项目的工程特点、难点及存在的风险，对各环节提前进行梳理、预估，提出相应的管理重点及应对举措，编好《项目工程管理策划书》，确保工期，降低成本，提高效率，提高了工程实体质量、工程策划及管理水平。二是采购供应链管理，"标准化是项目的总阀门"，在产品标准化、管理标准化、生产标准化、流程标准化中，产品标准化是提高周转率的核心利器。三是生产供应链管理"小时制作战考核"，四家施工单位同时作业，项目采用"小时制"的作战地图，设备、物资、人员、工程实况数据库一清二楚，每日上午 10 点和晚上 6 点，项目组会对各施工单位按小时通报考核。四是"供应链管理协同"，整个工程涉及基础工程、土建装饰、给排水、消防、供配电、照明、监控、通风、通信、净化、室外市政配套、污水处理等分项工程，涉及专业分包单位超过百家，需要有序协同，全力以赴。

火神山、雷神山医院是世界建筑史上的奇迹，也是集成供应链管理的力作。

第 3 章 供应链管理体系标准

满意度=感知-期望。

客户需求是当今供应链面临的最大挑战。供应链管理发展呈现五个趋势：一是始终在线，次日交付变得更为可能；二是智能自动化与机器人应用成为新常态；三是要求安全送达，包括信息的安全；四是减少对劳动力的依赖；五是供应链集成，自动化水平进一步提升。

供应链管理发展到今天，企业的产出是供应链管理体系整体效能的输出，企业要把精力花在杠杆效应最大的地方，争取每一个环节都取得优越表现，也就是建立优秀的供应链管理体系，通过体系满足消费者的诉求。

3.1 供应链管理体系标准的实施

3.1.1 何为供应链管理体系标准的实施

供应链管理体系标准的实施是指企业发挥领导推动作用，运用科学和系统的方法，通过组织行为，执行供应链管理体系中设计、采购、生产、销售、服务等环节的相应标准，推动企业核心竞争力建设的一种持续活动。

为何要实施供应链管理体系标准？①可以帮助企业降本增效；②能够降低企业的经营风险；③进一步提高企业的价值；④提高企业的竞争力；⑤提升企业对外的信用资质。

供应链管理体系标准实施的三项支持。一是组织体系支持。供应链管理体系标准的实施，需建立供应链管理委员会或供应链管理部门。供应链管理委员会或供应链管理部门由决策、财务、设计、采购、生产、销售、服务的相关责任人组成。其对企业供应链规划进行决策，对供应链的资源组成进行调整，对供应链的运行情况进行跟踪。二是管理支持。编写供应链管理相关的运营手册,明确供应链管理各环节的管理范畴及相应指标。三是系统支持。建立供应链管理的信息流管理系统,确保供应链数据的有效流通。

3.1.2 如何实施供应链管理体系标准

具体实施包括五个方面,简称供应链管理的"二建立三规范"。

第一,建立供应链规范组织体系。制定企业供应链管理体系标准实施的目标、制度和职责。供应链管理体系标准的实施需要建立供应链管理委员会或供应链管理部门。

供应链管理委员会的职能(见图3-1)。一是监督,对企业供应链全环节进行决策、调整和监督,权限仅次于最高管理者。二是统领,区别于传统的行政组织结构和供应链管理体系的组织结构,供应链管理委员会代表最高管理者,通过专门设立的供应链管理部门实施供应链管理体系的整体优化。三是明责,供应链管理职能是相对于管理任务而言的,分为设计、采购、生产、销售、服务的管理职能,明确各个业务系统高层(公司级)的供应链管理职能;在职责、权限、相互关系方面,做到"有权有责,权责对等"。四是协同,重点处理与职能部门之间的关系,其中人力资源部门处于首要地位。

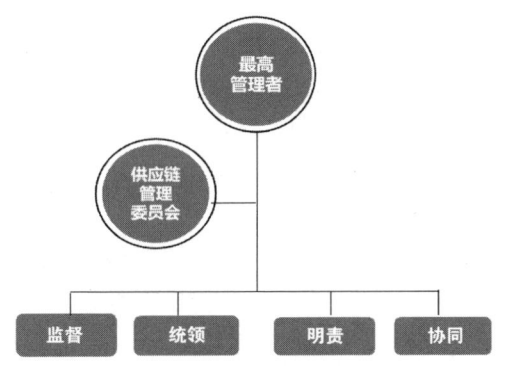

图 3-1 供应链管理委员会的职能

第二,建立供应链长效管理机制。制定供应链管理体系标准实施的检查、分析和改进制度。传统的行政组织结构,各个部门相对独立,没有供应链管理的统一协调部门(见图3-2),而在供应链管理委员会制度下,企业将设计专门的供应链管理部门,授权该部门负责企业供应链管理(见图3-3)。

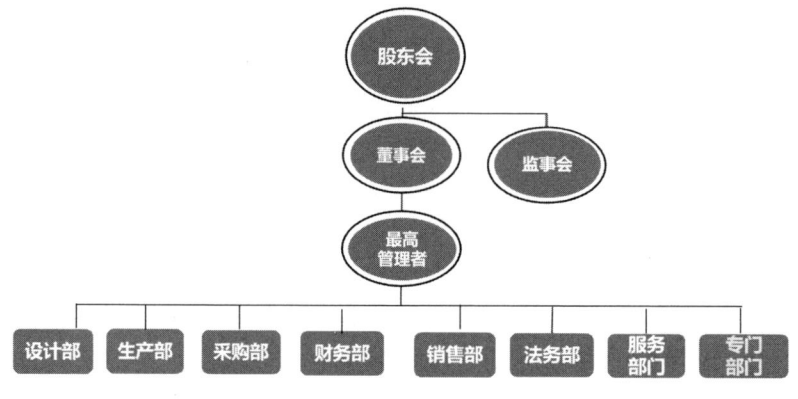

图 3-2 传统的行政组织结构

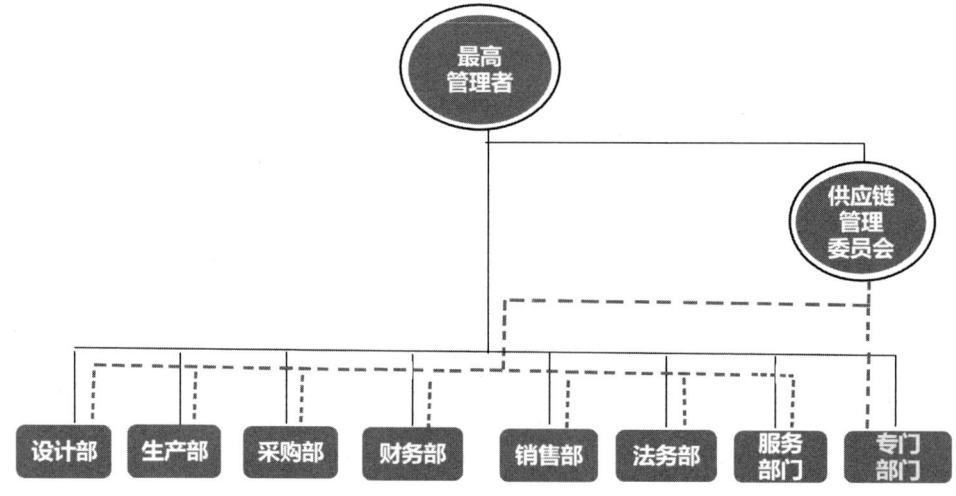

图 3-3 现代企业的供应链管理委员会虚拟组织图

第三，规范供应链文件管理，建立供应链管理体系标准实施的手册、程序文件、作业文件、执行记录。供应链文件管理包括作用、构成、控制、评审四个方面的内容。

供应链管理体系文件的七个作用。一是明确了供应链管理的相关法规；二是保障了供应链管理预期目标的实现；三是成为评价企业供应链管理体系有效性和持续适应性的依据；四是保障了供应链管理工作的改进，发现目标、评价结果、巩固绩效；五是促进了企业组织的内部沟通，使企业自上而下形成共识，跨部门提供信息，帮助员工进行自我定位；六是成为制定培训需求的依据，供应链管理体系文件本身就是良好的供应链管理教材，能满足新员工培训和定期再培训的需求；七是便于相关方了解企业，便于企业向相关方证实企业的能力，方便企业对供应商提出明确的要求，同时便于审核机构了解企业的管理体系，便于企业的法律顾问控制企业供应链的风险点。

供应链管理体系文件一般有四个构成部分，主要包括手册、程序文件、作业文件和执行记录。手册由方针和目标组成；程序文件是供应链管理体系第二层级的流程性文件；作业文件是指各部门在供应链管理过程的第三层级的执行文件；执行记录是指实施供应链管理活动形成的记录。企业一般可以从实际情况出发，依据本企业的组织规模和类型、管理过程的复杂程度和相互关系、本企业员工的能力等方面，确定供应链管理体系各层的文件，具体可分成两至四层级的文件执行，循序渐进。

供应链管理体系文件的控制。一是文件需要审核和批准；二是相关要求要明确；三是按文件类别和密级保存管理；四是文件要易于识别、取用和调阅；五是保留的失效文件要有标记。

供应链管理体系文件的评审，主要包括确认评审尺度、评审有效性和评审适应性。

第四，规范供应链生产经营环节，明确设计、采购、生产、销售、服务五个环节的相关标准。

第五，规范供应链资源协同，明确物流、信息流和资金流的协同方法。

供应链管理体系的贯标就是企业全面贯彻和实施供应链管理体系的标准。供应链管理体系贯标的流程一般分为六个环节：①贯标的前期准备；②启动贯标工作，开展标准培训；③构建供应链管理体系标准，编写企业相关管理体系文件；④实施并改进；⑤进行内部评审及改进；⑥进行外部评审及持续改进。

3.2 供应链的特征分析

3.2.1 供应链三个层级的衍变

价值链、供应链、智慧供应链是依次递进的关系（见图3-4）。传统供应链是简单的上下游链式结构，只需参与者协调好上下游企业间的关系即可，实现优化生产运营、降低交易成本的目的。但是，智慧供应链有更高的要求。智慧供应链是将供应链的技术和管理进行综合集成，系统化指导现代供应链的管理和运营实践，实现供应链的数字化、集成化、柔性化、智能化、可视化、敏捷化、自动化等。

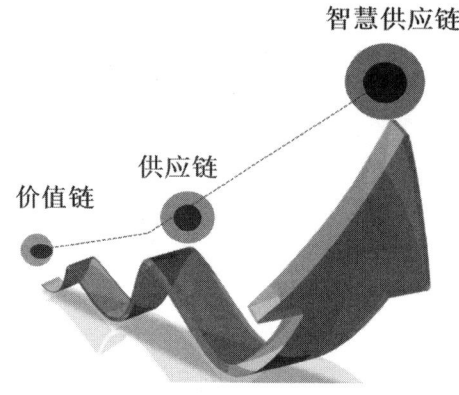

图 3-4 供应链三个层级的衍变

价值链是企业层面的活动,要求从开始到结束,为顾客创造一种结果,即实现价值的增加,企业竞争的结果就是为消费者提供更高的价值。为让企业对顾客产生更多、更好、更关键的价值流,企业需要不断投入资源和精力,优化企业内部流程,减少废品和障碍,使企业具有核心竞争优势。

供应链是行业层面的活动,要求构建更为良好的价值链,从管理单一职能向各种活动综合集成发展,实现多个企业间的连接和管理,提升企业的竞争力和盈利能力,并从战略角度将物流控制提升到过程控制。

智慧供应链是产业层面的活动,在互联网时代,供应链交叉将不断出现,运营模式从链状向网状发展,原来的单一企业完成价值增值将衍变为多个企业共同完成价值增值,形成顾客价值导向的价值网和复杂供应链网络形态,供应链将向多价值链整合方向发展,更好地发挥综合协同效应。智慧供应链将完成可视化、生态化、智能化、集成化的"四化目标"。

高效的智慧供应链管理还需要提升六大管理能力,即需求分析管理能力、供应商关系管理能力、客户关系管理能力、物流服务管理能力、融资和资金管理能力、复合型能力管理能力。

3.2.2 供应链的敏捷性和柔性

敏捷供应链是指围绕核心企业,通过控制三流(物流、信息流、资金流),对五端(供应商、制造商、分销商、零售商、消费者)进行整合,实现统一无缝化的功能性网络链条,形成具备竞争力的战略联盟。面对市场竞争,供应链的敏捷性越强,则代表快速反应能力越强,而信息系统则是形成敏捷供应链的基础。

柔性供应链管理（Supply Chain Management Flexibility）是指供应链管理系统对供应链各环节需求变化的敏捷性和适应能力。

供应链的敏捷性和柔性需要供应链协同、大数据供应链和物联网的多方支持。

一是供应链协同支持。供应链协同分为战略层、战术层和操作层三个维度，具体包括物流协同、信息共享协同、供应链关系协同、网链结构和参数优化协同等。

二是大数据供应链支持。通过大数据预测市场、整合供应链、控制成本和部署资源，推动业务驱动向数据驱动转型。

三是物联网支持。物联网是指利用互联网和传感设备技术，实现人、物和信息的互联，实现数字化、可视化、智能化的万物互联，是感知技术、管理技术、信息交换技术融合的产物。物联网是云计算、泛在网络和智能传感技术的综合应用场景，电子产品代码技术和无线射频识别技术是物联网的常用技术，一般认为 2009 年是中国的"物联网元年"。

供应链的敏捷性和柔性是企业供应链的"制胜法宝"。

3.2.3 供应链管理中心

供应链管理中心建设。企业的分类物流，如原材料物流、生产物流、成品物流、售后物流、回收物流等工作，往往分散于企业不同的部门，由不同团队管理，造成企业成本的浪费。企业若未成立供应链管理中心，供应链管理体系就会依附于生产、销售和财务等管理部门，供应链管理的核心工作就会变得分散，成本居高不下，工作协调困难。企业建设供应链管理中心，将各部门的职能和权限整体归于这一中心，赋予其更高级别的权限，有助于理顺流程，提升效率。

供应链管理中心的岗位及职责。建立供应链管理中心的组织架构，确定岗位、职责，以及任职条件，以供应链总经理为例进行说明。

供应链总经理的职责是制定符合企业供应链管理目标的考核机制和内容，并不断完善企业供应链管理机制。具体职责：一是制定企业供应链战略规划，参与企业发展战略和年度经营计划的制定；二是负责采购、生产、物流、仓储等供应链运作和流程的优化工作；三是负责对供应商进行管理、评审和监控，建立开发和评估体系；四是有效控制物流运输费用；五是采用先进的供应链管理方法与系统，制定相关工作规范、标准和实施流程。任职条件：一般要求大学本科以上，专业为物流管理、供应链管理或采购管理等。要求个人熟悉供应链管理模式，了解供应链系统运营的流程与特点，具备较强的学习和沟通能力。

对应设立供应链主管和操作专员岗位，落实执行本企业供应链管理战略，员工一般要求大专以上学历，专业为供应链、物流和仓储等，并且具备 2 年以上工作经验。

建立以客户为中心的供应链管理体系。一套高效的供应链管理体系是未来企业竞争的核心。一家优质企业快速成长的核心是以客户为中心，而不是以领导为中心，或以自我为中心，或以技术为中心。企业应建立以满足客户需求为导向的供应链管理体系，并应用于企业的发展之中，根据未来发展趋势规划 10 年以上的企业远景目标。例如，华为确定了四条企业文化：以客户为中心、以奋斗者为本、长期艰苦奋斗、坚持自我批判。

3.2.4　供应链管理系统

绝大多数的 ERP 系统厂商没有能力规划并完成整体供应链管理系统，甚至 98%的企业认为"采购+销售+库存=供应链管理系统"，其实相差很远，完整的供应链管理系统至少包括以下板块：设计模型（客户需求）、采购模型、生产模型（全面品控）、销售模型、服务模型（仓储+配送）等内容。

供应链管理至关重要。供应链管理的内容很广泛，涵盖业务预测、供应管理、需求计划、订单执行及售后服务等环节。其中，比较关键的事项包括供应链需求管理、供应链网络设计和分析、供应链风险管理及供应链功能任务等。当前，很多企业面临市场预测不准、市场竞争激烈、客户需求动态变化、供应链周期较长、企业团队效率不高等问题，需要企业更加系统地考虑供应链的运营模式，综合解决这些问题。

建立精益供应链组织。当前不少企业的供应链组织架构较为松散，组织力就是生产力，企业必须建立以客户为中心的精益供应链组织，规范企业供应链体系、降低供应风险、保障供应能力。

3.2.5　供应链运作参考模型

供应链运作参考模型是由供应链协会形成并发展起来的，由于供应链跨越多个流程、较复杂、涉及范围广，缺乏衡量供应链绩效和供应链流程的标准方法，为评估和改善供应链绩效，供应链协会指定了一个参考模型，从相关技术、流程再造、标杆指标和最佳实践等方面描述供应链流程，我国于 2005 年 1 月引入供应链运作参考模型。

供应链运作参考模型分为三个层级，具体如下。

第一层级：5个流程。包括计划、采购、生产、交付、返回。

第二层级：26个流程类别。其中：5个计划流程类别（计划、采购、生产、交付、返回）、5个驱动流程类别（计划、采购、生产、交付、返回）、16个执行流程类别（库存式制造资源、面向订单设计的资源、面向订单生产的资源、库存式制造、面向订单设计的制造、面向订单生产的制造、库存式制造的交付、面向订单设计的交付、面向订单生产的交付、零售交付、疵品返回来源、MRO（Maintenance, Repair & Operations，维护、维修、运行）返回来源、过剩品返回来源、从顾客返回缺陷产品、从顾客返回MRO产品、从顾客返回剩余产品）。

第三层级：177个要素。包括计划（29个元素）、采购（26个元素）、生产（27个元素）、交付（60个要素）、返回（35个要素），并明确了356个指标和最佳实践。

改善供应链绩效也可以分为三个层级。第一层级，对应5个流程，分析竞争环境，重点放在业务策略上，确定拟改善什么绩效指标、改善多少，对应第一级性能指标；第二层级，对应26个流程类别，配置供应链，记录特定业务单元和期望变化，对应第二级性能指标；第三层级对应177个流程要素，使运营绩效水平和系统要求保持统一，侧重于信息和工作流优化，对应第三级性能指标。

3.2.6 供应链人才管理体系

企业要实施"吸引人才、尊重人才、激发人才，却不迁就人才"的供应链人才管理机制，在企业的发展中坚持优胜劣汰，使优秀的人才脱颖而出，同时及时清理那些低绩效员工和懒惰干部。

一是人才梯队的建设。高效的人才供应链能够为企业人才纳新吐故提供坚实的保障。从人才规划设计、招聘质量管控、招聘渠道及效率、内部调配到低绩效员工处理等方面，企业可以利用各种工作模块，保证实现人才供应链内外多层次、多要素、成体系的高效运作。

二是做好人才寻源管理。围绕人才聚集地建设企业的供应链管理人才地图和清单；做好人才梯队规划，从业务战略到人才规划，在人才招聘中做正确的事；做好人才供应链的供应方式和供应能力建设，做好人才体系支撑。

三是面试选拔流程管理。实施人才供应链过程管理，运用相应招聘技术，不断优化面试官管理等。

四是招聘渠道和效率管理。通过以优秀院校毕业生为主体的校园招聘，实现企业战略性人才的储备；通过以业内专才为主的社会招聘，实现企业补充性人才的供应；通过以行业高端专家为主的高端猎头，获取企业的关键性人才。

五是人才流动及调配管理。企业内部要有人才调配的流动机制，可以采用轮岗、指令性调配、内部市场运作等方式，实现内部人才的流动。

六是低绩效员工淘汰处理。正确认识辞退低绩效员工的工作，做好低绩效员工的有效处理。

3.2.7 供应链管理的牛鞭效应

牛鞭效应是指在供应链管理上，微小的需求变化经过零售商、制造商、供应商会逐级放大。越是在供应链的后端，需求变化的幅度就越大，牛鞭效应将导致企业对市场变化的过激反应，表现为市场需求增加时产量不足，市场需求放缓时过量生产形成库存积压。解决办法是信息共享和部分业务外包。"牛鞭效应"这一名称由宝洁公司提出。宝洁公司的员工观察到一次性尿布的需求从批发商至零售商，是高度易变的，但是最终消费者的需求又是相对稳定的，需求变动在向上游移动时呈现不断增加的趋势，即从零售商到批发商、从批发商再到制造商……类似于牛鞭的扭曲，逐节递增，最后在末端以超声速移动时发出响声，需求会沿着供应链向上，不断加大扭曲程度。牛鞭效应会导致需求不准确，造成高成本和低服务，理解这一原因后，企业要限制或消除牛鞭效应的发生。

出现牛鞭效应的四个主要原因，一是需求预测更新不及时，未能反映此时的真实需求；二是批量订购不稳定，对需求判断造成影响；三是受价格波动影响，促销降价时零售商会突击订货；四是定量供应和短缺博弈，零售商为满足自身供应，订货数和真实订单不符，一旦收到部分实际货物，则会取消部分订单。

第 4 章

供应链管理体系评价

4.1 供应链管理的效果维度

发展产业链一定要通过供应链,没有供应链就无法推动产业链的发展。供应链管理就是在产业链、供应链的基础上,全面协同和集成,全面调配企业的内外部资源,它正成为企业迈向新时代的科学管理方式。

供应链管理的效果可以从可靠性、反应速度、柔性、成本四个维度进行评价(见图 4-1)。评价覆盖设计、采购、生产、销售、服务五个环节。企业要努力建立好的体系和机制,苦练基本功,内化为企业的组织能力。企业只有练好供应链管理基本功,才能赢得未来之战。

图 4-1 供应链管理的四个效果维度

4.1.1 可靠性

一是产品性能。产品在设计和制造过程中被赋予的性能可以由产品开发者加以控制，这是产品的固有特性。另外，还要考虑到产品的安装、操作使用和维修保障等方面。

二是完成率。①全年是否有非计划内的停运、运力下降等影响机组能效的事件发生；②统计年检维修结束以后，机组无故障连续运行的天数；③全年设备是否频繁发生故障，故障主要集中在产品的哪个环节等。

三是订单完好履行。从制造商的角度来讲，订单履行过程就是从接受订单一直到完成订单的全部过程；从消费者的角度来讲，订单履行的过程就是企业对消费者订单处理的过程。从供应链管理的角度来讲，时间意味着成本，也意味着供应链渠道越长，出现延迟交货的可能性越大，进而导致供应链成本的提高。

4.1.2　反应速度

订单履行的提前期是指消费者从发出订单到收到产品等待的总时间长度，是订单履行的最长期限。在对消费者需求快速响应的市场背景下，较短提前期将是企业获得竞争优势及壁垒的一种重要手段。①订单接受是指订单接受的提前期；②订单处理包括订单录入的提前期、订单处理的提前期、生产计划的提前期等；③订单完成包括原材料准备及采购的提前期、供应商生产的提前期、供应商配送的提前期、收料及检查的提前期、装配和分拣的提前期、加工的提前期等；④运输包括库存的提前期、发货准备的提前期；⑤订货达到包括货物达到客户手中的提前期等。

4.1.3　柔性

第一，响应的时间长度。缩短交货周期，快速响应消费者的需求。通过不断缩短交货周期，企业就能对市场需求的变化快速地做出反应。如果交货周期短于消费者要求的交货期，就能够实现按单生产，并可额外加强供应链柔性，企业就没必要囤积缓冲存货，来满足消费者的市场需求。

第二，生产的柔性。从消费者给工厂下单开始，到工厂完成交货，会有一定的提前量，一般也称为提前期，包括采购的提前期、生产的提前期、发货的提前期等。

4.1.4　成本

第一，供应链管理的总成本。包括企业在采购、生产和销售的过程中，为支撑企业供应链运转发生的一切相关的物料成本、运输成本、劳动成本和设备成本等。

第二，产品销售成本。在企业产成品被销售以后，由于库存产品减少，就需要将该产成品的产品成本，从企业库存成本中同步减少，而减少的这一部分产品成本就成为企业的产品销售成本。在这一阶段中，企业通过产品的持续销售，不断收回资金，保证企业可以再生产。企业应该认真计算、结转产品销售成本，并将其与当期已经实现的销售收入进行对比，从而计算出本企业在一定时期内获得的产品销售利润或者发生的亏损等。

第三，产品保证成本或者退货处理成本。这要看两期销售价格的悬殊大小，如果差距不大，按当前成本计算即可；如果差距较大，就需按原出库时的成本计算。

4.2 供应链效益提升的五个绝招

绝招一：设计的供应链管理。主要从面向需求的设计和面向成本的设计两个维度着手。

绝招二：采购的供应链管理。主要从高效寻源、超低库存和精益供应商体系建设三个维度着手。

绝招三：生产的供应链管理。主要从5G、工业互联网和数据管理形成的新能力三个维度着手。

绝招四：销售的供应链管理。主要从品牌识别和多销售场景的数据化能力着手。

绝招五：服务的供应链管理。主要从云仓、第三方物流和先进包材（载具）三个维度着手。

当前市场正发生两大变化。一是需求的变化，全球供应链需求变化的趋势为动态、小批量、多批次、低时延。这些变化集中体现在农产品、电子消费品、食品饮料、服装、玩具、教育和书籍等行业。二是毛利的变化，需要企业不断挖掘市场增量的收益（毛利规模），并对存量市场实施降本增效以提升企业收益（毛利率），提升企业的市场竞争能力。为了实现企业毛利的提升，优秀企业一般会建立供应链管理人才体系和梯队，即基本人才（供应链管理师）、中级人才（专项供应链管理师）和高级人才（综合供应链管理师）体系。

注重供应链市场细分。产业市场越细分，说明产业的质量越高。往往企业的供应、生产和需求三端缺乏沟通，内外部的信息共享不够，这样便无法提供满足客户需求、适应市场需求的好产品。只有对消费市场进行细分，对客户需求进行细分，找到企业的差异化发展之路，专攻一处，才能真正赢得市场竞争。

供应链降本的三个方法。一是整合需求、整合供应，谈判降价是目前常用的方法；二是采用电子商务及精益生产等新方式，降低生产和交易成本；三是通过价值工程或价值分析，降低设计的复杂度，从而降本。

企业发展要做到四个统筹。一是明道（价值取向），二是取势（趋势把握），三是优术（组织运营），四是树人（人才发展）。

4.3 "中国式供应链管理评价指标体系"的建设

4.3.1 中国式供应链管理评价指标体系

为促进中国企业供应链管理体系的建设和创新工作，推动企业核心竞争力的打造，作者根据国内外企业供应链管理实践案例和相关理论，结合中国经济和企业发展的实际情况，提出了"中国式供应链管理评价指标体系"，便于各企业更好地开展供应链管理。本指标体系适用于商贸流通类、生产制造类、综合服务类供应链管理企业。

本指标体系分为八个方面：①供应链管理体系战略及制度；②设计的供应链管理；③采购的供应链管理；④生产的供应链管理；⑤销售的供应链管理；⑥服务的供应链管理；⑦供应链数字化；⑧供应链金融。本指标体系适用于企业自我供应链水平评估、第三方评估、绿色供应链管理评审和供应链管理潜力分析等。

评价指标根据性质，可以分为定量指标和定性指标两类。定量指标会选择具有代表性的，反映供应链管理目标的指标，考评企业实施供应链管理体系的现状和程度，国家相关文件法规已明确要求的，按照相关数值评价，无明确要求的参考我国及国际先进水平；定性指标，根据企业执行国家相关政策法规的实际情况给予相应分值。

4.3.2 供应链管理指数分级

供应链管理指数的计算公式：序号1的分值+序号2的分值+⋯+序号20的分值，总分120分。

经评价，供应链管理指数分级如下：大于110分（含）的企业，认定为"5A级供应链管理企业"；大于100分（含）小于110分的企业，认定为"4A级供应链管理企业"；大于90分（含）小于100分的企业，认定为"3A级供应链管理企业"；大于80分（含）小于90分的企业，认定为"2A级供应链管理企业"；大于70分（含）

小于 80 分的企业，认定为"A 级供应链管理企业"。

备注：后期根据实际测试的相关企业数值，优化指标及分值，使其符合中国企业供应链管理水平的实际情况，并指导相关企业开展供应链管理创新实践。

中国式供应链管理评价指标体系（1.0 版）如表 4-1 所示。

表 4-1 中国式供应链管理评价指标体系（1.0 版）

一级指标	序号	二级指标			
		名称	最高分值	指标类型	评分标准
供应链管理体系战略及制度（20 分）	1	纳入规划	6	定性	建立本企业供应链管理的中长期规划，制定供应链管理年度目标、实施方案等，根据方案内容完整性酌情给分
	2	制定制度	6	定性	制定本企业供应链管理的系列制度文件，包括但不限于以下内容：管理目标 1 分；管理制度 1 分；职责分工 1 分；奖惩措施 1 分；检查评价 2 分。根据内容完整性酌情给分
	3	设置机构	4	定量	设置供应链管理的专门机构和人员，开展实施、考核及奖励活动。专职机构及专人 4 分，兼职机构有专人 2 分，无机构无专人 0 分
	4	教育培训	4	定量	合计 4 分，企业开展供应链管理培训机制 2 分；每年组织 1 次以上专项培训 2 分
设计的供应链管理（10 分）	5	需求设计	5	定性	建立面向客户需求的设计体系，收集反馈。建立五级产品体系，即引流产品、爆款产品、常规产品、利润产品、形象产品等，根据需求研究深度，酌情给分
	6	成本设计	5	定性	建立极具竞争力的成本设计体系，收集反馈。实施产品结构和成本分析等，根据结构对标深度，酌情给分
采购的供应链管理（20 分）	7	制定方案	8	定性	合计 8 分，采购方案包括但并不限于：采购目标及标准 2 分；采购流程 2 分；供应商管理 1 分；绿色采购 1 分；风险管理 1 分；采购评价 1 分
	8	定期审核	4	定量	按照采购方案对供应商定期核、评价。有审核 2 分，评价评级 2 分
	9	日常管理	4	定量	每年对供应商培训（包括召开供应商大会）超过 3 次 4 分，低于 3 次 2 分，未培训 0 分
	10	绿色采购	4	定性	合计 4 分，满足国家相关绿色环境保护、资源节约要求的绿色采购供应商 2 分；绿色物流 1 分；供应商发布社会责任报告 1 分

续表

一级指标	序号	二级指标			
		名称	最高分值	指标类型	评分标准
生产的供应链管理（20分）	11	符合法规	5	定性	合计5分，符合国家相关技术及管理要求。符合技术要求3分；符合管理要求2分
	12	降本增效	10	定量	生产成本优于同行，按与最优同行比例得分
	13	库存管理	5	定量	库存指标优于同行，按与最优同行比例得分
销售的供应链管理（10分）	14	需求采集	5	定性	建立企业全渠道新零售销售网络2分，仅线下1分；销售数据收集2分，未收集0分；需求分析1分，未分析0分
	15	分析传输	5	定性	合计5分，分析传输环节越深，分数越高，根据先进性酌情给分
服务的供应链管理（20分）	16	仓储管理	10	定量	合计10分，仓储成本优于同行，按与最优同行比例得分
	17	物流服务	10	定量	合计10分，配送时限及成本优于同行，按与最优同行比例得分
供应链数字化（10分）	18	数据平台	5	定性	建立企业供应链全生命周期信息化数据平台，实现收集、分析、管理、监测和评价。销售数据系统1分；供应商管理信息系统1分；产品溯源系统1分；产品回收系统1分；绿色物料数据库1分。根据先进性酌情给分
	19	风险评估	5	定量	披露企业的高、中风险供应商的审核情况，披露5分，未披露0分
供应链金融（10分）	20	金融支持	10	定性	针对上下游环节，给予供应链金融支持5分；建立企业供应链金融生态5分。其他根据涉及深度，酌情给分
合计			120		

☑ 本篇知识点小结

1. 供应链是以客户需求为导向，以提高质量和效率为目标，以整合资源为手段，实现产品设计、采购、生产、销售、服务等全过程高效协同的组织形态。

2. 供应链是企业的"生命线"，供应链管理的水平直接决定着企业的经营成败。

3. 供应链的竞争力来源于资源整合和协调管理，简单来说就是"集成+协同"。如果说"品牌和营销"是企业的面子，那么"供应链"就是企业的里子，面子由客户说了算，里子却是企业的真功夫。

4．供应链管理体系标准是对企业设计、采购、生产、销售、服务产生的内外协同工作进行系统化管理的体系标准。

5．全球供应链需求变化的趋势为动态、小批量、多批次、低时延。

6．供应链，"供"就是物流，"应"就是信息流，"链"就是资金流。

7．供应链管理（Supply Chain Management）源于日本，兴于美国。供应链管理被作为一门学科进行研究，在我国源于 2000 年。

8．供应链管理开始与金融、会计、运营、营销等专业并驾齐驱，作为一个单设的专业，成为 MBA 教学的重要分支。

9．2017 年 10 月，国务院办公厅印发《关于积极推进供应链创新与应用的指导意见》（国办发〔2017〕84 号），这是我国首次把"供应链"这一词语上升到国家战略层面，具有重要意义。

10．狭义的供应链管理由采购、生产和服务三个核心职能组成。广义的供应链管理由包括设计、采购、生产、销售、服务、信息流、资金流七个职能模块组成。

11．2020 年 2 月，供应链管理师正式作为一个新职业发布，并纳入国家职业分类目录。

12．供应链管理的核心目标如下：一是系统地帮助企业实现降本增效；二是全面地帮助企业实现协同集成；三是实现企业的全面优化，而非局部改善，最终实现智能分析、智能管控，提升企业的核心竞争力。

13．从 0 到 1 考验的是研发，从 1 到 N 考验的是供应链。供应链管理的核心是协同，价值是降本增效。

14．拉式供应链适合响应型供应链，推式供应链适合经济型供应链，行业原则是"能拉尽拉，拉不动方推"。所以，推拉相结合的推拉式供应链最为理想。

15．供应链管理的五个层级：原始供应链、初级供应链、整合供应链、协同供应链及智慧供应链。

16．中国供应链管理的三个时代：产品供应链时代、市场供应链时代、智慧供应链时代。满意度=感知-期望。

17．中国在全球供应链 25 强企业中，从 2016 年没有一家，到 2021 年阿里巴巴、联想两家企业入选，中国在供应链管理领域还有很长的路要走。

18．供应链管理体系标准实施的三项支持：组织体系支持、管理支持、系统支持。

19．供应链管理体系标准实施包括五个方面，简称供应链管理的"二建立三规范"：建立供应链规范组织体系、建立供应链长效管理机制、规范供应链文件管理、规范供应链生产经营环节、规范供应链资源协同。

20．供应链管理中心岗位任职条件：一般要求大学本科以上，专业为物流管理、供应链管理或采购管理等。

21．供应链管理的效果可以从可靠性、反应速度、柔性、成本四个维度进行评价。评价覆盖设计、采购、生产、销售、服务五个环节。

二、战术篇
供应链赋能运营

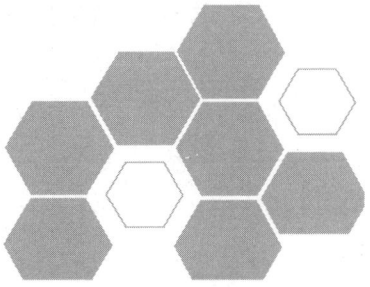

第 5 章 设计的供应链管理

要做好的产品,设计是前提。供应链管理的核心职能是采购、生产和服务,其引擎是设计的供应链管理,也就是供应链规划职能。在产品价格和质量上,从长期而言,便宜无好货,即好货不便宜,企业需要设计和研究更有品质的产品,而日本、德国等都是以品质取胜的国家。

5.1 设计的供应链管理概述

5.1.1 设计的供应链管理分类

设计的供应链管理包括产品设计和品类设计,又可分为面向需求的设计和面向成本的设计,主要完成需求预测、安全库存和执行补缺等工作。

设计的目标是降本增效。从 0 到 1 靠设计,从 1 到 N 靠供应链。在设计的供应链管理中,有三件事情非常重要,一是前端设计降低复杂度,通过优秀的设计来提高规模效益;二是中端设计提高计划水平,降低库存,提高周转率;三是后端设计提高供应商选择和管理水平,走轻资产的道路。谁能降低同等品质产品的复杂度,谁就能更好地控制产品成本,领先对手。设计依靠数据支持,销售的供应链管理会收集客户需求,通过协同更好地推动设计的供应链管理。

好产品能让用户成为更好的自己。第一,"好产品,让用户为自己尖叫",用户不关心你的产品有多好,用户更关心的是使用产品时,自己有多好。当我们深刻理解了这一理念时,就更容易在产品设计上发现和找到新的"金矿"。同时,好产品也可以让用户为自己尖叫,好产品能让用户拥有成长型的思维模式和持续学习的能力。第二,"好产品,成就用户",围绕用户体验而设计是初级阶段,成就用户的设计才是产品真正成功的关键。从成就用户的视角出发,将产品和营销思路进行整体梳理,让用户变得更强。从用户角度设计产品是后用户体验时代的特征。数据表明，与所有形式的广告相比，90%以上的用户更信赖朋友和家人的推荐，70%以上的用户更相信在线消费者的评论数据。

"面向需求的设计"，即以客户为导向的产品设计，需要从产品的适用性、经济性、可信性、美观性和安全性五个方面进行综合考量（见图5-1）。一是适用性，是指产品适合使用的特性，包括产品的使用性能、保障使用性能发挥作用的辅助性能、在不同环境下保持性能的适应性；二是经济性，是指在产品使用过程中需要投入费用的多少，如空调的能耗越低越好、洗衣机的用水量越少越好；三是可信性，包括产品的可靠性和可维修性，如汽车首次故障里程、平均故障间隔里程、车辆易维修性等；四是美观性，是指产品的审美特性与目标客户期望的符合度，如产品外观、颜色、款式，工业设计就是指产品美观性的设计；五是安全性，是指产品在存放和使用过程中对人和财产不构成损害的特性，安全性是一个极其重要的质量指标。

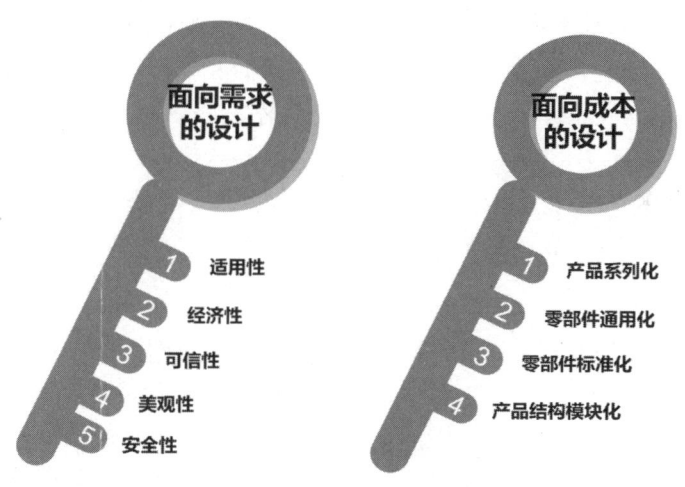

图5-1　设计的供应链管理的分类

"面向成本的设计"，即易于降低生产成本的设计。在现代生产管理中，企业将降低生产成本的重心从生产阶段转移到设计阶段，力图从根本上降低生产成本。这要求设计人员一定要具有生产成本意识。产品设计需要进行"四化"改进，即产品系列化、零部件通用化、零部件标准化和产品结构模块化（见图5-1）。一是产品系列化，减少产品品种，简化设计，对使用条件相通、设计依据相同、结构和功能相同的产品，将基本尺寸和相关参数按照一定规律加以编排，建立系列产品的型谱。

二是零部件通用化，减少零部件种类，减少产品设计的工作量，提高生产效率，在不同型号的产品中扩大通用零部件的应用范围。三是零部件标准化，减少设计和加工制造的工作量，缩短生产技术准备周期，按国家标准生产零部件。四是产品结构模块化，模块组合，接口标准化，使它们成为可以互换、可按不同用途选用组合的标准模块，构成各种变形产品，满足客户需求。降低生产成本设计有四个阶段，即产品设计方案阶段、初步设计阶段、深化设计阶段，以及加工图设计阶段。通过设计、制造、成本管理的协作与配合，可以从根本上降低产品的生产成本。

产品设计是产品开发的核心，企业应设计客户需要的产品、设计可制造性强的产品、设计绿色的产品，即面向客户的设计、面向可制造的设计和面向环境的设计。另外，信息技术的广泛应用和业务外包的持续发展，使管理更加精益可控。绿色制造技术，即绿色设计、绿色材料、绿色工艺、绿色包装、绿色处理，也要应用于设计中，提升企业的绿色供应链能力。

简化，即做减法，是产品设计流程中最重要的一步，"少"永远意味着"多"。"简单，即是美。"设计产品需要对大众消费潮流有前瞻性理解，生产出人们感兴趣的产品。苹果前 CEO 乔布斯曾经这样讲过："我们并不需要调整自己去适应产品，它会主动适应我。"简单比复杂更难，因为必须努力清空大脑，让它变得简单。简单的设计，需要烦琐的工序和高超的技艺才能实现产品功能。人们天生青睐简单易用的产品。简单，不是平凡，简单的产品、强大的功能，才会有品牌效应。"高价格，推出最棒的产品。"企业的目标不是制造出市场上最廉价的产品，而是制造出最优良的产品，因此可能比其他产品贵 10%～15%。

设计的供应链管理有以下六大原则。一是战略性原则，从全局的角度来规划和设计供应链，使供应链的全部环节都能围绕一个共同目标运转；二是创新性原则，供应链活动就是价值提升的活动，企业需要打破常规，摒弃陈旧思想，集思广益，大胆开拓创新；三是系统性原则，设计涉及方方面面，如战略合作伙伴、链上成员，想要实现共赢，要考虑市场竞争、企业现状等；四是协调互补原则，供应链是一个有机的整体，强调内外部协调和优势互补，发挥各成员的主动性和创造性；五是发展原则，供应链构建之后并不是一成不变的，随着供应链的运转，有些环节可能相对薄弱，供应链应该具有自我调整和自我优化的能力；六是客户中心原则，始终强调以客户为中心的供应链设计理念。

5.1.2 产品设计

2015 年以来，国家提出供给侧改革，这是一次国家层面的设计供应链管理。目标就是"三去一降一补"，即去产能、去库存、去杠杆、降成本、补短板。原来各省的产业结构发展不均衡、同质化强，因此以消费升级的方式促进城市产业升级。在满足功能需求的情况下，需要尽量降低供应链的复杂度，提高效率，避免失误。

产品设计是决定企业盈利水平的重要因素，决定了 65%～75%的产品成本。实施精益产品设计可以让企业获得更多的经济效益，要想顺利推行精益产品设计，需要跨部门组建执行团队，培养系统设计的观念。精益核心模块一般有 10 个，具体包括文化意识、6S 目视化管理、标性作业、柔性生产、持续改进、防错、快速换模、全员生产维护、物料控制和均衡生产等模块。企业应深入精益产品设计，减少库存浪费，减少动作浪费，减少等待浪费，减少搬运浪费，让"听得到炮声的一线人员"来做决策。

产品设计由资源解构和成本分析两部分组成（见图 5-2）。

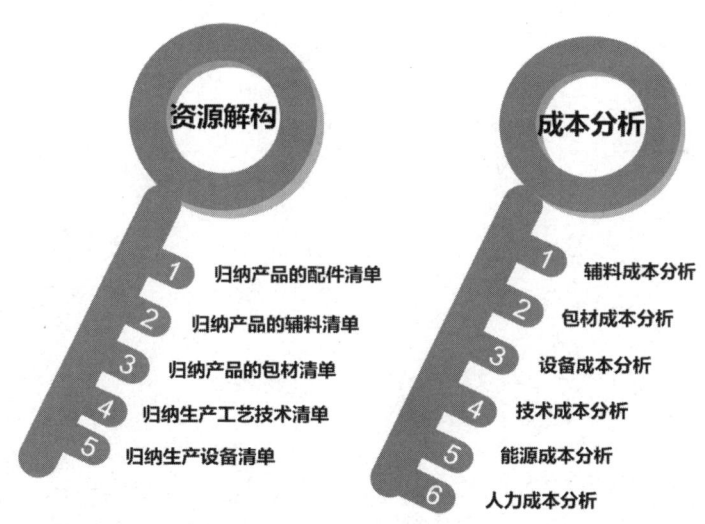

图 5-2 产品设计的内容

1．资源解构

资源解构包括归纳产品的配件清单、辅料清单、包材清单、生产工艺技术清单和生产设备清单。企业在开发产品前，可采购市面上现有的主要竞品，解构、罗列并分析其原材料成本与技术应用,研究内部构造设计,计算出竞品的设计和研发成本投入、材料及配件成本等,如拆解某品牌手机进行成本分析(见图5-3),然后基于竞品来优化自己的设计,并以更有优势的成本去展开新产品研发,推出更具有市场竞争力的产品。一是归纳产品的配件清单,即企业生产产品时用到的专用零部件清单,如产品的结构部件、芯片、外壳等,应记录配件的物料代码和零部件名称、品牌、材质、型号/规格、单位、价格等,可按成本的高低进行排列。二是归纳产品的辅料清单,即企业生产产品时用到的辅助零部件与物料清单,如服装行业中的拉链、纽扣及生产服装时用到的辅助材料等,应记录辅料的序号、类型、品牌、价格、用途及使用备注。三是归纳产品的包材清单。包材即包装材料,包材清单即企业包装产品时使用的包装材料清单,应记录包装材料的材质品种、规格、价格、数量及备注。四是归纳生产工艺技术清单,即记录产品结构生产工艺技术审查情况的一种文件,应记录文件序号、文件名称、文件编号、编辑部门、批准人、使用部门及使用情况等。五是归纳生产设备清单,它是生产厂家的生产设备清单与生产能力证明,应记录生产设备的序号、名称、制造商、型号、价格、备注信息等。

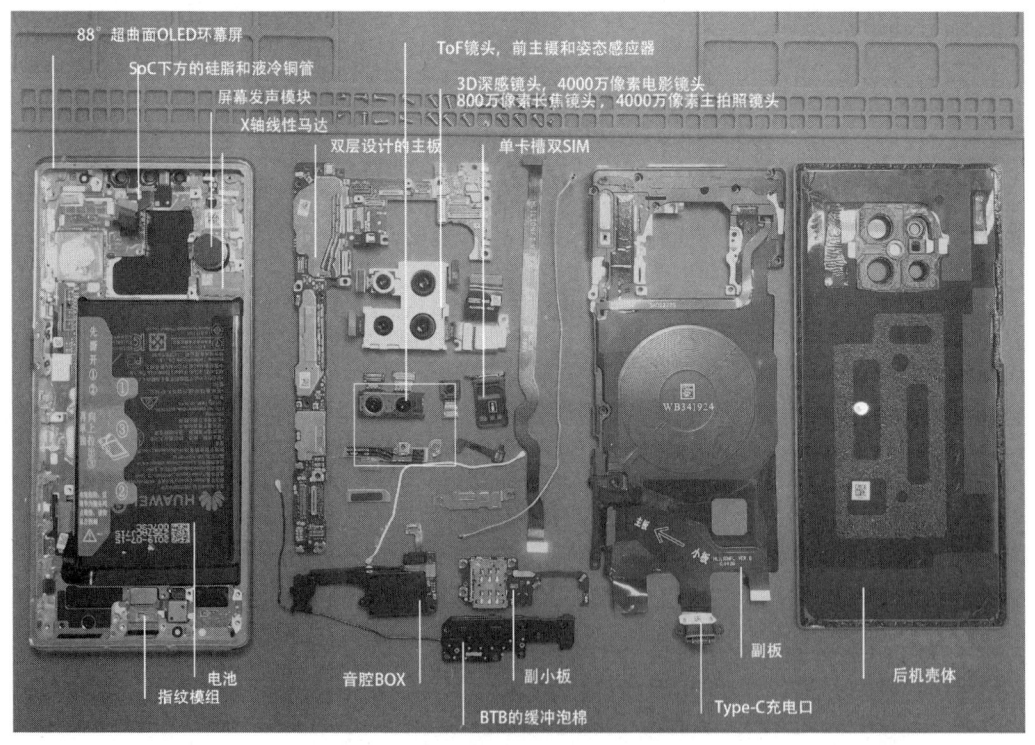

图5-3 拆解某品牌手机进行成本分析

2. 成本分析

成本分析包括辅料成本分析、包材成本分析、设备成本分析、技术成本分析、能源成本分析和人力成本分析。企业应基于竞品的配件进行规格、单位、用量、单价及总额分析，以衡量本企业产品的配件选型及数量应用。一是辅料成本分析。企业应参照竞品的辅料情况，分析辅料的用量情况，分析能否获取更低价格及减少辅料使用量。二是包材成本分析。企业应分析竞品包装材料费用在产品中的比重，分析是否能够提高自身材料利用率、节约耗材、降低材料弃后影响。三是设备成本分析。设备成本包括采购成本、生产成本、日常费用支出（启动期间消耗的水电费用）、人工成本等，这是最常见的成本，还包括设备维修、维护费用及设备折旧费用。四是技术成本分析。技术成本即企业为开发新产品、新技术、新工艺、新材料所产生的研发费用。五是能源成本分析。工业生产必须使用动力，必然消耗能源，因此能源成本也称为动力成本，常用的能源包括水、电、油、气、煤等。六是人力成本分析。企业应分析各类人力成本，包括管理、技术、市场、生产、采购、服务等各岗位的人力成本。

企业可以通过系统集成设计、简化产品造型、提高材料利用率、多用标准化配件、重复使用已有零部件、使用低附加值部件外包、实施本地制造等措施以降低成本。

好的设计，不只是外观，还是一个系统性的解决方案。如果深层次挖掘其含义，设计的真正含义是产品的运作方式。要想设计出好的作品，一定要理解消费者，深入、全面了解成本管控。在设计上，如德国洗衣机的设计，研究如何达到使用更少的洗衣粉、更少的水、更短的洗衣时长、更好的柔顺质感并且使洗衣机寿命更长，不断追求完美。"科技+艺术"，就是完美的体现。极简设计也会超越消费者的需求。企业在设计新产品时，应大刀阔斧地砍掉80%的需求，只留下珍贵的20%的需求。通常我们很难针对特定消费群体设计好产品，采用"极简减法思维"后，就能寻找到能打动消费者的关键。真正好的设计，既要体现在功能、价格和市场上，又要征服消费者的内心。设计的原点是满足消费者的需求，而不是以企业为中心的传统制造，企业要努力简化、不断改善。

5.1.3 品类设计

品类设计由类目设计和组合设计构成。

类目设计：可以让供应方或采购方快速查找到自己所关心的品类。主要工作：

产品服务范围的标准化；快速发布及管理产品；可以选择适当的产品的基本同质特征来作为分类标识，逐次向下归纳为若干个更小范围、特质更加趋于一致的子类目，如大类、中类、小类、细类，直到品种和细目为止，使该范围内的所有产品能更好地加以区别。

组合设计：包括满足不同层级顾客的需求、设计产品以给顾客更好的选择。组合设计要围绕商圈的特性、客户层级、产品的属性，来筛选出顾客满意和需要的产品，可按照三种类别进行组合，即引流产品、稳流产品和利润产品。

类目设计和组合设计是品类设计的组成部分。而要想创造新的类目或类目组合，品类设计创新至关重要。美国硅谷在这方面做了大量实践和创新。硅谷是知识经济的代名词，这个区域约有 300 万人，占美国人口的 1%，却创造了美国 13% 的专利。世界 100 强科技企业中，有多家在硅谷，硅谷的企业每年获取的风险投资占美国的 30% 以上。硅谷发明的东西很少，但却是社会学和经济学的实验田，也是科技和创业精神的实验田。这里气候温暖，同时移民不断流入，不断吸引科学、技术、工程和数学等领域的人才，并孕育了创业和容忍失败的文化。硅谷风险资本发端于政府行为，却在后期不断市场化。硅谷长于开发，而非研究。它是全球最大的研发中心，而非研究中心。

小结：①在产品设计阶段引入全产品供应链思维，在品类设计阶段来规划供应链。②在产品设计时，注重功能和需求的区别。不要过度关注产品的功能，更多关注用户实际的需求。例如，消费者需要一匹更快的马，其实一辆车才是最优的解决方案。因为他的真正需求是更高效率的出行，而汽车才是最佳解决方案之一。

 小贴士

设计的供应链管理案例：小米之家

得益于庞大的采购量，小米在零部件成本、制造费用、空运费用中获得了巨大折扣，从而获得了较高的利润。小米在供应链上获得极具竞争力的规模优势，成为各个供应商最高规格的客户，议价权远高于其他订货商。

一是功能删减设计：小米扫地机器人（见图 5-4）。小米扫地机器人实现了功能聚焦与极简化：小米生态链企业石头科技刚开始研究扫地机器人时，给产品做加法，想让产品具有更全面、更智能的功能，结果成本远超预期。进一步研究发现，大众最需要的功能就是"扫得干净，扫得快"，于是抓大放小，只需满足 80% 人群的 80% 需求即可，通过简化产品功能大幅降低成本。

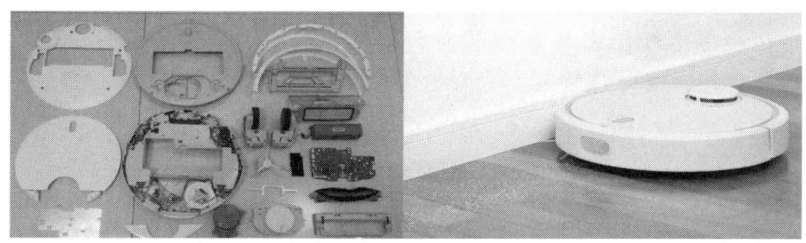

图 5-4 小米扫地机器人的设计拆解

二是爆款产品设计：小米充电器（见图 5-5）。小米充电器以 69 元的价格横扫市场，三年累计销售超 5500 万个，成为小米的爆款产品。

图 5-5 小米充电器的极简设计

三是系统集成设计：小米净水器（见图 5-6）。传统净水器结构外露，线路和部件繁杂粗陋，导致安装、维护成本高。在"颜值即正义"的时代，不注重设计、缺乏结构意识、缺少设计端把控供应链管理思维的企业是难以生存的。其主要原因就是设计师和产品结构师在产品设计阶段，忽视了产品外观和结构优化设计对利润增值的重要意义。小米运用供应链系统设计思维，整合烦琐、复杂的净水器结构，设计出了简洁优美的产品，从而占据市场优势。在各大平台搜索净水器，小米净水器的销售量均遥遥领先。

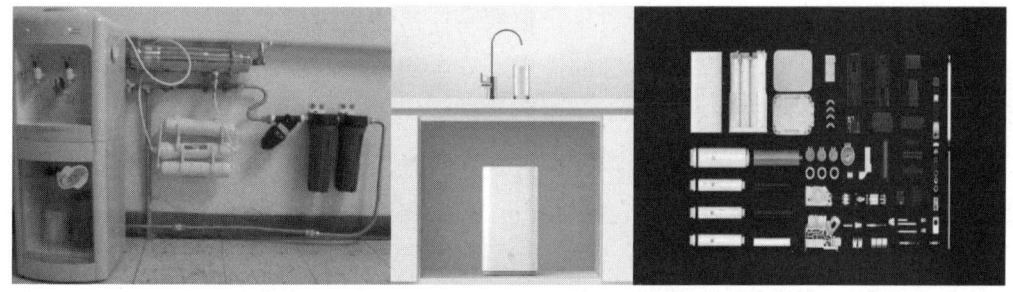

图 5-6 小米集成净水器（中）与传统净水器对比

四是系列品类设计：小米家族。小米并购了大量生态企业，同时生产各类生活家居、家电类产品，统一设计风格、统一设计理念、统一产品色彩、统一销售渠道。你以为是一家企业的产品，其实是一个行业的爆品集中厅。

产品设计是供应链优化的源头，也是企业降本增效的起点。

5.2 供应链需求管理

5.2.1 供应链需求管理的定义

需求由用户产生，产品研发经理不能替代用户产生需求，只能去发现和理解需求。需求分为功能性需求和非功能性需求两类。产品研发经理应综合考虑市场价值和实施成本，建立产品需求池，管理需求：一是需求取舍，确定哪些需求保留、哪些需求放弃；二是需求的拆分、合并、转化及提升；三是需求的优先级别；四是将需求分批满足，形成版本需求。

好的产品，需要满足三个方面的需求：有用、好用、可用。这三个概念围出的区域，就是产品的金三角需求。一是有用，满足用户的功能需求；二是好用，使用顺畅，方便用户达到目的；三是可行，产品可开发和设计出来，也可以以合适的成本制造出来。

产品设计需要企业进行思维升级。第一，企业要有解决问题的思维，摆脱理想情形，迈向真实情形；第二，企业要有结构性思维，从逻辑思维进化为结构性思维，从混乱走向逻辑化，再走向结构化，形成知识体系；第三，企业要有批判性思维，不仅接收信息，还应进行充分理解后树立明确的标准，加以筛选。

5.2.2 供应链需求采集

第一，确定满足哪个层级的需求。根据马斯洛的需求层次理论，人类需求从低往高形成金字塔模型，依次是生理的需求、安全的需求、社交需要的需求、尊重的需求，以及自我实现的需求。

第二，具体需求采集可以采用五种方式：一是用户调研，如问卷调查、用户访谈、行业数据报告等方式；二是竞品分析，找到同类竞争产品，深入体验竞品功能，为设计产品和收集需求寻找思路；三是头脑风暴，围绕特定话题展开专门讨论；四是用户反馈，测试产品，收集各类用户反馈；五是数据分析，通过大数据，收集点击转化率、用户留存率、用户画像等相关数据。

第三，需求筛选和分析。筛掉明显不合理的需求，做出需求分析；将需求做减法，并按优先级进行排序管理；输出需求功能列表，管理需求池。

5.2.3 供应链需求预测

需求预测是所有供应链计划的基础。精准的需求预测可以使供应链更好地响应并服务于顾客。

预测具有几个特点：一是总是不精确，必然存在误差；二是长期预测比短期预测精度低；三是综合预测比分解预测更精确；四是越靠近供应链上游，或者说离消费者越远，信息失真程度就越大。

企业可以通过产能管理和库存管理，实现供需平衡。

第一，在产能管理上，企业可以通过柔性管理劳动力的时间来管理产能，更好地满足生产需求，如旺季时工人加班等；也可使用季节性劳动力，临时增加季节性工作人员，如"双11"各快递企业临时招募钟点工；还可采用柔性设施，如采用柔性生产线，应对需求波动；另外可采用转包合同方式，旺季时将部分生产任务或工序转包出去，解决服务能力不足的问题。

第二，在库存管理上，可采用不同产品使用通用零部件或为高需求产品建立专项库存等方法。

5.2.4 供应链需求的研发管理

供应链需求的研发管理涉及管理对象（人和事）、企业的边界（内部及外部）。外部研发的是"市场"，内部研发的是"产品"；外部参与研发的是"用户"，内部参与研发的是"团队"。供应链需求研发的起点就是挖掘用户的需求，针对需求进行调研、产品设计、产品开发和市场推广等。在供应链需求研发管理上，企业一方面要做到精益创新，做好新产品开发循环管理，识别真实的用户需求和商业机会，评估项目价值，做好市场互动。另一方面，在供应链需求设计的冲刺阶段，采用"无电子设备环境"，不允许产品设计师使用电脑、手机或iPad，仅允许产品设计师在休息或是离开研究室时使用电子设备，以提升聚焦度和真实需求满足度。另外，要求产品设计师具备跨界设计思维，所设计出的产品要实现认知迭代，具有较高的利他心。

 小贴士

日本连锁店铺供应链管理的秘密

日本实行在保障品质的基础上，不断降低商品价格的经营理念。

"好货，越来越优惠"，需要做到三个注重。

一是注重连锁产生的利润。以采购供应链管理取胜，采购规模越大越具备优势，应极力做大连锁，形成集采和批量的规模效应。

二是注重每家店的利润。以精益供应链管理取胜，若是单店效益不佳，连锁店铺可能会从最弱的一环开始崩塌，应精益每一家店铺的管理细节，如产品类别、现场摆放和现场促销、客户维护等，形成每家店铺都能盈利的良性局面。

三是注重混合商品隐藏的利润。建立混合商品供应计划，店铺中两成商品的毛利率为5%、三成商品的毛利率为10%、五成商品的毛利率为20%，平均毛利率在14%左右，但向顾客重点宣传毛利率只有5%的商品，同时靠毛利率为20%的商品赚取利润。这不仅会让消费者认为"很便宜"，同时还赚取了适当的利润，这就是日本连锁店铺的经营之道。

5.3 供应链品类设计

5.3.1 品类细分

供应链是零售行业的"腰部"，只有"腰部"发力，才能扭转全局。所有传统行业都可以用新零售的方法，在慢变量之中，孕育小趋势。这种趋势是一种一旦打开，就无法合上的趋势。靠制造廉价产品占领市场的方法已经开始遇到问题，随着劳动力成本的上升，环境问题不断出现，中国正处于一个十分重要的关口。开展供给侧改革，通过供应链管理制造更完美且便宜的产品，才是竞争取胜之道。

企业取胜的四种供应链模式。一是以设计取胜，以科技为径，比如，苹果打造科技先锋产品。二是以生产取胜，以质量为径，产品质量满足消费者需求，给消费者的第一印象是产品质量过硬，如同仁堂药品、格力空调，三是以销售取胜，以宣传为径，广告宣传也是赢得消费者的重要手段，使产品深入人心，很多酒水类企业就是如此，广告费占企业成本比重较大。四是以服务取胜，服务也是企业竞争的核心要素之一，餐饮行业的海底捞就是如此。

供应链品类设计的关键在于细分差异化。在商业竞争中，重要的是如何实现差异化。企业必须分析和关注五种竞争力量：潜在进入者、客户、供应商、替代品、竞争者，还要清楚自己的产品处于产品生命周期的成长期、衰退期，还是成熟期。当没有差异化时，只能靠低价竞争。只要划分，总有足够细的细分市场可供抢占。只要再切分、再定义、再差异化，总可以发现新的市场空间。

供应链的切割营销细分品牌和定位，就是为自己的产品精心策划，打造一个专属的品类，与竞品形成差异化竞争。例如，鲁花花生油，主打的就是花生油；劲酒，就是保健酒；红牛，就是运动功能性饮料；六个核桃，就是核桃健康益智饮料；依云，就是高端优质天然矿泉水（见图 5-7）。

市场领域	原有知名品牌	差异化再细分	新诞生品牌
食用油	金龙鱼、福临门	花生油	鲁花
功能性饮料	红牛	益智饮料	六个核桃
洗涤市场	奥妙、汰渍	洗衣液	蓝月亮
酒水市场	茅台、五粮液	滋补酒	劲酒
矿泉水	农夫山泉、康师傅	茶叶饮品	东方树叶
茶叶市场	龙井、大红袍	尺寸变化	小罐茶

图 5-7 "差异化市场细分"诞生的新品类、新品牌

消费者是愿意为得到的价值多付一点钱的。所有行业和产品都可以用供应链细分市场的思维划分一遍。产品即营销，用户即渠道，优质优价才是转型升级的大趋势。只要消费者觉得物有所值，他们就会考虑购买高价格的产品。高品质的产品应该贵，人们会为预期更好的产品付出更多的钱。高价位的产品应该为消费者提供声望展示，因为高价位往往意味着高品质。当行业已有强大领导者时，新入者通常会采用低价策略杀入市场。在竞争允许的情况下，消费者愿意为产品支付的价格，就是这件产品的价值。

5.3.2 供应链产品设计心理学

中国消费者的十大心理。一是面子心理，中国人买东西往往"要面子"，产品包装很重要；二是从众心理，别人买什么、热卖什么，消费者抱有"跟着买往往不会错"的心理；三是权威心理，权威人士怎么讲、怎么看、怎么评价，会影响消费者的决策；四是占便宜心理，买东西要有占到便宜的感觉，就像有些商家卖商品时附送赠品，消费者会特别开心；五是朝三暮四心理，这山望着那山高，喜欢货比三家；六是价位心理，消费者感觉500元和499元是两种价位，其实只相差一元钱；七是炫耀心理，如茶颜悦色提供拍照打卡区，让消费者充分炫耀产品；八是草根心理，不管现在是否富裕，大部分消费者都是靠后天努力而发家致富的，都是从低收入群体迈向高收入群体的；九是攀比心理，你有我也要有；十是懒人心理，能送上门尽量送上门。以上十条心理学，已涵盖了90%的中国消费者的购买心理，供应链管理的设计人员务必摸透用好。

设计和设计力。设计使商品实现商业价值的最大化。"五感设计"将设计融合视觉、听觉、嗅觉、味觉和触觉五种感受，给消费者美妙和惊喜的体验。而设计力是创造性的商业思维和方法，包括商品设计、文化设计和商业模式设计。在商品设计上，设计应超越消费者的期待；在文化设计上，设计要与众不同，打动消费者的心；在商业模式设计上，设计基于效率，以新技术整合数据，形成背书，实现流量变现。

 小贴士

立讯精密的供应链突围之路

"择高处立，寻平处住，向宽处行。"这是清代儒将左宗棠在无锡梅园的一幅字联，也挂在李嘉诚的办公室里。精益制造的代表企业立讯精密，与富士康和苹果公司等巨头合作，抓住产业链、供应链重构契机，获得跨越式发展，紧接着切入其他商业客户，实现降维打击。如果2010年购买1万元立讯精密的股票，至2020年6月则会增长50倍，10年增幅远超腾讯、格力、茅台等企业，因为其在精细化管理和成本控制上，努力做到极致，以效率和成本取胜。

起家，源于富士康供应链。1988年，21岁的王来春来到深圳，成为富士康流水线的一名工人。此后11年，她从一线工人成长为课长，领导几千名工人。1999年，32岁的王来春离开富士康创业，购买香港立讯公司，生产电子连接线，2004年成立立讯精密，开始为富士康提供配套服务，至2009年立讯精密销售收入的45%以上来自富士康。

成长，并购切入苹果供应链。2010年，立讯精密聚焦之后十年的发展方向：苹果公司和消费电子。2011年，其以6.5亿元战略收购联滔电子60%股权，成为苹果公司的供应商。企业也从富士康时代走向苹果时代，围绕苹果公司进行产品品类拓展，从内部线、电源线、无线充电、表带、转接头、无线耳机到手机马达。产品质

量和交货周期得到苹果公司的认可，2017年苹果CEO蒂姆·库克到中国参加互联网大会并高调参观立讯精密AirPods生产线，使立讯精密名气大振。苹果公司需要什么，立讯精密就生产什么，与苹果公司深度绑定。2010—2017年，立讯精密完成16起并购，并延续强大的学习能力，每收购一家企业后，3~5个月就将新产品研发做好，与苹果公司沟通，提升产品市场占有率。

发展，从1到N靠供应链。立讯精密快速膨胀，它不是市场开创者，却是市场掠夺者。从0到1靠技术，从1到N靠供应链。立讯精密通过精益管理实现最低成本控制，将产品销售价格降下来，以量补价。立讯精密还在越南建厂，劳动力成本仅为中国的三分之一。

未来，研发投入升级供应链。2014年，立讯精密在昆山设立立讯技术研究院，研发人员从2014年的近1700人发展到2019年的1.28万人，占总人数的近10%，从底层技术研究到产品迭代投入，三年累计研发投入超过84万元。2019年，立讯精密营收达到625亿元，约55%来自苹果公司。立讯精密以苹果公司为锚点，不断迭代产品，与苹果公司一起做研发；而富士康由于始终以组装业务为主，近年来发展有些停滞。在未来布局上，立讯精密还在通信和汽车电子业务上布局，为新能源汽车爆款新品进行投入和谋划。

立讯精密定位于"中国航母级精密制造企业"，实现了低成本、网络化、高端化和亲密化的发展，这也是精益制造供应链的成长之路。立讯精密建立了自己企业专业化、精细化、特色化、新颖化的优势，将有限的资源聚焦于某一细分领域，注重工匠精神，围绕独门绝技，在缝隙市场，提升产业链、供应链的韧性，成为具备一定话语权的"隐形冠军"。

5.4 供应链产品设计

5.4.1 产品设计的定义

狭义的产品设计就是有形产品的设计。广义的产品设计，还包括服务设计。产品设计的本质是产品使用价值的延伸、升级或者创造，是指广义的产品设计。其核心是通过研究和开发，设计满足市场需要的产品或服务，使企业在竞争中保持优势，创造更多的经济效益，具体包括开发、研究、设计、生产等环节。其中，开发是指发现市场机会、产品设计、工艺制造设计、生产产品和投放市场这一系列过程。

5.4.2 产品设计的分类

新产品,对于公司或市场来讲,是指新的为了获得利润而提供给外部的所有产品,包括实物产品、服务产品和产品组合。其中,免费产品,一般不算作产品,而算作营销手段,或者企业成本。

新产品主要分为六种(见图5-8)。一是全新产品,即同类产品中的首例,并且创造了一个全新的市场,一般全新产品只占新产品的10%左右,我们所熟知的随身听、便利贴、MP3、豆浆机等新品类出现时,属于此类;二是新产品系列,即行业中这类产品已经上市,但对本企业来说还是全新的产品,一般20%以上的新产品属于此类,如小米手环,在国外同类产品出现后投产,但对于小米来说是全新产品;三是产品线补充产品,即基于已在制造或销售的产品线,企业陆续推出不同档次、不同价位的系列新产品,更先进、更强大,这类产品占新产品的25%左右,如苹果、小米系列手机;四是现有产品改进,即企业现有产品的替代品,比旧的产品具备更好的性能,这类产品一般占新产品的25%左右,如容量升级、运行速度升级的产品;五是重新定位产品,即发现新功能的产品,如马应龙痔疮膏,后面又发现新的治疗功能,这类产品占新产品的5%左右;六是缩减成本产品,即替代现有产品的更低成本的产品,这类产品占新产品的10%左右。

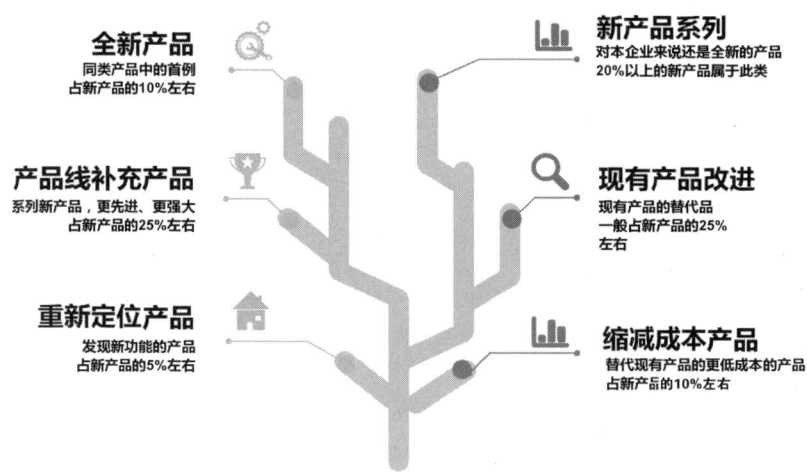

图 5-8 新产品开发示意图

全新产品和新产品系列虽然只占新产品的30%左右,但却占最成功新产品的60%以上,也是企业最为看重的产品。产品线补充产品和现有产品改进占新产品的

50%左右，是目前企业最常推出的新产品。重新定位产品和缩减成本产品，通常不算作新产品。另外，新产品要能增加销量、增加收入，滞销的产品也算不上新产品。

5.4.3　产品设计的思路

产品设计的思路具体如下：一是以满足消费者需求为起点的思路，可以根据消费者的生活水平进行开发，根据消费者的认知程度进行开发，根据对消费者的调查结果进行开发；二是以技术发展为起点的思路，将技术与消费者的需求相结合，可以通过技术创新开发、新材料开发、模仿开发和技术复合开发等方式进行；三是以变动为起点的思路，采取成本领先、差异化和集中战略等方式，从产品系列进行开发，从挖掘传统特色进行开发，从研究产品衰落原因进行开发。

产品设计的开放式创新是指企业在产品有了初步创意后，通过知识的流入和流出，加速内部的创新，并在外部通过创新来扩展市场，突破围墙，与消费者、外部合作企业、政府院校共同研发新产品。例如，全球大飞机的制造和研究由多层次、多企业共同完成。相关资料显示，61%的企业考虑增加对开放式创新的投入，聚焦合作伙伴和行业的相关资源。另外，企业也需要避免创新失去控制，如竞争对手提前知道创意，发生创意流失的问题。

产品设计的驱动模式。驱动力来源于企业内部或外部，一般可分为需求驱动、技术驱动、竞争驱动和约束驱动四种。根据统计，需求驱动占70%以上，表现形式为现有产品使用价值与消费需求之间存在差异、潜在消费需求、对未来产品使用价值的期望、市场结构和消费需求发生变化。约束驱动主要是指企业在发展中受到的自然约束和社会约束。

5.4.4　产品设计的流程

产品设计的流程一般分为八个阶段，包括创意寻求、创意甄别、形成产品概念、营销战略制定、产业分析、产品开发、产品试销、批量上市等。产品设计是企业的一项重要活动，设计开发过程中必须全员参与。设计开发也不仅是技术研发部门的工作，还需要生产、销售、财务、运营、物流等各部门协同合作，使整个设计过程顺利进行，降低产品设计的风险，提高产品设计的成功率。

产品开发的方式一般有三种。第一种是独立开发，依靠企业自身的人员、技术，根据消费者需求，考虑限制条件，企业独立开发出适应市场需求的产品。这种方式非常重要，是一种以技术创新为核心的集约型发展模式，有利于建立良性循环的企业创新机制；劣势是独立开发风险大、周期长、易走弯路、需要较多的开发资金和技术力量。第二种是引进开发，直接利用国外或国内的成熟技术、经验进行开发，研发出本企业的创新产品。这种方式投资少、成功概率大，容易有"后发优势"；劣势是领先技术、核心技术在对手手上，有时费用高还带有限制条件。制造类企业不应该以引进开发为主，而应逐步建立自己企业的产品开发研究机构，提高研发能力，避免受制于人。第三种是混合开发，引进开发和独立开发相结合，并进行有效创新，以引进技术弥补不足，强强联合，这种方式更容易成功。根据服务领域和服务对象，企业应选择合适的开发方式。在有些领域中，发达国家会选择屏蔽合作。

5.4.5 产品设计的战略

一是供应链战略设计，包括供应链成员的选择、网络结构设计和供应链运行平台的建立。一条供应链往往由多个供应链成员组成，供应链成员即从原产地到消费地，发挥直接或间接作用的相关公司和组织；供应链的网络结构一般由供应链成员、网络结构变量，以及供应链工序的连接方式这三个方面构成；供应链运行平台由协调机制、信息交互方式、物流计划、库存布局、资金结算方式和争议解决机制等组成。

二是供应链战略准则。一是与企业的竞争战略相一致；二是与企业的客户需求相一致；三是与企业的实力相一致；四是与企业的市场环境相适应。

三是供应链竞品战略。一是挖掘市场痛点，提出产品初步构想；二是做好竞品分析，完善想法；三是制定商业模式，确定运营推广手段；四是完成商业计划书，加快推进。例如，在美图秀秀之前，人们修图都是用Photoshop等软件，使用者需要具备一定的基础，而美图秀秀大大降低了这一门槛，充分挖掘了市场痛点，并对竞品形成挤压。竞品分析一般需要从分析的目的、竞品选择、对竞品进行分析和得出结论四个方面进行，同时可从战略层、范围层、框架层、结构层、表现层、产品定位和商业模式七个层级进行对比改进。

四是绿色供应链战略。一是绿色设计，绿色设计的核心是减少部件、使原料的使用更合理，以及零部件能重新使用。绿色设计是面向产品整个生命周期进行的设计，是20世纪90年代初关于产品设计的新概念，也称为生命周期设计或环境设计。具体而言，绿色设计要求在产品整个生命周期内考虑能源节约、污染预防、无毒、可拆卸、可回收、可重复利用、可再生等，在满足环境要求的背景下，确保产品的基本功能、使用寿命、质量和经济性等。绿色设计的主要内容包括材料选择、可回收性设计、可拆卸设计。二是清洁生产，清洁生产是将综合性、预防性的环境战略，持续应用于企业生产过程中,以提高效率,降低对人类和环境的危害,强调从源头上控制污染和损耗。当前国外企业的"绿色壁垒",也称"环境壁垒",对我国产品出口具有一定的影响,需要我国企业不断提升产品的绿色生产能力。

 小贴士

名创优品的供应链管理

在零售行业普遍不景气的背景下,名创优品在两年多的时间内就开了1000多家门店,成为行业黑马,截至2018年其门店数量超过3000家,遍布全球70多个国家和地区。零售的本质是成本、效率和体验,名创优品的想法就是多和热爱生活的年轻人打交道,在年轻人多的地方开店。

一是设计供应链管理上,名创优品收银台Logo下注有"日本设计师品牌",公司联合创始人三宅顺也是日本知名青年设计师,另外在产品设计上,名创优品在全球范围内采取"共享设计师"新模式,与400多名知名设计师合作,产品设计遵循时尚、简约和系列化原则,并且以刚需、基本款和合理的产品结构为选品标准。在东京和广州,名创优品只需要雇用40余个全职设计师,对全球设计师的作品进行选品即可。二是采购供应链管理上,名创优品的外在优势是产品具有极高性价比;内在优势是超强稳健的供应链,有效管理3000多个SKU和400多个供应商,做到不断货、不缺货、及时上新品、及时补货,并且从工厂和门店直采,完全取缔中间环节,没有任何省代、市代和区代,实现了低成本、高效率。三是生产供应链管理上,采用共享思维、共享渠道、共享设计、零库存,在全球范围内授权供应链生态企业负责精益生产。四是销售供应链管理上,实施爆品战略,只卖高性价比的产品,一根不起眼的眼线笔,年销量突破1亿根,属于"爆品中的爆品",仅需10元,同样香水只售10~40元,满足真正的刚需,实现高频率、高毛利率。五是服务供应链管理上,名创优品实行"零容忍管理",一旦产品质量出现问题,供应商将被纳入永久黑名单之列;另外店面服务上实行无服务、无推销、无压力的"三无体验策略",降低门店人员成本;在物流上和全球物流仓储巨头普洛斯合作,共建物流仓,让专业人做专业事,名创优品依靠大数据系统和全国约8个中转仓,实现货品从工厂到门店只需24小时。六是金融供应链管理上,名创优品给供应商15天账期,实现了产品和模式的正向循环;针对战略级的供应商,实现企业入股;在加盟商合作上,不断降低投资方的门槛和风险;7天完成一家店铺装修,并让投资商赚到钱。

5.4.6 产品质量设计

产品质量是产品满足规定或潜在需求（或要求）的特征和特性的总和，包括狭义产品质量和广义产品质量。狭义产品质量是指产品符合相关法规；广义产品质量是指产品满足消费者需求的程度，是消费者对产品质量的反映。从表现形式上来看，产品质量由外观质量、内在质量、以及附加质量组成；从形成环节上来看，产品质量由设计质量、制造质量和市场质量组成。产品标准在我国划分为国家标准、行业标准、地方标准和企业标准四级；在国际上则被划分为国际标准、区域标准、国家标准、行业或团队标准、公司（企业）标准五级。产品检验方法是指对产品抽样进行产品检验的方法，主要抽样方法包括百分比抽样、随机抽样和分批随机抽样三种。其中，产品检验由感官检验法（如视觉检验、嗅觉检验、味觉检验、触觉检验、听觉检验）、理化检验法（如物理检验、化学检验和生物检验）组成。

产品质量设计是供应链产品设计的基础，需要采用广义产品质量的思维进行质量设计和开发管理，真正满足消费者的需求。

5.5 供应链产品体系设计

5.5.1 五级产品体系

企业应建立五级产品体系：引流产品、爆款产品、常规产品、利润产品、形象产品（见图5-9）。

一是引流产品。极高性价比的产品，可以吸引客户初次快速成交。该类产品并非企业利润的来源，一般是特价产品，只为吸引客户交易。针对这样的产品，建议每家店铺可设1~2款，引流产品的利润率甚至可设为-1%~0，也就是说，引流产品预期亏损1%。例如，瑞典宜家家居商场常年会销售一种2元/支的冰激凌，很多人觉得好吃便宜，"这真是被家居耽误的美食店家啊"，这就是引流产品，吸引了消费者，带动了其他产品的销售。

二是爆款产品。低毛利率、高性价比的产品，可以提高店铺的人气，具备市场竞争力，爆款产品的折扣设在50%以上，一般设3~5款，这是打动消费者，形成高销量的产品。例如，仟吉西饼的月饼中，159元、199元两款价位的产品就是爆款产品，销量最大，主打公关送礼及团购市场。

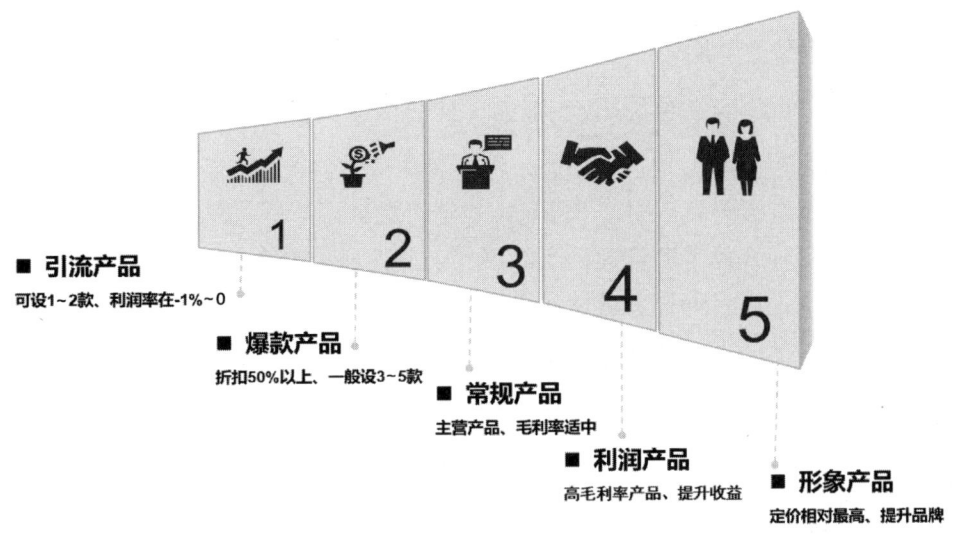

图 5-9 企业五级产品体系

三是常规产品。企业的主营产品，毛利率适中。

四是利润产品。高毛利率的产品，能进一步提升企业的收益，利润率根据卖家对产品预期利润率的估值来定。虽然这类产品流量不多，但是产品的利润高。

五是形象产品。包装最好、功能最全及定价相对最高的产品，摆出即可提升客户对产品和品牌的信心。例如，耐克专卖店摆了一款二十余万元的鞋，体现出企业产品的高端大气，也体现出企业的生产制造能力。很多企业都有"镇店之宝"，一般是店内最贵的产品。

做客户信赖和喜欢的品牌。首先，品牌要能获得客户的认可，包括提高客户的认知度、喜爱度、购买欲等；其次，品牌要能为客户创造"可炫耀"的社交话题，看得到、买得到、用得好、易分享；再次，包装颜值想办法做到精益求精；最后，品牌可以有序地推出新品，使客户既有熟悉感又有新鲜感。日本企业宣传策略研究所调研的数据显示，引发公众传播的内容分别是感动（49.1%）、振奋人心（48.8%）、难以置信（40.8%）、爆笑（35.6%）、酷炫（34.9%）、可爱（31.7%）、可恶（32.6%）、有启发性（23.5%）、引发讨论（23.3%）、性感（8.3%）、其他（11%）、没有（18.2%）。可见"能打动人、感动人"的内容最容易被社会大众所接受，并自主转发传播。

5.5.2 好产品的"三力模型"

好的产品=产品力+供给力+盈利能力（见图5-10）。

一是产品力。产品力是指产品满足消费者的能力，既可以满足现有需求，又可创造需求，具体包括产品企划、产品选取、消费者数据分析、产品定价、品类企划、产品生命周期管理、畅平滞管理、产品销售渠道管理等内容。产品力的提升，可以更好地细分市场，满足消费者更加多样化、深层次的消费需求。创造需求的产品力大于满足需求的产品力，产品力的核心在于品类规划能力。例如，水可以深度细分为水、白开水、矿泉水、功能性饮料（清火、口感、味道、疗效、运动、男女）等细分市场。

二是供给力。除时间、产品、成本、品质、地点等基本要素外，还包括供应链的计划管理、货品管理、网络规划、库存管理、履约管理等详细内容。供给力需要产品力的支撑，产品力需要供给力提供保障。

三是盈利能力。推动品类规划和网络规划发生改变，通过数据精准利用，提升产品力、供给力，最终提升产品的盈利能力。

图5-10 好产品的"三力模型"

5.5.3 产品生命周期管理

产品生命周期包括导入期、成长期、成熟期和衰退期（见图5-11）。

导入期的设计，此阶段设计要进行充分的市场调研，确保品牌在市场上能够受到欢迎，并在质量和售后上做好准备，为后面成长期打下基础。

成长期的设计，企业或产品已具备一定的知名度，重点采取广告促销手段。

成熟期的设计，市场趋于饱和，企业应强化功能、降低成本，维持现有客户。

衰退期的设计，产品需求下降，销量下降或滞销，企业应有序退出市场，或针对新的细分市场，推出新的产品及品牌。

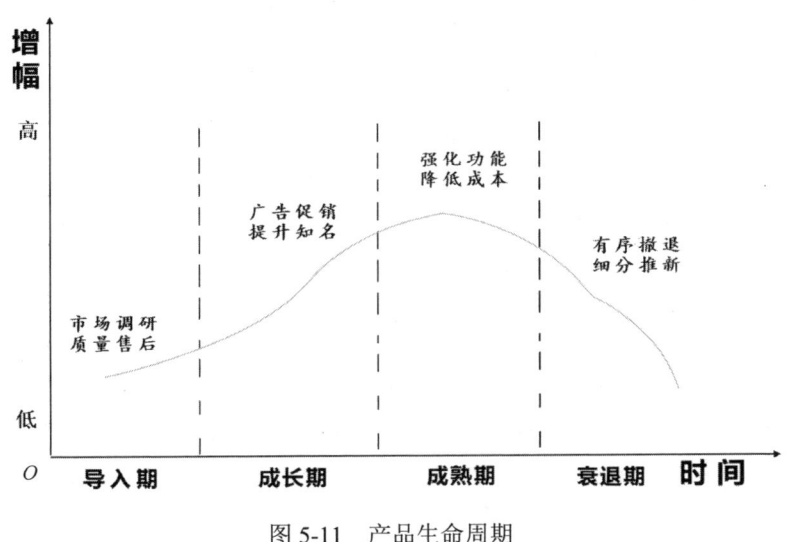

图 5-11　产品生命周期

5.5.4　好产品的对标企业

做好产品，需要对标三类企业。一是在参与感上，学 Costco（喜士多）的质优价廉；二是在工匠精神上，学同仁堂的真材实料；三是在口碑营销上，学海底捞的口碑营销模式，服务至用户心坎。对标这些企业，要通过流程优化和模式创新去实现。

好产品如何打造？借鉴小米的"三大铁律"——技术为本、性价比为纲、做最酷的产品，也就是在全世界找最懂的人来干，使用最好的团队。好产品，就是用最好的供应商、最好的原材料和最好的加工厂，做最好的产品。

好口碑，就是超过预期。只有做到极致，才有超过预期的机会。而口碑将使营销成本降到近乎为零。互联网时代就是口碑时代。消费升级，不是越来越贵，而是用同样的钱如何买到更优质的产品。企业一定要考虑消费者体验，产品获得巨大流量后，企业自然会获得利润。

 小贴士

供应链产品设计的"波士顿矩阵"

根据市场增长率和相对市场份额两个维度，以10%的市场增长率和20%的相对市场份额为高低标准分界线，可把企业的产品分为四个象限，也称"波士顿矩阵"，分别是明星产品、金牛产品、瘦狗产品及问号产品（见图5-12）。

图5-12 供应链产品设计的"波士顿矩阵"

明星产品（★）：相对市场份额大、市场增长率高的产品群，具备较强的市场地位并产生较高的利润。对于这类产品，企业需要进一步加大投资力度支持其快速发展。

金牛产品（¥）：也称现金牛产品，为厚利产品，相对市场份额小、市场增长率高。金牛产品一般已进入成熟期，销量大，为企业提供现金流。由于增长空间有限，无须增大投资，采取收获战略。

问号产品（？）：也称问题产品，相对市场份额小、市场增长率高的产品群。前者说明市场大，后者说明市场营销存在问题。此类产品要加快发展，企业应采取选择性投资战略，扶持其向明星产品转型。

瘦狗产品（×）：相对市场份额小、市场增长率低的产品群。这类产品是现金流中等的产品，相对市场份额小，市场增长率也不高，却有部分基础销量，也可称为

衰退类产品。对于这类产品，企业应该采取逐步撤退的收缩战略，亦可将其与其他产品进行合并，纳入统一管理。

5.6 产品极简设计

5.6.1 极简设计目标

简单就是美，极简更美。设计的供应链管理，就是力求简单的过程，降低复杂度，化繁为简。

设计的目标。设计的供应链管理的目标就是为客户服务。在供应链设计前、供应链设计中、供应链设计后，分别解决客户需求、生产模式和盈利能力方面的问题。需求被变异、被放大，也称为"牛鞭效应"。供货周期的压缩是指从客户下单到收货的中间时间越短越好，越短说明供应链服务能力越强。设计的供应链管理需要引入"精益生产"的概念，在保证质量的前提下，简化生产流程，尽量精简供应商的数量，实现集中采购，提升企业的规模效益，在数据信息上让更多供应链成员实现共享，提升数字化能力，缩短交货周期、提升库存周转率，实现服务的高标准和高效率。

极简设计。20%的功能是主要的，80%的功能是无用的。设计的供应链管理要本着极简的原则，极简设计、极简制造、极简成本，这样的产品往往更具竞争力。设计的核心是简约、简洁。进入无印良品店铺的消费者，最大的感受是其产品设计得极其简约，多为纯白色、纯黑色的正方体、长方体，简约设计往往是最时尚的。设计的供应链管理是供应链管理的引擎。国内企业往往对供应链设计重视不足，愿意做采购供应链管理的不少，但愿意做设计供应链管理的却不多。核心技术专利，才是头部企业最大的竞争力。企业必须掌握产业的核心技术，否则必然在竞争中被对手"卡脖子"。

简洁，却不简单。第一，简洁是展示给消费者的外表。简洁是一种文化，它离不开领导力和团队协作，需要团队信守品牌，轻装上阵。越来越多的企业发现，简洁会带来非常好的投资回报。简洁也是一种理念和方法，企业要努力成为简洁理念的践行者。乔布斯就是简洁有力的倡导者，其让苹果公司遥遥领先于其他公司。第二，简洁的内部创建过程并不简单。例如，一个产品、一项服务、一个网站，看上去简单，但其实创建它、优化它，并不简单，是一群人反复讨论、反复修改、苦心经营的结果。简洁是客户获得的体验和感受，背后涉及的技术和系统却无比复杂，如无人驾驶汽车，自动驾驶，车主很舒服，但为达到这种简洁，却要相关研发人员付出巨大的代价完成技术突破。第三，精简是简洁管理的核心。简洁管理是指通过授权而非控制，化繁为简的管理。复杂化容易，但简洁化却比较难，简洁化的关键是删去繁复的东西，从流程和产品入手，留下少量有价值的东西，提供引人注目的东西，给消费者留下清晰、持久的深刻印象，使产品功能强大却使用简便，选项少而精，让人们轻松上阵。第四，简洁，更让人心生喜爱。简洁是终极的复杂，简洁的东西会让人更加喜爱，价值+简洁+设计=喜爱，这样用户会有更好的体验，最终形成简洁、喜爱和利润的良性循环，产品越简单，客户越喜爱，生意越好，企业利润就越高。

5.6.2 极简设计路径

供应链的极简设计路径。一是简化公司业务，将公司重点放到设计和品牌两个关键环节上。二是简化产品线，采用标准化部件。首先，产品线越简单，制造就越容易，供应链就越简洁，就越容易管理好。从供应链管理的角度来看，产品线简化之后，计划、执行、采购、物流等环节的管理也会随之简化。其次，产品高度集中，型号非常单一，容易打造爆款单品。

另外，降低产品复杂度的三个方法。一是实施产品的标准化，降低采购和生产成本；二是精益生产，降低产品生产流程的复杂度；三是整合需求和供应商，降低管理的复杂度。设计时降低产品、生产和管理的复杂度，则供应链总成本将会降低，库存将会减少，交货及时率将会大幅提升。

创新的本质在于客户体验。苹果手机的主要创新绝非体现在技术上，而是设计主导的创新，谋求独特且令人惊叹的用户体验才是成功的核心。苹果创新以客户体验设计和App生态设计著称。发明者将新的科学和技术带入世界，而创新者会利用新技术开启新的商业机遇。创新不是从大处着眼，而往往是从小处着手。在企业经营上，好的经营方式是"能模仿则模仿，无法模仿就创新"。厉害的公司，不仅能模仿，还能把模仿的东西转化为自己的新东西。

创新要聚焦痛点，包括产品痛点、品牌痛点、自媒体痛点、口碑痛点、服务痛点等。痛点和尖叫是企业的"制胜法宝"。寻找用户的痛点，一定要找到一级痛点，也就是用户最关心的、最能刺激用户购买的那个点。要发现用户还没被解决的刚需，做得比别人更好、比别人更便宜、比别人更快。

减法就是力量。一棵树和一片树林，90%以上的人会认为孤独的一棵树，让人印象更为深刻，这就是简单的力量，也是"极简力"。简单的东西，即使小，也可以很强大。减法可以激发产品本身的价值,从而使产品更加吸引人们的注意。

使用减法思维打造核心产品,企业一定要做好"一厘米宽,一公里深"的市场。如果一个企业没有核心产品,最后将一无所有。减法思维是纵向发展,而非横向发展。好的减法是深思熟虑的减法,坏的减法则是偷工减料的减法。

5.6.3 极简设计应用

供应链管理的"墨菲定律":有用的东西没有,没用的东西有很多,放着的时候没有用,拿掉的时候就有用。解决方案就是聚焦核心业务,简化组织和产品,砍掉不盈利的产品,缩减供应商,集中采购,集中精力做最富有价值的产品等。根据行业数据分析,一家企业任何时候砍掉5%~10%的人,都不会有很大影响,只会提升企业的运营效率。

城市道路应对的极简设计。简化路线,可以缓解城市交通拥堵,保障大型活动的顺利开展。2019年,武汉军运会期间,为使城市道路畅通,使运动员们的车辆更快到达比赛场地,一方面,武汉加大了城市公路和地铁的建设力度;另一方面,针对酒店至比赛场馆必经的线路,全国首创了"军运会专用道",规定比赛日的比赛时间前后,只允许贴有"武汉军运会专用车辆"标识的车辆快速通过相关道路。就是这样简单的设计,让城市交通拥堵的问题迎刃而解,武汉市的生产交通不太受影响,市民也不用放假而影响工作生活。简单的设计降低了项目的复杂度,往往会产生意想不到的效果。

复杂不应该被欣赏,而应该被避免。政府和企业应将简洁作为战略考虑和战略行为的依据。

 小贴士

苹果公司设计供应链的秘密:不给选择

虽然我们有时候给客户很多自由选择的权利,但客户并没有更满意。面对纷繁多样的手机,消费者往往陷入"选择恐惧症",让客户满意的销售和服务往往是不给客户太多选择,只给予最新的唯一推荐。

苹果公司并没有给客户过多选择,却在世界范围内被"果粉"疯狂追捧。之前的手机行业,厂商为了满足不同消费者的不同需求,一般会设计出几十款手机,三星、诺基亚无不如此,让消费者挑花了眼,购买后消费者也总觉得别人的手机更好,满意度并不高。三星公司发现这个秘密后,再推出手机时,从数百款减少

至几款。之后华为也借鉴了这个模式，这样简洁的供应链更具优势，销量也提升了。苹果公司更是简单到近乎"苛刻"，一次只推出两款手机，如苹果4和苹果4S。这种方法一直延续到库克时代，不仅提高了顾客的满意度，也提高了管理效率和员工的幸福感。

这种设计思路在日本汽车行业也得到了应用。例如，日本本田汽车公司，产品线极其短，只有雅阁、思域等几款汽车，且每种只有几种配置，让每一款产品都极为畅销。不给选择，在有些行业就是最好的选择，如制造行业、消费品行业，不给选择或减少品类，使企业供应链的成本大幅下降，性价比更高。一个好产品应通过设计来引导消费者，而不是去迎合每一个消费者的需求。

乔布斯用一句话概括极简设计理念："不给选择，少就是多。"

5.7 供应链设计的"二次曲线"

5.7.1 非连续性创新"二次曲线"

何为供应链设计的"二次曲线"？第一曲线一般属于渐进式创新，可以带来10%左右的增长；第二曲线却会带来10倍的增长，第二曲线不是对第一曲线的部分改良，而是新的曲线，开启了新的赛道，属于非连续性创新（见图5-13）。

一是升级，打造企业"二次曲线"策略。供应链设计的关键是拆解，通过颠覆式的创新，实现突破式的发展，需要在创新思维、战略思维、竞争思维和组织思维上不断突破。例如，美团的到店业务，升级为第二曲线到家业务；苹果的智能手机，升级到第二曲线平板电脑；支付宝的支付场景，升级到第二曲线数字生活。

二是差异，"与其更好，不如不同"策略。采取错位竞争的策略，从正面竞争击败对手不如弯道超车。阿里巴巴推出社交软件"来往"不成功，但移动办公软件"钉钉"却大获成功，在2020年新冠肺炎疫情期间大放异彩。腾讯电子商务曾经也照着淘宝做，后面发现越来越没希望，做腾讯微博也不如新浪微博，直到二次曲线创新推出微信，尤其是朋友圈功能后，才开辟出新的战场。企业进入主流市场，跟巨头正面竞争的胜算率为6%，进入新兴市场却可以达到37%以上。在领导企业建立主导性优势的竞争环境中，采取跟随策略往往会被市场抛弃，只有找到自己的新赛道，求同存异，扬长避短，才能走得更快、更远、更稳。错位竞争，不是自甘弱小，而是把棋盘做得更大。

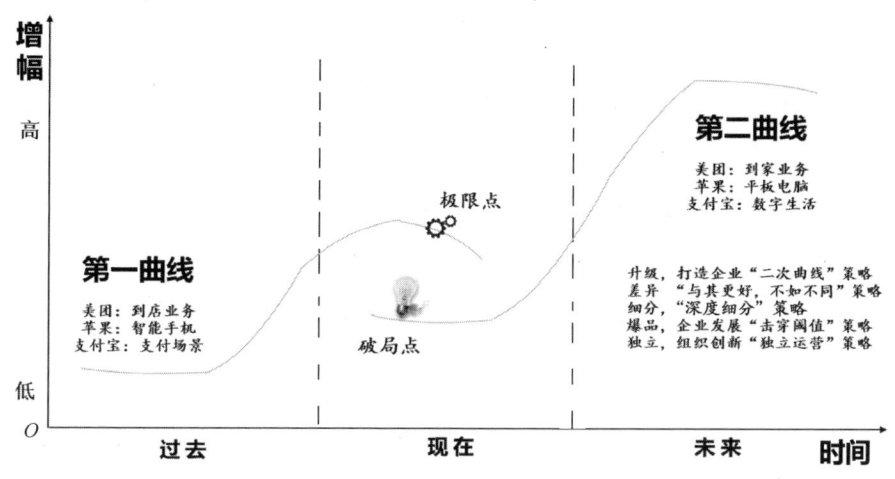

图 5-13 供应链设计的"二次曲线"

三是细分,"深度细分"策略。例如,洗发水细分出去屑洗发水和滋润护发洗发水等。只要细分,就会不断产生新的消费市场,出现新的利润源泉。

四是爆品,企业发展"击穿阈值"策略,即水温达到 100°就是 1,达不到 100°就是 0。企业需要做的就是投入足够资源,并从单一要素入口,将阈值击穿,实现企业的正向循环发展。单一要素突破就是企业的"爆品营销",一定要做到极致。

五是独立,组织创新"独立运营"策略。当企业的新业务创新到一定程度,需要大发展时往往需要独立运营,依据的就是这个原理。例如,贝索斯在亚马逊进入电子书市场时,就采取独立运营,与传统媒体区隔开来。创新业务到达相应规模时,就成为原有组织中一个"异端"的创新,往往难以获得足够资源的支持,需要独立运行,同时选取企业中具备创新能力、专业技能、创业精神的新人来做,这样更易成功。

5.7.2 供应链设计的"二次曲线"需满足消费者心理

由于对商品需求的表现不同,我们将消费者分为现实消费者和潜在消费者,所以设计要面向这两类人群。一般采用 5W1H 分析法来分析消费者的购买行为,即谁买(Who)、买什么(What)、为什么买(Why)、在哪里买(Where)、何时买(When)、如何买(How)。在消费需求上,消费者为了实现自己生存、享受和发展的需要,产生的获得各种消费资料或服务的欲望和意愿,往往具有多样性、发展性、可诱导性、周期性、伸缩性和时代性。

不同年龄、不同性别的消费者有不同消费心理，如表5-1、表5-2所示。

表5-1　不同年龄的消费者有不同消费心理的产品设计供应链

年　　龄	消费心理特征	产　品　设　计
少年 （0～14周岁）	模仿性较强、好奇心较强、文化娱乐比重大、盲目消费高	重视外观设计，增强商品吸引力
青年 （15～40周岁）	追求时尚新颖、体现个性和自我表现、崇尚品牌、易冲动	开发时尚产品，重视个性化定制和情感消费
中年 （41～64周岁）	理智性强、计划性强、实用心理强、有主见、随俗、求稳、求便利	突出实用性，理性促销，培养忠诚客户
老年 （64周岁以上）	消费习惯稳定、理智消费、追求便利实用、追求健康、补偿性消费心理、老小孩心态	注重产品实用性、方便性和保健性，宣传体现情感诉求，价位合理、销售渠道合理

表5-2　不同性别的消费者有不同消费心理的产品设计供应链

群　　体	消费心理特征	产　品　设　计
女性	注重商品外观和情感因素、缺乏果断性，注重便利性、多样化和个性化，主动消费多，冲动购买多，消费具有主导性、广泛性、敏感性和从众性	对女性消费者根据年龄、职业、收入等变量分类，外观设计突出美感，色彩、款式时尚流行，以促销激发购买欲望
男性	注重质量、实用，购买动机感情色彩淡薄，目的明确、迅速果断、好胜心强、注重价值，被动性购买，要面子和品位	设计迎合男性消费者口味的商品包装和售点广告。原来的市场价值趋势：少女>儿童>少妇>老人>男人已过时，男性在互联网的购买力已超过女性，在电器、金融产品、服饰等方面均有强劲购买力

产品差异化的三个策略：产品差异、价格差异、服务差异。一是在产品上，开创更有特色的产品，选择其他差异化策略；二是在价格上，降价和竞品形成差异，或涨价形成消费者对产品价格的认知；三是在服务上，制定服务策略，让消费者有足够的理由选择自己。差异化就是创造差异，做出特色，如明确定位、提升创造力、高效沟通和聚焦用户体验等。

供应链设计的"二次曲线"应找到第一曲线的"极限点"，挖掘第二曲线的"破局点"，实现从过去到未来的二次腾飞，也实现企业增幅的第二次由低向高，并满足消费者的消费心理特征要求，实现与竞品的差异化竞争，实现企业新赛道的再崛起。

 小贴士

费列罗集团的"健达奇趣蛋"经典产品设计供应链案例

我们在商超经常会看到一款具有特色的鸭蛋形状的产品,名叫"健达奇趣蛋"。这是一款用巧克力包着的玩具蛋形儿童糖果。该产品于1974年首次在意大利出现,来自糖果巨头费列罗集团,它很快征服了欧洲消费者的心,无论是成人还是孩子都趋之若鹜。

零食市场饱和。在健达奇趣蛋面世前,零食市场已细分出糖果、坚果、口香糖、冰激凌、饼干等,且当时巧克力品牌市场是趋于饱和的。

面向需求设计。消费者更青睐"新奇"的食品,费列罗集团决定推出一款新的巧克力,改变产品的味道、设计和成分,并有一个想法,在巧克力内包藏一个玩具,这像现在的盲盒,孩子打开时并不知道里面究竟是什么玩具,使孩子充满期待和惊喜感,满足了孩子探索外部世界的心理。而且健达奇趣蛋还分男孩版和女孩版,男孩版内是男生感兴趣的风火轮、汽车等,女孩版内是芭比娃娃等。他们还将巧克力巧妙地设计成蛋形,"玩具+食品"使孩子边玩边吃,趋之若鹜。

面向功能设计。健达奇趣蛋将自己定位于健康食品,富含热量和碳水化合物。蛋形大小是最适合孩子的巧克力摄取量。孩子打开健达奇趣蛋时,往往先玩玩具,而不是先吃巧克力。合适分量的热量和好玩的玩具,让父母也更愿意从众多糖果中选择这一款产品。其由两个部分组成,一半是松脆可可球,内附勺子,方便卫生,另一半为充满惊喜的玩具。

面向成本设计。健达奇趣蛋主打亲子家庭,重量仅为20g,市场售价约10元,购买者众多,且均为有小孩的家庭。该产品于2007年在中国市场销售,在超市、便利店、网络商城等多渠道展示,并在央视少儿频道投入广告。该产品目前在波兰、南非、印度、厄瓜多尔、喀麦隆和中国的费列罗工厂进行生产。

健达奇趣蛋不仅有美味巧克力、玩具,还有玩具安装说明书,麻雀虽小,五脏俱全。这种创新型糖果重新定义了糖果市场,几十年过去了,尚无竞争者能与之抗衡。数据显示,费列罗健达奇趣蛋年销售额超过35亿元。健达奇趣蛋将巧克力消费的低频消费,演变为玩具消费的高频消费,开拓出与常规零食不同的新市场。

启示:一是设计制造有一定冲突的产品,健达奇趣蛋解决了"吃"和"玩"上的冲突;二是设计不仅要满足实际需求,还要制造、挖掘、刺激新的需求,勾起消费者内心真正的欲望。

5.8 供应链产品定价设计

5.8.1 廉价是否真的很好

好而不贵策略。一般，人们对产品折扣都情有独钟，渴望产品成本越低越好，产品越便宜越好，"廉价情结"深植于心，然而追求无底限的折扣和低价，却容易抹杀产品的创新性。美国的"黑色星期五"、中国的天猫"双 11"，都是折扣狂欢日。中国经济在经过几十年相对粗放式的快速发展后，消费者对产品品质的要求越来越高，"好而不贵"才是消费者的真正追求，国家也提出供给侧改革等消费提档升级战略。沃尔玛在 2007 年改革了美国市场的宣传口号，从"永远低价"变为"省钱，让生活更美好"。"如果没有廉价的劳动力，我们就无法享用便宜的商品。"弗兰克·W.伍尔沃斯讲过，廉价的商品，意味着廉价的人民，廉价的人民意味着廉价的国家，这并不是我们所期望的。

廉价折扣店的运营秘密。一是减少对消费者的服务，更多采用自动模式，节省成本，降低管理费用；二是降低建造和运营成本，严格控制员工工资；三是自有品牌包销定制，选择更有市场的产品贴牌包销，使产品更具竞争力；四是减少销售品种，品类相对较全，品种相对较少；五是提供购物车，数据表明当廉价折扣店提供购物车、购物篮后，平均每次消费者购物时会多买 1～2 件商品，这也成为超市和廉价折扣店的标配。你会发现在有些店铺，店员首先会推荐"取篮购物"，无形中增加了消费者购买的数量。

5.8.2 定价的秘密

定价或促销是一门艺术。我们经常看到以下定价秘密。

一是"9"的秘密。不是 10 元，而是 9.99 元；不是 30 元，而是 29.99 元；不是 200 元，而是 199 元。虽然只是 1 分钱和 1 元钱的差异，却让人们有不同的价格体验。"9"成为价格标签上，最为常见的数字，特别是特价商品的标签上。1 分钱和 1 元钱的减少，在潜意识中向消费者传递了"更便宜"的信息。

二是"第二杯半价"。其实就是七五折，折扣并不大，既让消费者觉得便宜，又提升了销量，可谓经典的促销方式。

三是"第十杯（件）免费"。这在饮品或服装行业应用较多，其实是总价打九折，但消费者会认为，这一杯饮料或这一件服装是免费的，会有较好的体验。另外，还增强了消费者用积分消费的意识,提高了复购率。

四是"积分免费兑换"。这是商家运用较多的手法,即让购物持续固定在某处的做法,在金融银行卡、通信商中运用得最多。

五是"谋划更高定价"。在系列产品中,如果有一个更高定价的品种推出,消费者在系列产品的平均消费单价也会提高,因为消费者更喜欢选择中间价位的产品,企业可以通过这种方法逐步提升产品档次和层级,这是一个潜移默化的过程。例如,某食品厂商推出 59 元、99 元、159 元三个价位的月饼礼盒,会有很多人购买 99 元的月饼礼盒;若推出 199 元的月饼礼盒,99 元和 159 元的月饼礼盒都会有很多人购买,平均成交价在无形中会提高,若此时再摆出一个 259 元的月饼礼盒,199 元的月饼礼盒也会有很多人购买,此时商家可适时取消 59 元的月饼礼盒,这是产品价格悄然提升的方法和步骤。

六是"1 元冰激凌"。宜家家居中国门店常年销售 1 元/支的蛋筒冰激凌,口感非常不错,市场销售价格应在数元以上,很多消费者慕名去吃这款冰激凌,顺便逛下宜家家居,这正是宜家家居吸引到店流量的一种低于成本的定价策略,相当于企业的广告宣传费用,还会让消费者认为宜家产品可能特别便宜。中国很多超市、连锁卖场的"1 元白菜""1 元鸡蛋"均属于这种定价促销方式,效果立竿见影,消费者会连带购买本不是急需的其他产品。

七是"限时折扣"。一般针对临期产品,限时特惠降价,如钱大妈超市针对夜场库存菜品,一般设置晚上 7 点 6 折,8 点 5 折,9 点 4 折,10 点 3 折,余品往往会快速脱销。

八是"两人同行,一人免单"。价格没变,有一人没有花钱,比较适合旅行行业。

九是"原价与促销价"。百货行业应用最广,床品、床垫等产品销售时,日常高定价,周末促销,原价为 1000 元,促销价为 250 元,原价越高,欺骗性越大,尤其是不容易比较的产品品类。

十是"优惠折扣券"。加油送优惠券、买套餐送优惠券、买十减三等,既让价格敏感者享受到了实惠,又规避了直接降价的风险。零售店等卖家特别喜欢这类方式,一般分为纸质券和电子券两类。另外,优惠折扣券还可以促进地推宣传,当业务量不足或者人流不足时发放,就可以迅速增加店铺的人气和销售业绩。

十一是"免费策略"。例如,软件行业,360 杀毒宣布永远免费,迅速抢占市场,然后通过流量赚取广告费盈利。在执行免费策略时需要注意的是，好在免费，坏也在免费，免费易导致客户产生廉价的感觉，容易对生产类品牌形成产品低端的印象，尤其是在食物领域。

价格里永远藏着秘密，只有买错的，没有卖错的。定价和降价就是商家在玩"猫捉老鼠"的游戏。当产品价格降低时，一般是商家产品相对滞销，通过降价帮助自己避免损失。

5.8.3 供应链的品牌策略与定价设计

商品是用来交换的劳动产品，具备使用价值和价值两种基本属性，是由核心部分、形式部分和延伸部分构成的。其以物质形态或其他形态存在于社会中。卖商品，就要先卖理念。例如，九阳豆浆机，三分之一的费用用于研发豆浆机，三分之二的费用用于普及豆浆养生知识，在超过 500 家媒体上发布豆浆营养知识宣传，将九阳的健康理念导入消费者心智，使九阳豆浆机迅速进入每一个家庭，年销售额超过 50 亿元。

供应链的五种品牌策略（见图 5-14）。一是单品牌策略，如海尔、格力、美的等，统一品牌，便于统一企业形象，集中资金和技术，减少营销成本，也易于顾客接受；二是双品牌策略，2006 年海尔集团为了与世界著名家电品牌竞争，推出"卡萨帝（Casarte）"高端家电品牌，灵感来源于意大利语，意为"家的艺术"；三是多品牌策略，虽然运营成本高、风险大，但灵活并利于抢占细分市场，如世界最大日用品生产商宝洁公司，宝洁是公司品牌，根据市场细分，赋予洗发、护肤、口腔等不同类别的产品以不同品牌，即使同一类别也有多个品牌，如护肤品玉兰油，剃须用品吉列，香皂舒肤佳，洗发护发则包括海飞丝、飘柔、潘婷、伊卡璐、沙宣等；四是主副品牌策略，一主多副，如海尔小王子、海尔金王子、海尔大王子等，让消费者更好地区别产品；五是联合品牌策略，两个品牌联合推出新的品牌，相互借势借力，如曾经风靡中国的手机品牌索爱。具体哪种更适合，企业可以根据从事领域和阶段进行选择。

供应链的五种品牌策略形成了不同的定价设计。一是单品牌策略，实施商品统一定价。二是双品牌策略，可分档次定价，如小米品牌的小米手机定位于高端人群，定价高；红米手机定位于中低端人群，定价低。三是多品牌策略，各细分领域的品牌线产品，单独定价，互不干扰。四是主副品牌策略，定价没有专门要求，只突出服务于细分市场。五是联合品牌策略，其实就是一个新的品牌，根据商品档次定价即可。

第 5 章 设计的供应链管理

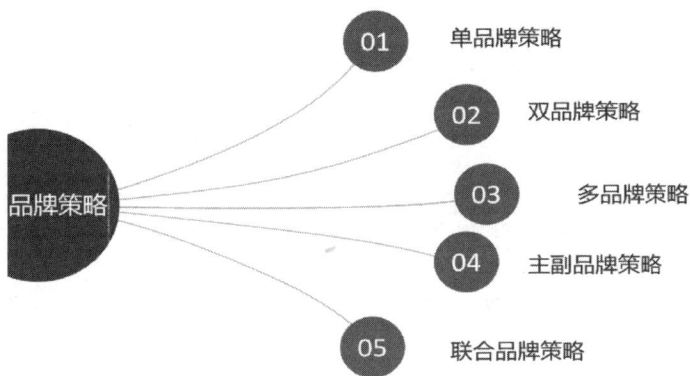

图 5-14 供应链的五种品牌策略

第6章 采购的供应链管理

6.1 采购的供应链管理概述

伴随经济的蓬勃发展和企业营收规模的不断扩大,企业采购部门从原来仅是行政部门的一部分,逐步发展成为企业核心部门之一,采购的价值持续提升,最终由"基础采购"演变为"战略型采购"。企业与合作供应商相互赋能,采购的关注点从成本扩展到采购技术、采购外包、精益采购等方面,不仅包括产品原料成本的短期降价,还包括总成本控制、产品生命周期成本削减、流程优化和改进等。

6.1.1 采购的定义

采购归根结底就是在正确的时间,以正确的价格采购到正确数量的产品和服务。采购,也称供应管理,包括寻找、选择和管理与材料、服务、设备相关的供应商。

供应商管理是指采购部门在采购前和采购后,通过对市场调查、供应商考察、资质审查及履约等情况进行评价,从而实现对供应商的寻源、准入、后评估、分类分级、沟通管理、信息管理,以及诚信档案动态管理的过程。采购部门要逐步建立供应商管理系统,对供应商的主数据、供应产品及价格等信息,进行规范有序的管理,建立供应商信息库,对供应商主数据实现电子化管理。

6.1.2 采购的目标和采购的供应链管理的目标

采购人员要建立"以价值为中心的采购"和"价值链分析"思维。

采购的目标:供应持续性、有效管理采购过程、管理供应商、使内部利益相关者目标一致、实施综合采购战略。

采购的流程:①寻找潜在供应商,可通过供应商网站、目录、信息文件、行业刊物、贸易展会、专业组织、电话簿等寻找；②评估潜在供应商，可通过问卷调查、财务状况分析、评定会、第三方评估、现场参访和质量能力分析等进行评估；③选择供应商，通过加权计分卡进行分析，选择得分最高的供应商；④开发供应商，通过制订长期和短期计划，让供应商更好地满足供应需求；⑤管理供应商，通过关键绩效指标管理供应商。

从战略上讲，采购部门会承担开支分析、分类管理、需求管理、合同管理、成本管理、供应商关系管理、采购付款流程管理及改进、供应商管理等工作，同时参与新产品的开发；从战术上讲，采购部门会做好供应商识别、评估和选择工作，预测和计划需求，申请采购，明确需求，回顾预测和客户订单，制定续订制度，进行周期盘点。

采购逐步从"战术型采购"向"战略型采购"转型，并会考虑更多因素，一般主要包括14个因素（见图6-1）。

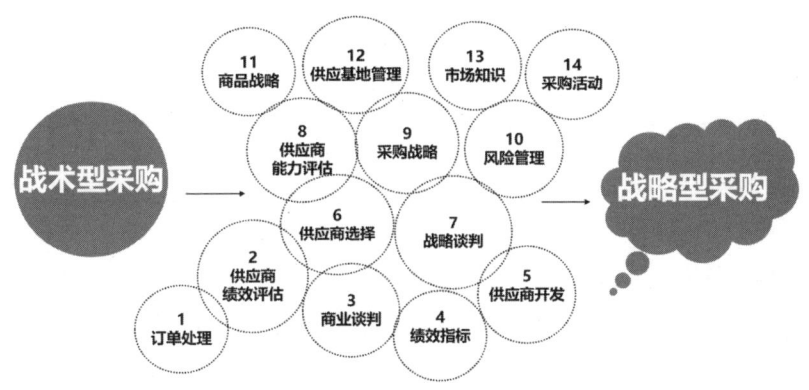

图6-1 "战术型采购"向"战略型采购"转型核心因素

采购的供应链管理包括高效寻源（采购寻源）、超低库存（库存控制）、精益供应商体系（供应商管理）等内容，追求需求导向、质量第一、效率优先，特征是协调发展、均衡发展、共享发展。采购省下的一元钱，就是企业的一元利润，而销售增加的一元钱，还要剔除大量成本，往往利润并不到一元。所以，采购对成本管控来说至关重要，对企业利润提升也至关重要。

采购的供应链管理的目标是寻找并建立稳定、灵活的供应商合作伙伴体系，具体流程如下。一是需求确认。企业需要做好与设计环节的衔接，精确地识别需求，明确采购方向。二是供应市场调查。企业要根据采购方向展开供应市场调查，寻找符合条件的供应商：①实现小批量、高频率交付；②可长期合作；③满足质量和价格上的要求；④满足信息交互共享的条件。三是采购谈判。在供应市场调查的基础上，企业与备选的供应商进行协商，包括招标集采。四是合同签订。通过谈判确定供应商后，企业与供应商签订合同确立合作伙伴关系，合同中需明确的信息包括交互共享标准、生产及交付模式、交付日期、合同价格、验收标准、结算模式、风险因素等，为建立稳定的合作伙伴关系提供法律保障。五是订单执行。企业要建立完善的供应商沟通机制，保证交付过程中信息交互的及时性，达到制造、采购、供应协同，缩短响应时间，促使供应商及时、准确并稳定地交付。六是供应商管理。企业通过对已有订单流程中的供应商的具体表现进行数据构建和输入，完善供应商信息，并从质量、交付和价格等因素对供应商进行综合能力评价和管理，为搭建可持续的高效的供应链采购体系提供保障。

供应链管理的最高境界是别人从不找你，别人是指客户、供应商，以及生产、销售、品控、财务等群体。供应链管理最重要的是预防问题，而不是天天疲于解决问题。供应链管理是最不能玩假的，否则不是"多了"，产生积压、库存或浪费，就是"少了"，出现物料短缺、生产线停线等问题，真正做到"正好"是非常难的。

6.1.3 采购的分类

采购分为四类：①非关键性采购（供应风险低、重要性低）；②杠杆采购（供应风险低、重要性高）；③战略采购（供应风险高、重要性高）；④瓶颈采购（供应风险高、重要性低）。

一是非关键性采购，重要性低，可以选择公平独立型供应商，主要采取最低采购价格策略，合同期相对短，供应商较容易选择，如企业办公用品的采购等；二是杠杆采购，选择优先型供应商，支出较高，也较重要，如产品包装的采购等；三是战略采购，选择战略型供应商，这类采购的供应商相对较少，可签长期合同，一般在产品设计阶段就开始与供应商接触，如家具厂木材的采购等；四是瓶颈采购，选择交易型供应商，一般为小众供应商，如大型生产设备、IT系统的采购等。

6.1.4 采购的分项管理

总体按照"加强采前、严格采中、加快采后"的原则进行采购。

1. 部门职责设计

采购单位各部门按职责分为采购需求部门、需求归口管理部门、采购管理部门、采购实施部门和采购监督部门。

（1）采购需求部门，提出采购需求（采购品名、规格、数量、预算金额等），配合编制技术（服务）规范，并负责配合采购实施、合同签订、合同履行、供应商管理及收集使用反馈等。

（2）采购需求归口管理部门，负责采购需求的归口管理工作，负责采购需求项目的技术标准的制定和修订，对采购部门提出的采购需求进行汇总、审核和批准等归口管理，一般为各单位的职能及业务部门。

（3）采购管理部门，一般指企业采购中心或集采办，负责对采购的计划、实施、评估等过程进行管理、控制和监督。具体工作包括编制年度采购计划；组织实施采购；供应商信息库建设和新供应商的入围审查、评价及考核；建设采购评审专家队伍；建设专家使用机制；采购信息化管理等。

（4）采购实施部门，一般为各单位的职能及业务部门。

（5）采购监督部门，一般为审计、监察等部门，对采购管理、财务核算和资金拨付等工作进行审计、监督及评价，对采购流程的合法性、合规性及相关人员的廉洁性、公正性进行监督。

2. 集采目录与计划管理

集采目录是指采购部门实施的货物、工程和服务集中采购的范围和具体名称清单，原则上每年调整一次。

采购计划的编制周期为自然年。

3. 采购方式

采购方式可分为招标方式及非招标方式两种。招标方式可分为公开招标及邀请招标；非招标方式，也可分为竞争性磋商、竞争性谈判、询价、单一来源采购及符合我国法律法规要求的其他采购方式。

（1）公开招标是指以招标公告等方式，邀请不特定的供应商参与投标的采购方式。

（2）邀请招标是指以邀请书的方式邀请三家（含）以上特定供应商投标的采购方式。

（3）竞争性磋商是指采购单位组建磋商小组，与符合条件的供应商就采购事宜进行具体磋商，供应商根据磋商文件的要求提出响应文件及报价，采购单位从磋商小组评审的成交候选人中选择供应商的采购方式。竞争性磋商可以分为公开竞争性磋商和邀请竞争性磋商两种方式。

（4）竞争性谈判，与竞争性磋商一样，只是方式变成谈判，也可以分为公开竞争性谈判和邀请竞争性谈判。

（5）询价是指采购单位通过组建询价小组，向符合条件的供应商发出询价文件，进而选择供应商的采购方式，也可分为公开询价和邀请询价两种方式。

（6）单一来源采购是指采购单位通过组建谈判小组，从某一特定供应商处采购货物、工程和服务的采购方式。

公开招标、公开竞争性磋商、公开竞争性谈判及公开询价均属于公开采购。

一般达到一定规模的货物、工程和服务采购，均应该依法进行公开招标；技术复杂、公开招标费用占比过大的货物、工程和服务，可以在经过审批后，采用邀请招标方式采购；市场竞争不充分或垄断性集采项目，可以采用竞争性磋商方式采购；技术复杂、招标时间紧急、事先不能算出总价的项目可以采用竞争性谈判方式采购；供应商唯一或确需原供应商（否则影响配套）的项目可采用单一来源采购方式采购。

6.1.5 采购流程管理

采购流程包括采前、采中、采后三个阶段。

采前阶段：采购需求确定、采购方案编制与审批。采购方案包括采购内容、采购方式、预算金额、供应商选择、技术要求、评审标准和方法、合同签约及付款等内容。采购方式还包括确认招标代理、发标范围、评标方式、定标原则等内容。

采中阶段：组织实施、做出采购决策、签订合同。

采后阶段：合同执行，包括供货与验收、资金结算和零星追加。确因特殊情况，经企业审批后，也可以由采购主管部门授权相关部门及业务部门进行采购管理。

具体详细采购流程包括采购与授权管理、采购计划预算编制管理、采购需求管理、采购审批决策、采购方案管理、采购商务管理、合同签订与履行等操作环节。

（1）采购与授权管理。采购范围由公司公布的采购目录确定，一般上级集团公司为一级采购目录；各省分公司为二级采购目录。

（2）采购计划预算编制管理。包括采购需求计划的上报、采购实施计划的编制、零星追加等。其中,采购实施计划的编制包括采购项目的名称、技术(服务)规范书的提交时间、采购的内容、采购的方式、采购实施的完成时间、合同签订的时间等相关内容。一般每年会在年初下发,作为该年度实施采购工作的纲领性指导文件。零星追加是指在采购结果公布至下次批量采购之间,履行相关审批手续可以追加的采购,一般不应超过首批采购量的30%。

(3)采购需求管理。采购需求管理应遵循采购集中管理和采购职责分离的原则;针对技术(服务)规范,除单一来源采购项目外,原则上确保至少三家以上供应商的产品达到技术(服务)规范书要求。采购需求申请书应包括项目名称、资金落实情况、采购内容、采购估算金额、采购方式建议、质量标准及测试要求和供应商推荐建议及相关说明,同时附立项、费用批复依据材料和技术(服务)规范书。

(4)采购审批决策。包括采购方案审批决策和采购结果确认。

(5)采购方案管理。包括采购方案编制与审批流程控制。采购方案的内容主要包括采购依据、采购内容(数量、规模、预算金额等)、拟采用的采购方式及理由(采用非公开招标方式的,应明确邀请的潜在供应商名称)、潜在供应商资格条件(资格审查标准和方法)、标段划分(分包)方式、评审方法和标准、评审委员会组成、合同签订(资金结算及供货方式)、采购结果确定方法(包括成交供应商确定方法及份额分配原则等)、代理或自行采购、采购监督、采购实施工作计划。采购方案经决策会议审批通过后,作为项目实施依据。

(6)采购商务管理。

采购文件的编制:根据采购方式不同可分为招标(邀标)文件、谈判文件、询价文件等。

采购时限:招标采购方式为35天、非招标采购方式为20天,采用资格预审的增加10天。

采购文件的发售:向有意向参与项目的供应商出售采购文件,同时收取采购文件的成本费用。

投标保证金:视采购项目具体情况可收取投标保证金,并在招标文件中说明,一般不超过项目预算金额的2%。也可收取履约保证金,也需在招标文件中说明,履约保证金的数额一般不超过采购合同金额的10%。

专家评审费用:原则上要向参与评审的专家支付评审费用。

采购的商务工作流程：编写采购文件、现场考察、项目签疑、组建评审小组、现场开标（谈判）、采购项目评分、出具评审报告。公开招标项目采购结果决策通过后，由采购中心（或委托的招标代理公司）次日发出中标公告，向中标供应商发出中标通知书并通知需求单位。

（7）合同签订与履行。中标通知书发出30日内，双方签订采购合同。合同文本及条款应当与采购文件、中标供应商投标文件的内容一致。采购档案在采购项目完成后30天内移交档案部门。

采购需要按流程管理，推进降本增效工作。然而，节约成本仅靠按流程管理是远远不够的，往往是通过流程改进、产品改进和优质供应商的开发来实现的。在生产制造行业，通过战略性采购，邀请核心供应商参与企业早期产品的研发，可以大大节省时间、节约成本，并大大提升企业产品质量。

 小贴士

苹果供应商采购案例：策略及执行

根据苹果公司的年报，2020年苹果公司年营收超1.8万亿元人民币（约2745亿美元）。苹果公司在全球共有约600个供应商，其中，中国有近400家，其次是日本，约为中国的三分之一，第三位是美国，有69家，德国有10家，其余国家更少。

苹果公司的成功代表了苹果供应链管理的成功。据了解，苹果公司在全球600多个供应商中约有188家核心供应商，实现了其97%以上关键产品的交付。苹果公司将外包服务厂商的产能、人力、技术和研发能力都极力装入自己的供应链管理体系中，不断迭代发展。销售的主要产品包括手机、平板、电脑、音箱等产品。

苹果公司的主要供应商为英特尔、三星、索尼、LG、东芝、松下、瑞声科技、日亚化学、比亚迪、台积电等。我国主要以供应电子零部件、金属机构件、线材和产品的代工组装为主，美国集中供应半导体和精密通信元件，日本供应电子元件或面板的关键原材料。

从苹果公司供应商的分布来看，企业的经营中心可以放在设计和销售环节，抢占产品微笑曲线的最高端（见图6-2）。设计和销售附加值高，而生产附加值低，所以很多企业尤其是欧美企业，普遍采取生产外包模式，实行"欧美设计、亚洲制造、外包物流、全球销售"的供应链，通过对全产品供应链的划分，寻找最具有价值的

环节，用心打造，并掌握产品整体供应链管理，覆盖全球消费市场。

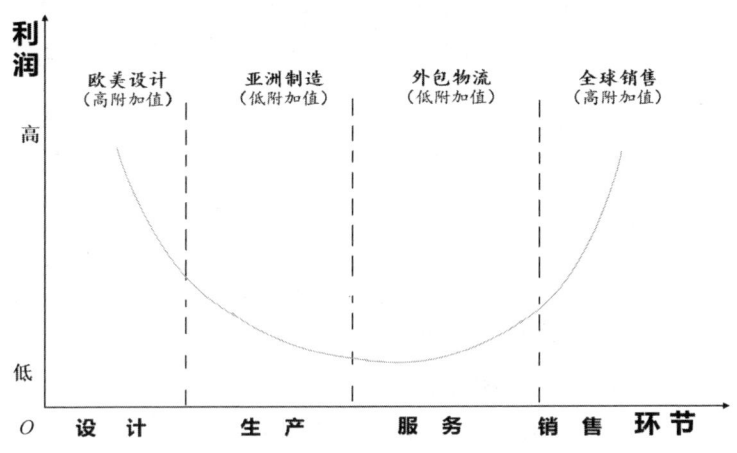

图 6-2　供应链产品的微笑曲线

6.2　供应商管理

一流公司自定标准，超越行业标准；二流公司对标一流公司做标准；三流公司用行业标准；四流公司低于行业标准。

6.2.1　供应商的相关定义

供应商是指所有有意向参与或正在参与企业采购活动或正在履行合同的法人、组织或自然人。

供应商管理的三大任务：战略寻源（选择供应商）、绩效管理（供应商后评估）、督促帮助（供应商开发）。五步流程：①供应商分类（分级分类，区别对待）；②供应商评估（判断潜力）；③供应商选择（优胜劣汰）；④供应商管理（管理绩效）；⑤供应商集成。没有全球一流的供应商，就不会有全球一流的产品，越是复杂和技术含量高的行业或产品，供应链管理就愈发重要，产品设计与工艺设计就越需要紧密对接，供应商的早期介入也越重要。

采购管理的五个发展阶段：确保有料、谈判砍价、管理总成本、管理需求、全面增值。采购从小向大发展，小采购围绕订单转，大采购聚焦供应商；小采购以供应为导向，大采购以需求为导向，从订单处理向选择供应商、开发供应商到管理供应商绩效发展。

供应商准入流程。一是供应商寻源。由采购需求部门、采购需求归口管理部门、采购管理部门共同寻源，推荐供应商入围。二是资格审查。采购需求归口管理部门组织需求，采购管理部门、采购监督部门，通过内部技术交流，对拟推荐入围的供应商的基本资质、综合实力、生产制作工艺、供货能力、售后服务等方面，做出相应评价。三是审批。采购需求归口管理部门将技术交流结果报公司领导审批后实施合资格供应商准入。四是建档。采购管理部门给准入的合资格供应商建立管理档案，纳入公司供应商库统一管理。

供应商管理应把握好三个方面。一是明确供应商采购的品质指标；二是实施供应商来料入库检验制度；三是管控重点供应商的驻场过程。派遣驻场的供应商质量工程师是一个有效监督质量和催促进展的方法，其核心工作是质检和跟单。针对核心供应商，企业可实施战略合作或战略性投资，提高供应链的稳固性。

供应商管理是整个企业供应链管理的核心之一。很多人将供应链管理与采购管理等同，其实采购的供应链管理仅是供应链管理的一个上游环节。采购是质量控制的第一步，也是前提。"原料好，产品才会好"。供应商共享信息能有效降低供应链的不确定性，稳定是供应商管理的基础要求。单一供应商的延迟交付，往往会影响企业的整体交付能力，甚至导致延期交货。

供应商逆向竞标。这是针对标的，让多个供应商通过互联网实时竞标，通过竞争将价格降下来的一种招标方式。

供应商年度降价。由于生产效率提升、生产成本下降、供应商内部挖潜、学习曲线效率提升和规模效益变化，有些行业采用年度降价模式。例如，美国大公司年度降价比例约为2.5%，中国约为3%，若考虑通货膨胀因素，美国实际年度降价约为5%。

6.2.2 供应商选择的因素

供应商选择的八个因素（见图6-3）。一是质量因素，是首要因素；二是价格因素，是比较因素；三是交付周期因素，交付周期越短越具竞争力；四是交货可靠因素，是较为重要的因素；五是产品柔性因素，更好满足定制化需求；六是设计能力因素，是差异化竞争因素；七是特殊工艺能力因素，是增值因素；八是其他影响因素，包括供应商地理位置、库存等。

图 6-3　供应商选择的八个因素

供应商的四种选择方法。一是直接判断法,倾听采购人员的专业意见,或分析调查资料,一般用于非主要原料的供应商选择。二是招标选择法,一般适用于采购数量相对较大,合作伙伴竞争激烈的情况,由招标企业提出招标条件,合作伙伴进行竞标,采用公开招标或指定竞标的方式选择供应商。三是协商选择法,协商选择法适用于投标单位少、竞争程度小或技术条件复杂的情况。四是成本比较法,对于质量和交货周期都满足的供应商,可以通过分析不同供应商的采购成本,选择采购成本相对较低的供应商。

可持续发展的采购方法。一般情况下,降低成本意味着供应链质量降低,所以不是成本越低越好。高端产品总是在寻找高质量的供应商,实现销售高端、定位高端、质量高端。正所谓"一分钱,一分货",若恶意压价,有时候牺牲的是自己企业产品的质量。所以,有些聪明的采购商往往实行透明招标,成本和利润都核算清楚,让供应商给出明确的质量和价格,这是一种良性可持续发展的采购方法。

6.2.3　供应商的分类

供应链管理实现了五个转变,即从职能管理向过程管理转变、从利润管理向绩效管理转变、从产品管理向顾客管理转变、从交易管理向关系管理转变、从库存管理向信息管理转变。对供应商科学合理地分类,是加强供应商管理的针对性、提高管理效率、节约管理成本的基础。

按发展阶段分类,供应商可分为潜在供应商、注册供应商、合资格供应商和合作供应商。①潜在供应商是指在市场中能够提供企业所需物资或服务,被纳入企业寻源范围的供应商。②注册供应商是指潜在供应商经过注册,纳入注册管理的供应商。③合资格供应商是指通过企业资质审查和相应产品检测的供应商。④合作供应商是指与企业发生过交易,且在合同有效期或产品使用期内的供应商。

合作供应商又可分为战略供应商、核心供应商和一般供应商。①战略供应商是指优先保障企业供应安全性、稳定性和持续性，并给予最优价格待遇，愿意与企业建立长期互信互促战略性合作关系，实现价值共赢、风险共担的，企业发展必需采购项目的供应商。②核心供应商是指提前介入企业新产品研发，保障企业关键资源获取和保证供应稳定性，并实现信息共享，符合企业战略发展方向的，重点采购项目的供应商。③一般供应商是指采购战略意义一般，行业质量水平稳定，潜在供应商为数众多，可替代性较强的供应商。

 小贴士

飞机的采购供应链管理案例

一辆汽车约有 3 万个零部件，然而一架大型商用飞机却有百万个零部件，供应链管理面临巨大挑战。飞机制造商往往是最后的整装商和系统集成商，对于部分供应商，飞机制造商一般以收购或入股方式，加强对其的管控。

飞机是最为复杂的制造类产品之一，其采购的零部件众多，最能体现采购的供应链管理水平，因此我们以飞机为例来进行分析。美国波音公司是全球最大的民用和军用飞机制造商，在20世纪80年代之前其零部件只有2%是由外部供应商供应的，之后开始在全球布局采购供应链。目前，波音787的90%的零部件由全球供应商制造，其中美国以外供应商制造占比高达70%，是典型的全球采购供应链。波音公司从采购一些低端的零部件开始，逐步专注于设计研发，将图纸交给全球合作伙伴加工制造，自己只负责少数关键零部件的制造，最终实现只在美国西雅图波音工厂进行少量生产和总装任务。

在飞机项目上，供应商参与飞机制造商的整体供应链创新，实施战略采购。采购是企业的一项经营活动，需要承担更具战略性的作用，采购部门从其他部门的支持性角色，向独立的部门转变，并主动参与企业供应链管理。非战略性的采购往往不会被企业高层管理者所重视。随着社会原材料成本的上涨和市场竞争的加剧，战略性采购作为主动性管理行为，得到更多应用。企业通过与供应商沟通，在商品早期策划酝酿阶段，支持战略供应商参与产品设计、共享企业相关技术，在生产过程中建立供应商援助制度等方式，使战略供应商为企业提供新材料、新技术和新工艺等方面的技术支持，以减少供应链的不确定性、提升制造供应链的柔性，更好地应对企业与供应商的供应、需求和市场竞争之间的不确定性局面。

6.2.4 供应商的激励方式

供应商的五种激励方式。一是价格激励，高质量获得高价格；二是订单激励，在多个供应商中，综合评分更高的供应商会获得更多采购订单；三是商誉激励，授予供应商相关的荣誉，提升其在业内的地位；四是信息激励，优秀的供应商可以获得更多需求信息或服务，包括企业信息对接服务等；五是淘汰激励，建立淘汰机制，淘汰问题供应商或是末位供应商。

质量、成本、交付、服务是采购环节评价供应商的四个关键要素。一般评分原则是，质量为 60 分，成本为 15 分，交付为 15 分，服务为 10 分。对供应商进行有效的评分和考核是对供应商的鞭策和激励，可以更好地提升产品的品质，稳定企业的供应链质量。

供应商考核的主要绩效指标：质量指标（百万次品率）、成本指标（年度降价指标）、交货指标（按时交货率）、服务指标（用户满意度）、技术指标（信息技术支持）、资产指标（库存周转率和现金流）、员工与流程指标（员工培训及业务流程）。

6.2.5 采购中对供应商的评审

采购评审专家是指符合相关规定及要求，以独立身份从事和参加各级单位采购有关评审工作的人员。

采购评审专家管理是指对政府或者企业采购评审专家库的组建、使用和管理，实现采购评审专家的统一管理、专家资源的统一共享，应遵循统一条件、随机抽取、分级管理、资源共享、管用分离等原则。采购部门应定期组织对采购评审专家进行征集，结合个人申请和单位推荐进行资格审查，通过后纳入采购评审专家库。

供应商评估分为分类评估、加权评估和总成本评估。采购评审专家必须综合考虑企业总成本，不能只关注最低采购价格，在全球采购中，还要考虑离岸供应商到生产目的地的运费，以及潜在的隐形成本。

6.2.6 采购中对供应商的监督

一是采购活动原则。采购活动应遵循采购需求部门与采购部门分离的原则，并受采购监督部门的监督。采购部门负责对采购工作进行业务指导、监督和检查；采购监督部门负责对采购制度的建设与执行，采购活动的合法性、合规性、合理性和实效性进行监督检查。采购部门监督和检查的内容主要包括采购目录、采购计划、项目实施、采购评审专家、供应商、采购合同、采购质量、相关档案等。

二是杜绝或禁止的行为。杜绝或禁止的行为具体如下：将政府或企业必须招标的项目，以化整为零的方法，规避正规的招标；应当公开招标的采购项目，采用非招标方式进行采购；公开招标项目未按相关规定在指定的媒介上发布招标公告；与投标人相互串通，虚假招标等。收受贿赂、收回扣、质量低劣、与不道德的供应商交易，都会给企业带来损害，损害企业的肌理，企业在这方面要坚决杜绝。

如何杜绝采购腐败？①权力分散制衡，寻源、采购和付款由不同部门完成。②供应商评估绩效管理，建立健全寻源制度和供应商后评估制度。③管理相对透明，实施信息化管理。

三是供应商后评估。企业应强化合同期内对供应商的监督和管理，对实施过程进行评价，提高供应商的竞争意识和竞争力，实现供应商闭环管理，督促评价结果的汇总、分析、反馈及应用，将质量指标分为重大缺陷和一般缺陷两类，对于重大缺陷实施红线管理，即按合同处罚违约者，警示供应商不折不扣履行合同。

① 供应商后评估指标体系。包括但不限于质量指标、供货指标、价格指标和服务指标。根据这些指标形成供应商后评估报告，综合评估实行百分制，一般分值如下：质量不低于40分，服务不低于20分，交货不低于20分，价格不高于20分。

② 供应商后评估应用。根据供应商后评估分数，将合作供应商分为A、B、C、D四个级别。A级供应商（90分及以上），即在合作中表现突出的供应商，是合作的标杆，应该追加采购；B级供应商（80~89分），即合作中总体良好的供应商，无明显问题，要求其对不足进行整改并进行书面反馈，应维持采购份额不变；C级供应商（70~79分），合作中表现一般的供应商，存在部分问题，应减量采购，要求供应商整改；D级供应商（69分以下），表现较差的供应商，应该停止合作。当邀请招标时，应优先邀请A级供应商，不再邀请整改未达标的C级供应商和D级供应商。

 小贴士

富士康采购供应链管理的 13 项准则

富士康以采购供应链管理取胜。采购订单量大是其最大的特点。

（1）供应商选择。要成为富士康的供应商，必须先经过评估。并不是能够提供商品的企业或个人都可以成为富士康的供应商。

（2）供应商评估。实行分级评估机制。合作供应商通过的可能性更大，新的供应商可能只是通过了富士康的某个分厂评估，要想拥有对应分厂的供应商资质，还需通过专项供应商评估。并且，供应商评估是常态，需要各级供应商持续做好相应配合。

（3）供应商试样。实行编号及试样管理，且要符合环保等标准。富士康实行试样管理，由供应商按样品和标准比样打样，并且需满足量产产品环保要求及符合 RoHS 标准。富士康送货单只接受公司编号，不接受供应商的编号，供应商需做好编号管理，体现以客户为主的精神。

（4）供应商报价。富士康一般不采用招标报价方式，而采用询价再议价的方式，维持多家供应商相互比价，降价是其例行要求。

（5）供应商订单。富士康要求供应商能适应柔性生产，接受取消或骤增订单。由于富士康是电子制造和代工企业，要求供应商保持一定的制造弹性和工作弹性，能满足加班加工订单的需求。只要未有实质性损害，一般不给予违约赔偿。

（6）供应商交货。加强沟通确认实际交货时间。鉴于有可能的订单取消或增加，交货期限可能发生变动，供应商接到订单需与富士康人员联系，通过电子邮件、传真等手段沟通实际交货时间，以免发生纠纷。得到富士康的通知，供应商方可送货。

（7）供应商服务。富士康只接受送货到富士康工厂的交货方式。供应商可以直接派车、委托派车，或以快递货代等方式进行送货。富士康的收货时间一般为 8:00—20:00，或者有约定的 24 小时送货。

（8）供应商入库。做好供应商入库品检验作业，减少过程干扰，避免供应商损失。

（9）付款。月结一般为 45~60 天，最长为 90 天，不使用现金付款。

（10）分级采购。采购分为集团采购和部门采购，集团采购更多为大宗商品采购，如钢材及塑料原料等；部门采购主要为辅件及包材等。

（11）供应链整合。部分富士康工厂已将采购、仓库等岗位，跨供应链进行整合协调，提高了效率。

（12）采购情报系统。为更好地开展采购，富士康近年来组建秘密组织，并扩大到开发、生产、销售等经营环节，为公司经理及以上管理人员提供市场信息。具体包括原材料市场、零部件市场、成品市场、国家政策、行业、供应商、同业及客户信息。

（13）准时制送货。准时制送货是富士康对供应商的最新必备要求，可以减少富士康的流动资金，并减少库存管理费用。为更好地提升效率、降低成本，富士康近年来效仿汽车行业 VMI（Vendor Managed Inventory，供应商管理库存）送货方式。富士康对库存管控和防范都十分严格，根据原料设置了合理的库存天数，以降低和控制损耗。

6.3 采购成本管控（物流）

当前，我国的物流总费用占 GDP 的比重相对较高，以 2013 年为例，物流总费用约占 GDP 总量的 18%，同期印度、巴西、美国分别为 13%、11.6%、8.5%，远低于中国。2017 年，中国物流总费用为 12.1 万亿元，占中国 GDP 的 14.6%，较 2016 年下降了 0.3 个百分点，但仍与发达国家差距较大，高出全球平均水平 3 个百分点，欧美国家约为 6%～7%，日本则为 5%。

物流采购成本管控就是对物流运转全过程、全环节进行管控，包括采购、运输、储存、包装、装卸、搬运、配送、信息处理等。目前，京东物流通过智能供应链系统，使物流成本（对比社会化物流）降低了 50%，流通效率（对比社会化流通）提升了 70%。

6.3.1 传统物流方式的不足

在新时代，传统物流方式已经不能满足信息化发展的要求，需要采取新的管理手段、新的技术来加以革新。传统物流方式的不足有五点：一是"低"，只会低价竞争，没有将物流服务提升到企业战略的层次进行思考，只是从业务角度思考，往往靠降价和低价来吸引顾客，形成恶性竞争；二是"散"，缺乏集成服务，没有提供综合性集成化的现代物流服务，没有为用户提供包括物流需求分析、物流质量标准及承诺、持续改进措施等整体物流服务。三是"欠"，软硬件不足，在物流相关基础设施上存在配置不够、支持不力的问题。四是"偏"，降本领域不全，没有从物流技术、标准化、质量和成本等维度通盘考虑，存在降本偏差，对如何实现现代物流各环节综合物流效率提高、物流成本降低的研究不够。五是"旧"，数字化不强，可以采用大数据技术对物流历史数据进行剖析，找出问题症结，优化企业的物流业务链条，提升效能。

物流采购成本降低可以增加企业利润、提高产品竞争力、促进集约型企业的发展。

物流采购成本管控需要做的工作。①信息化，加强物流信息化建设，满足信息化和自动化的要求；②平台化，打造物流的数据库信息平台和分析决策系统，科学地对企业供应商的知名度、履约能力、信誉度、服务能力等进行评价，对上下游环节进行整合，争取信息互通；③培训化，开展物流管理人才的培训，掌握最新的物流管理技术，培养既懂物流运营流程，又懂互联网、移动互联网、物联网和大数据等知识的人才；④数模化，组织控制采购环节，构建企业物流成本的数据模型和图库，以数据分析的最优管理方案，提升企业的整体效益。

6.3.2 成本管控方法

物流采购成本管控的五种方法。

（1）成本结构梳理法，使企业物流成本模型透明化，通过信息处理平台等工具，分析比较行业最优人力、物流及其他成本，清理效率低下的中间环节，争取达到最优水平。

（2）业务流程再造法，从职能管理向流程管理转变，从绩效评价向流程绩效体系过渡，达到降本增效的目的，实现面向市场和面向客户的业务流程再造。

（3）选择最佳合作法，根据合作客户的状态，结合自营、联盟、委托这三种模式，以成本最少为标准，选择物流模式。

（4）物流体系优化法，分析导致物流成本过高的原因，建立物流数据库，制定控制目标和运作模式，缩短流程、完善系统、加快周转速度、减少库存、减少环节、优化物流体系。

（5）全程供应链方法，由于企业更加重视全程供应链与传统管理的不同点，各种现象会被放大，所以要减少中间层级，将内外部的资源进行有效联系，节约成本。

6.3.3 成本管控步骤

物流成本管控的步骤。①成立相应的物流成本管控部门，明责明权。②强化物流成本核算体系，建立成本统计体系。③协调各部门的成本，实现全过程管理。④全员树立成本意识，将成本管控扩展到所有部门。⑤实行全程供应链管理、全环节内部细化管理。⑥重点抓运输、搬运、装卸和包装，减少中转。⑦确定合理的物流运输方式，实现空铁公水运的最优选择。⑧注重零担凑整、轻重配装，提高装载效率。⑨选择合适的交通工具，经济迅速、便利安全。⑩确定安全存量，明确最高存量和最低存量。

电子商务和智慧物流将颠覆原有的物流模式,并衍生出"绿色包装""新能源交通"等概念。

 小贴士

华莱士采购供应链管理的案例:"极致成本之路"

中国西式快餐店最多的是哪家?肯德基?麦当劳?都不是,而是国内企业华莱士——一家门店总数量加起来比两大巨头还多的中国西式快餐企业。在消费者看来,华莱士没有肯德基、麦当劳出名,产品也无新意,且不高级,甚至在跟风。然而,从商业角度来看,只是定位和策略不同,并没有高低贵贱之分,平价路线的食品企业也可以满足国内消费者的需求,并快速发展。

2001年,一对姓华的温州兄弟,在福州模仿肯德基开了一家西式快餐店"华莱士",菜单、价格、味道都在模仿肯德基,然而消费者却不买账,生意惨淡。人们认为:"既然是同样的价钱,为何买国产快餐?"于是华氏兄弟只好清仓甩卖,"特价活动:可乐1元、鸡腿2元、汉堡3元",没想到活动异常火爆,短短数天,营业额翻了数番,看来消费者并不是不喜欢华莱士的西式快餐。降价后,没有利润,但得到了市场认可,这让华莱士从缝隙市场中找到了定位,加大采购的供应链管理,走极致成本之路。

第一招:极致"降低店面成本"。不同于肯德基在城市、商圈、店址、面积等方面均有相关选址要求;华莱士只要位置不是太差,哪里便宜,就会选哪里,营业面积也相对较小,店面成本大为降低。

第二招:极致"控制营销成本"。肯德基每年会在电视台、网站和各类赛事、演出上投放广告,广告费动辄上亿元;而国内品牌华莱士基本不做广告,就靠"一样的汉堡,一半的价格"的口碑传播。

第三招:极致"优化食材成本"。肯德基使用鸡腿肉,华莱士则选择鸡胸肉,既便宜,又避免与肯德基在供应链上发生竞价。另外,华莱士汉堡的尺寸略小,肉片略薄,这样单一产品成本优势明显,更具降价空间。

第四招:极致"差异人力成本"。肯德基门店以18~35岁的青年为主,而华莱士则要求18~45岁的青年,在实际招聘中,35~45岁的青年占比往往很高,重新定义了青年,降低了人力成本,使华莱士在人力成本上更具优势。

加强采购供应链管理,加大成本供应链管控,针对店面、营销、食材、人力四种成本,四招极致成本管控组合拳使华莱士具备肯德基无法比拟的供应链成本优

势。其产品销售价格约为肯德基产品价格的一半，成为"平价汉堡"的代名词，满足了城市多数人西式快餐的日常需求，虽然毛利率跟肯德基相比有差距，但由于差异化竞争，增长稳定，于是走上企业快速扩张之路。不过5年时间，华莱士在福州开店过百，至2021年全国门店超过1万家，成为中国快餐界迅速崛起的新兴品牌。极致成本之路，对应的是平价路线，中国有6亿人口人均月收入仅为1000元，他们的需求也是真实存在的，华莱士通过控制采购供应链、控制成本、降低价格，满足了消费者的需求。

第 7 章 生产的供应链管理

7.1 生产供应链

7.1.1 生产的定义

生产也称运营管理或操作,就是将投入转化为产出,并创造出价值的一系列活动,主要体现在产品和服务上。生产包括计划、组织、协调和控制企业生产商品和服务所需的一切资源,是企业的核心职能。生产从最初战术层面仅指制造车间内的生产和调度决策,逐步扩展为战略层面运营的广泛概念。

生产供应链管理的八个趋势。①全球视野,从国内视野向全球视野转变,由于低成本和可靠的全球通信和运输网络,全球供应链一体化成为必然趋势。②准时制发货,从批量发货向准时制发货变化,产品生命周期缩短。③供应链合作伙伴化,从低价采购向注重质量转变,要求供应商参与产品开发。④产品设计合作开发,以前需要较长的研发周期,现在由于产品生命周期的缩短、互联网和国际交流的日益便捷,以及计算机辅助设计的出现,产品的设计工作走向合作设计、合作开发模式。⑤规模定制,从原来卖方市场的批量标准化生产,向买方市场、全球市场,以及柔性生产的方向变化,企业开始实施更高品质的、规模化的定制生产。⑥员工授权,精益生产,知识和信息社会来临,工作分工向社会分工转变,企业开展团队化、精益化生产。⑦绿色供应链化,从低成本生产,向考虑环境承受力、绿色制造、再生材料、再制造转化。⑧社会责任化,从以利润为中心到面向公众、世界,对企业进行伦理监督,反对童工、污染及贿赂,企业具备了更高的道德标准和社会责任。

生产的供应链管理是5G、工业互联网、数据管理形成的新能力。

生产的供应链管理目标是匹配生产与交付计划,使配件、辅料保持较低库存水平。

生产的供应链管理需要做好入库计划、协同采购和入库反馈。一是入库计划，根据生产计划，制订配件、辅料、包材等相关资源的批次入库计划；二是协同采购，根据入库计划，进行批次采购；三是入库反馈，根据实际入库情况，将入库情况与入库计划之间的差异反馈给采购部门。

生产运作管理的目标是灵活、高效、准时和低耗。日本丰田采取准时化生产方式，其特点是在提高生产率的同时重视人的作用，重视团队活动在生产活动中的作用，同时采取精细化的生产方式。

近些年，互联网商务模式推动了生产运作管理，可以精准实现个性化需求，可以实现顾客参与产品设计，快速响应顾客需求，实现模块化、社会化生产，同时可以降低供应链协作成本。

7.1.2 生产供应链的类型

一是按领先角度划分，主要有四种：渠道供应链、柔性供应链、精益供应链、敏捷供应链，具体分析如表 7-1 所示。

表 7-1 供应链类型与供应链采购战略匹配图

战略定位	供应链类型	生产方式	产品数量需求	产品品种需求	采购战略
质量战略	渠道供应链	按库存生产	多	多	协同采购
客户体验战略	柔性供应链	按订单设计生产	少	少	响应采购
成本战略	精益供应链	按订单生产	多	少	集成采购
创新战略	敏捷供应链	按订单装配	少	多	反应采购

选择何种供应链生产方式可以用采购供应链模型雷达图进行分析（见图 7-1）。一是"追求质量"，可按库存生产，采取协同采购方式，形成以渠道销售为主的渠道供应链，如各类品牌专卖店。二是追求"客户体验"，可按订单设计生产，采取响应采购方式，形成柔性供应链，深入满足客户个性化需求，如服装定制行业。三是"追求成本"，可按订单生产，采取集成采购方式，形成精益供应链，降低和控制商品成本，如各类大宗商品。四是"追求创新"，可按订单装配，采取反应采购方式，形成敏捷供应链，实现更快生产和交付，如装配式建筑。

竞争优先权是能使企业在市场上提高竞争优势的运营能力，一般分为成本、质量、时间、柔性等优先权。①成本优先权，基于成本竞争，以低于竞争对手的价格供应产品，运营侧重于降低系统成本，包括劳动力成本、物料成本、硬件设施成本、运输成本和分销成本等，成本成为企业的驱动因素；②质量优先权，通过高性能设计与产品和服务的一致性，将质量作为企业竞争点，组织各环节全面提高质量；③时间优先权，在尽可能短的时间内提供高质量的产品，在生产速度、交付速度上实现快速生产、准时交付，提高产品开发速度；④柔性优先权，根据客户需求进行定制，迅速增加或迅速减少生产数量以满足需求，即实现产量柔性。

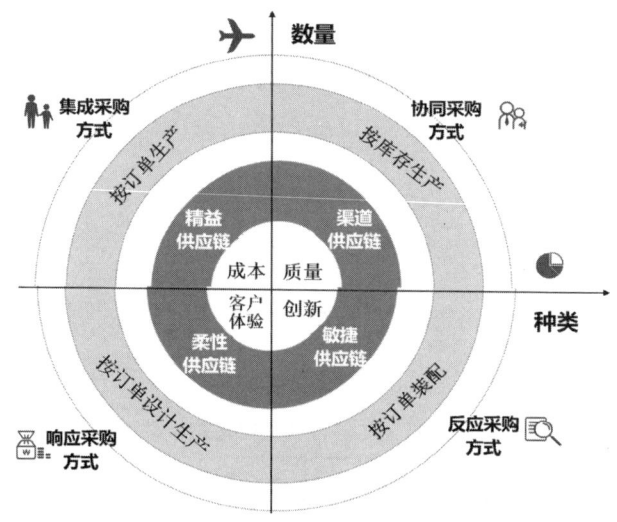

图 7-1　采购供应链模型雷达图

二是按运作机制划分，可分为拉式供应链和推式供应链。拉式供应链和推式供应链是两种相反的运作机制。①拉式供应链是被动式生产，优势是简单，在确定订货时间后按期生产；②推式供应链是积极主动生产，综合考虑企业库存和生产计划，提前订货或生产。例如，餐厅在非就餐高峰时应该采用拉式供应链，高峰时可采用推式供应链，提前做好部分菜品，更快满足就餐者的需求。

三是按供应链话语权划分，可分为横向供应链和纵向供应链。其中，纵向供应链是指企业产品主要部件均由自己制造完成，如三星集团，拥有极强的研发、生产和销售能力，供应链涉及芯片、液晶屏幕等核心部件，形成一个庞大的供应链帝国，而且其还向行业输出器件，这让三星集团拥有极强的行业话语权和议价权。并且，三星集团要求供应商必须实现经济、社会、环保、环境与安全、劳工与人权五项行为准则，确保供应链可持续发展。

7.1.3 生产的分类与生产供应链的定位

按照产品特征，生产分为单件生产、批量生产、大量生产；按照需求特征，生产分为备货型生产和订货型生产；按照工艺特征，生产分为连续生产和离散生产。

生产供应链的定位一般有三种，即按订单生产、按库存生产和按订单装配。①按订单生产，交付周期相对较长，适合定制服装、定制房屋、定制专业服务，遵循"有了订单才生产"的理念，库存保持较低水平。②按库存生产，适合大量标准化产品，即流水线型产品，交付周期短，大规模生产可以降低制造成本，需要企业尽可能准确地预测客户需求。③按订单装配，接到订单时，利用通用配件完成产品装配，适合计算机、组装家具等产品。在产品生命周期早期阶段，需求不确定，适合按订单生产；在产品生命周期转向成熟阶段时，适合按订单装配，减少库存；在产品生命周期成熟阶段，适合按库存生产，以最大限度抢占市场。

 小贴士

格力电器供应链管理的五个阶段

企业供应链与自身发展阶段息息相关，在不同阶段应该运用不同的供应链管理方法。例如，格力电器成立于1991年，是一家集研发、生产、销售和服务于一体的国际化家电企业。格力电器将企业供应链管理分为五个阶段：销售、品质、技术、人才、供应链，从"好空调，格力造"到"让世界爱上中国造"，格力供应链管理的层级和深度不断提升。

第一阶段注重销售（1991—1994年），把产品卖出去，把经销商的钱收回来，做好自主销售通路建设，突出销售的供应链管理。

第二阶段注重品质（1995—1997年），提出打造世界一流品牌，推行成本控制等系列改革，做好精益生产，突出生产的供应链管理。

第三阶段注重技术（1997—2008年），拥有自己的核心技术，自主创新，加大研发投入，做好企业信息化建设，突出供应链数字化。

第四阶段注重人才培养（2001—2003年），在营销、技术、管理、人才等方面创新，企业也快速发展，至2008年产值达到420亿元，突出供应链人才管理。

第五阶段注重供应链管理（2009—2019年），截至2019年，营业总收入突破2000亿元，突出供应链整体管理体系的搭建和应用，打造百年企业品牌。

7.2 精益生产

7.2.1 精益生产的定义

当今，制造时代已经全面升级为智造时代，新一代信息通信技术已与制造业充分融合发展，新一轮全球工业革命正在发生，企业供应链需要适应这一新的变化，实现向精益生产供应链的演变。

精益生产（Lean Production）是从丰田生产方式发展而来的一种管理理念，特点是低成本、零缺陷、高质量和人性化生产。一般来讲，精益生产会以成本领先为定位，对应形成精益供应链，这与传统大批量粗放式的规模生产形成天然区别。

7.2.2 精益生产的演变过程

第二次世界大战后，日本由于国内技术相对落后，资金也不足，通过对生产过程的不断优化和对技术的持续改进，杜绝企业超量生产，消除无效劳动和浪费，同时改进产品质量，实现企业以最少的投入获得最大的产出。沃麦克和琼斯合著的《改变世界的机器》一书，提出了"精益生产"概念，两人在1996年又合作出版《精益思想》一书，将丰田精益生产实践进行了总结和理论升华，并将方法论扩展到制造业以外的领域，促使企业管理者对企业运营流程进行再思考。精益思想的真谛是"以越来越少的成本投入，创造更多的价值"，以较少的人力资源、设备机器，以及较短的时间和较小的场地，提供客户最需要的价值。

20世纪80年代，丰田汽车倡导以更少的资源（人力、材料、设备和时间）生产更多、质量更好的汽车，这种生产方式为精益生产，丰田公司因此又被称为精益公司。企业从追求规模、以计划为基础的运营模式，向追求准时制生产方式转变，企业库存开始减少，大家纷纷采取频繁的小批量采购和生产。准时制生产方式对运输和物流也产生了积极影响，出现了循环取货、共享运输资源、在途合并、供应商管理库存、协同运输管理等运输和物流方式。

精益生产思想实施的四个步骤：①对价值进行精准定义；②确定每个产品的全部价值；③让必要的创造价值的步骤流动起来；④根据客户需求，以拉式供应链生产，而不是将客户不想要的产品或功能"硬塞"给他们。

标准化作业是企业实现精益生产的重要基础，也是现代制造管理向世界级管理迈进的优秀路径。标准化作业不仅使作业标准化，更重要的是提高了作业的整体水平,在产品质量、成本及交货期方面,都有显著改进。标准化作业的作业方法就是编写作业指导书,这既是作业标准的集中体现,又是工作准则。作业指导书遵循清晰、易懂、明确的原则,让作业者更加清楚作业的内容、顺序和基准,它也有助于管理者查核工作是否正常进行。另外,作业指导书也需要不断改进或提升标准,与不断改变的需求相匹配。

7.2.3 精益生产的思想精髓

精益生产的思想精髓:消灭浪费、创造价值(见图 7-2)。

何为浪费?即所有不增值的活动导致的成本浪费,也就是超过增加产品价值所必需的相关物料、人力资源、场地和机械设备等。从客户角度来讲,凡是增加成本却没有增加产品价值(或服务)的一切事物均为浪费,这些成本都需要客户来买单。其中,浪费的形式包括七类:①制造过多的浪费;②等待的浪费;③搬运的浪费;④不良重修的浪费;⑤动作的浪费;⑥加工的浪费;⑦存货的浪费。

图 7-2 精益生产的思想精髓

企业通过运用精益思想,不断发现浪费,减少浪费,持续改进,提升按期交货率、降低退货率、缩短交付周期等,优化企业内外部的经营环境。这种截然不同的思维方法能为客户带来更高的价值,提高产品或服务的品质,最终提升企业竞争力,使企业在成本和时间上获得巨大优势,持续高效地发展。

7.2.4 精益生产的三个专注

一是专注于作业细节的研究。精益生产是一个持续改善的作业系统,需对生产系统进行全面统筹、引导、控制、改善,从小处着眼,由点到面逐步进行改善和提升。

二是专注于作业环节的全面梳理。要把握高效能作业的关键点,任何关键点改善均可以给企业经营带来重要帮助,提升企业精益化水平。

三是专注于现场现物原则。管理者必须重视对现场的管理,深入现场,创造一目了然的工作环境,培养员工良好的工作习惯,降低成本、提高效能、杜绝浪费,实施精益管理和生产。

当前,全球精益生产体系已推行到"7S 管理",即整理(Seiri)、整顿(Seiton)、清洁(Seikeetsu)、清扫(Seiso)、安全(Safety)、素养(Shitsuke)、节约(Saving)。

7.2.5 日本和德国的精益生产

1. 日本精益生产

日本精益生产也称丰田生产方式,后被西方人叫作精益生产。持续改善和创新是企业保持加速发展的两个轮子。持续改善是日本企业成功的重要经验,"改"是改变现在的状态,"善"是比现状更高一级,改善是一种文化和习惯。精益要从心开始,改善要从我做起,循序渐进。

精益生产主要解决八个方面的问题:①质量保障;②成本削减;③生产定额满足;④交货进度满足;⑤安全;⑥新产品研发;⑦生产效率提高;⑧供应商管理。

日本与西方国家经营管理的差异如表 7-2 所示。

表 7-2 日本与西方国家经营管理的差异

国　　家	改　　善	创　　新
日本	强	弱
西方国家	弱	强

改善是一个连续过程,而创新往往是一次性的现象,日本企业更加青睐渐进法。改善不需要较大投入于实施,而是需要持续努力进行维护,是一种渐变进步。创新是一锤子买卖,竞争的日益激烈和标准的不断提高会逐渐冲淡创新效果;而持续改善,稳步提升,最终会产生累加的进步效果。改善不仅会维护标准,还会升级标准,使标准形成 PDCA 循环。改善注重过程多于注重结果,需要付出大量时间和努力;而创新则以技术和资金为主导。"销量增加 10%极其困难,但成本削减 10%取得更好的收益却没有那么困难"。

精益生产的四重优势。一是控本,实施低生产成本方式,通过降低产品或服务的单位成本,包括劳动力、物料和管理成本,实现产品或服务再设计、新技术应用、生产率提高、减少废料或减少浪费、减少库存等。二是速配,配送绩效方式的优化,通过快速配送和按时配送,严格控制订单产品的生产。三是提质,通过高质量的产品和服务方式,提供顾客满意的产品或服务,改进产品外观,降低故障和出错率,提高耐用性,改善售后服务。四是扩能,在柔性生产方式的基础上,改进流程,使用先进技术,精益生产,减少产品数量,提高生产能力等。

优衣库的生产供应链哲学。优衣库制造出几乎所有人都可以穿的基本款衣服,衣服是配角,穿衣服的人才是主角。产品丰富,给顾客更多选择;款式简单,使顾客更易选择;产品定价合理,品质优秀,依靠平价战略提升竞争力;超市型自助购物及细节服务给顾客留下了深刻印象。优衣库以成本为中心,推动效益最大化;以周为单位管理周期,实现零库存,追求线上线下全渠道全贯通。

2. 德国工业 4.0

德国制造代表着世界上先进的技术和优秀的品质,当然也往往意味着昂贵的价格。全世界制造业的隐形冠军约有 3000 家,其中超过 1500 家在德国。他们强调产品和业务"做深",而非"做广";注重质量,而不是数量;重视特殊的、专业性强的产品,而不鼓励大规模制造。

在德国企业中,内部的全面质量管理无处不在。德国政府方面十分注重国家的职业教育,企业方面也积极培训技能熟练的专业技术工人,企业内部建立"以员工为本、以质量取胜"的企业发展理念,还通过树立"研发的高投入带来高产出"的发展意识,整体推动德国制造全链条核心竞争力的提升。德国企业的内部制造质量标准往往比国际行业质量标准还要高。在德国,平均每一家在细分领域领先的隐形冠军企业,都在全球超过 30 个国家内设有分支机构,先专注化实现技术领先,再国际化发展占领全球市场。

德国工业 4.0 的核心理念就是深度应用信息通信技术,推进实体物理世界和虚拟网络世界相融合,在制造领域形成资源、物品、信息和人之间相互关联的信息物理系统,推进制造业向智能化转型。从本质上讲,工业 4.0 是以智能制造和智能服务为标志的生产方式的革命。工业 4.0 泛指第四次工业革命,也可特指德国工业 4.0,核心理念和目标就是数字化、智能化、网络化的制造和服务。中国在此领域推出行动计划,也是强化我国制造业的强国战略。

3. 精益生产的主要趋势

（1）从数字化工厂到智能工厂，精益生产的初级阶段是数字化工厂，高级阶段是智能工厂，以信息集成作为沟通产品设计和产品生产的桥梁，人机有效交互是其本质特点。

（2）从企业内部集成到企业间集成，实现真正互联生产，重构产业链供应商、制造商、分销商的物流、信息流和资金流。

（3）从单一封闭平台到跨行业开放开台，以工厂为中心，集合众多开放资源的社会化协作模式，使企业不再是一个封闭组织。

（4）从生产型生产到服务型生产，从以生产为主，逐步向以服务为主过渡，产品的开发、改进、销售、维护、回收等服务性活动占比越来越大，重构了企业的生产模式，最终完成向服务型生产的转变。

中国将经历全面追赶、重点突破、缩小差距、并驾齐驱、全面超越的过程。

生产力是衡量组织将投入转换为产出的效率指标，通常会用产出和投入之比来衡量生产力。生产力就是衡量资源利用率和竞争力的计分卡。生产力=产出/投入。通过精益生产，企业可实现生产力和生产效率的提升，进而可大大提升其核心竞争能力。

 小贴士

黄记煌中餐供应链"标准化工厂"的三无模式

2020年4月8日，百胜中国完成对黄记煌的控股权收购。收购后，黄记煌将借助百胜中国强大的供应链和数字化进一步创新转型，进行标准化作业。黄记煌通过"无油烟、无厨师、无食材重复使用"的三无创新模式，突破了传统中餐的发展瓶颈，树立了中餐标准化创新范本。一是无厨师。中餐一般由主料、配料、调味料和烹饪器具组成，黄记煌建立了三汁焖锅的四项分类标准，并进行有效组合，形成一个标准化的中式菜品体系，实现了无厨师操作。二是无油烟。黄记煌将烹饪的煎炒改成蒸煮焖炖，将油烟减到极致。三是无食材重复使用。将健康摆在首位，黄记煌创立之初就规定：在任何环境下，调味料和食材不能重复使用，让饮食更健康。标准化程度将决定餐饮企业的营收规模。中式餐饮企业要想做大做强，就必须像西式快餐连锁企业一样，在流程标准化和供应链管理体系上，不断创新和完善。黄记煌作为焖锅头部品牌，荣登2021年中国特色火锅十大品牌榜，品牌指数排名第二，其量化、

标准化、数字化和流程化，以及三无模式的中餐标准化，让其不断发展壮大，截至2021年9月全球开店超过600家，覆盖全国各地200余个城市，并进军海外市场。

7.3 精益供应链

7.3.1 精益供应链的定义

精益供应链是在精益生产的基础上产生的，是指通过对企业内物流、信息流和资金流的协同，在设计、采购、生产和销售各方面，帮助企业减少浪费、降低成本、缩短交付周期，以最少的资源满足客户需求，创造最大价值，提升企业产品的竞争力，建立的可视化、可预测、可快速响应需求的供应链。

从全球范围来看，一般有四种方式进行精益供应链的创新和推进：一是技术创新，如苹果公司；二是客户体验创新，如奔驰、特斯拉；三是产品质量创新，如沃尔沃、雷克萨斯、格力；四是成本领先创新，如小米，追求性价比。

OTEP模型是现代企业采购与供应链管理的全局系统方案，它是基于企业成本与竞争需要，从整体优化的角度，通过组织O（Organization）、思维T（Thinking）、操守E（Ethics）和绩效P（Performance）这四个维度，建立的采购与供应链管理体系的一种先进运营模型。这四个维度优势的建立与精益供应链管理无不相关。

7.3.2 准时制生产方式

准时制生产方式的核心理念就是"零库存、无浪费"。与传统供应链"大批量生产+备货"不同，准时制生产方式是"小批量+高频配送"的生产模式。

准时制生产方式是丰田公司用二十多年时间创立和发展起来的。1929年，丰田创始人丰田喜一郎在美国参观福特物料和生产补货方式后，认为日本并不适合这种生产方式，丰田工程师大野耐一提出丰田生产系统，后来被称为准时制，并在沃麦克、琼斯的《改变世界的机器》一书中被强调和传播。

准时制生产方式的主要原则是在需要时生产和配送相关物资，供应链各个阶段实现零库存，要求生产配送稳定，并与市场需求同步，这就要求供应过程具有高连续性、供应原料质量高。

准时制生产方式和精益生产都是非常成熟的管理方法。19世纪末和20世纪初，由于新技术推动了工业现代化，并推动熟练手工生产向规模机械化生产转型，垂直组织结构和低技能的工人获得广泛应用，标准化生产作业成为主流。然而，在第二次世界大战后，由于资源稀缺和市场相对狭小，日本等国家在这种背景下重建国民经济，需要改变生产方式，寻找一种更加有效的方式。它们一方面增强厂内培训，让员工参与技改；另一方面强化质量的管理和监控，建立更好的质量激励机制，推出系列科学技术的过程控制。

 小贴士

小米的"精益供应链思维"

一是设计上"聚焦"。小米将精力和时间聚焦投入在单件或几件产品上，在细分领域、细分市场，挖地三尺，设计出了无论是产品品质还是外观，都极为出色的产品，让用户为之"发烧"。当一件产品的设计感十足，其新颖性就足以打动消费者，如果再价格厚道，则转化率惊人，能吸引更多消费者竞相购买。社会上流传这样一个用户原则：第一，用户永远是对的；第二，用户错了也是对的；第三，回到第一条。小米产品在设计上聚焦四个阶段的精益供应链"打磨"，从原型机、工程机、内测机到公测机，产品性能不断优化，用户体验不断改善，直到最终发布的小米销售版商品。小米的精益供应链思维，就是在设计上不断挖掘用户痛点、解决用户痛点、超越用户痛点。

二是采购上"聚量"。爆款带来的巨大销量会使小米的采购供应链成本大幅下降，进而推动成本降低，提升产品的市场竞争力。例如，小米手环极度控制成本，除去不需要的功能，保留计步、计睡眠、算卡路里、叫醒等功能，手环售价直降到79元，为原市场竞品价格的二十分之一，国外同类产品的价格为1500~2000元，巨大差价让市场爆发。2014年7月小米手环上市，当年销售1200万只，占据中国行业市场80%以上的份额，2017年上半年销量超过3000万只。成本低是爆品必须要保证的核心优势之一，成本透明化管理是重要手段。

三是生产上"聚单"。小米通过聚集订单，委托第三方加工企业生产，自己只负责技术标准的制定，最大限度地降低了成本。另外，小米根据消费者的订单进行生产，创业初期只在每周二在网上开放购买，先预售，后交付，以期货方式运营，以零库存标准要求自己。小米在2017年初成立质量管理委员会，由雷军任主席，定期开质量会议，力求以质量取胜，并且建立了多层次的产品矩阵。

四是销售上"聚全"。小米产品在线上线下全渠道销售。线上有数千款产品，通过大数据分析当地消费者的喜好、热卖产品，线下连锁门店选择销售200余款产品。小米在线下开"小米之家"旗舰店，展示其系列产品，直接提升了客户体验。小米

经历了手机爆发期（2011—2014年）、向生态链布局期（2014—2016年）、新零售风口期（2017年至今），渠道越来越完善。

五是服务上"聚链"。小米致力于研究"如何能突破单一产品，发展成为小米生态链体系"。通过数年发展，小米先后开拓出系列产品，主要包括手机及周边，如手机、移动电源、智能音箱、耳机、手环等；日常家居，如衣服、床垫、雨伞和拉杆箱等；白色家电，如电饭煲、净水器和插线板等；酷玩产品，如无人机、平衡车等；智能家电，如摄像头、扫地机器人、路由器、蓝牙温湿度计等。小米的生态链业有绿米、华米、创米、紫米、润米、智米和田米等，仅在2018年就有超过70家生态企业。

六是信息上"聚技"。由于产品销售集中，可以围绕产品进行二次周边开发，如MIUI系统，与所有的Android机型均可适配，当MIUI系统用户达到一定规模后，可以形成小米手机品牌的重要支撑力量与差异化标志，以技术推动发展。小米推出小爱同学智能音箱，实现小米产品的"万物互联"，小爱同学智能音箱会唱歌、讲故事，还能开关灯、调节空调温度等。小米从硬件科技（手机、电视等），到新零售科技（线上商城、线下小米之家），到互联网服务科技（MIUI系统、金融、增值服务等），巧妙完成了"小米铁人三项战略布局"。

七是资金上"聚利"。雷军在2018年4月25日的小米6X新品发布会上，向小米股东做出一项重大决议和承诺：小米硬件综合净利润永远不超过5%。这个承诺让走进小米门店的消费者放心购物，提升了关联销售，使低频消费变为高频消费，获得了更高的利润收入。另外，小米自创建以来融资数次，最终上市。

7.4 生产库存及生产降本管理

7.4.1 生产库存管理

供应商管理库存（Vendor Managed Inventory，VMI）的根本目的是降低库存成本，它是一种双赢的管理模式，企业将库存管理压力转移到供应商，由供应商负责计划、补货和维持库存水平。在汽车生产行业中，这种模式使用较多，各类配件供应商就近将配件放置进汽车厂商指定的第三方或者第四方物流企业的汽配备件库，方便汽车车企进行车辆总装时，快速调拨使用。

生产从来没有"安全"的库存，所谓的"安全库存"实际上是不存在的，只有"相对安全库存"。

企业运营越好，库存就越少，周转率就越高。往往库存周转率逐年下降之时，就是企业走下坡路之时,尤其是服装行业。

库存通常分为三类:①周转库存,用于维持正常运转的库存;②安全库存,应对不确定因素的库存;③多余库存,预测失败、取消订单等导致的库存。

7.4.2 降低库存的原因

如何增加企业整体的销售收入和利润?最有效的方法是什么?从扩大宣传以增加销售额的角度来讲,企业需要增加广告投入,但这未必能保证销售额增加;从降低价格以增加销售额的角度来讲,竞争对手可能也会跟风竞相降价,最后相互残杀陷入价格战。既然增加销售额困难,那增加企业利润最有效的方法还是削减成本,但削减成本会产生一些不利影响。削减人工成本容易引起动荡,导致优秀人才离职;降低采购材料成本,可能导致产品质量下降。通过以上分析可以得知,将风险和不利影响控制在最小范围,在增加销售额的同时实现利润增加最有效的方法是削减库存。

库存就是堆放在店铺或仓库"休眠"的产品,很多企业都是被库存"淹死"的,不知不觉中企业的库存开始"堆积如山",如服装企业、轻纺企业、耐用品企业等。库存是在销售行情较好的情况下,为避免缺货而尽量多存放的商品,是进货和销售的差额商品,一旦滞销,库存就会成为企业的"负资产",占用资金、占用仓储、逐步贬值。企业可以维持少量的安全库存,拉式供应链就是非常重要的方法,即在保障商品安全库存的情况下,尽量选择按订单生产、柔性生产。

7.4.3 削减库存的八个方法

削减库存可以采用以下八个方法(见图 7-3)。

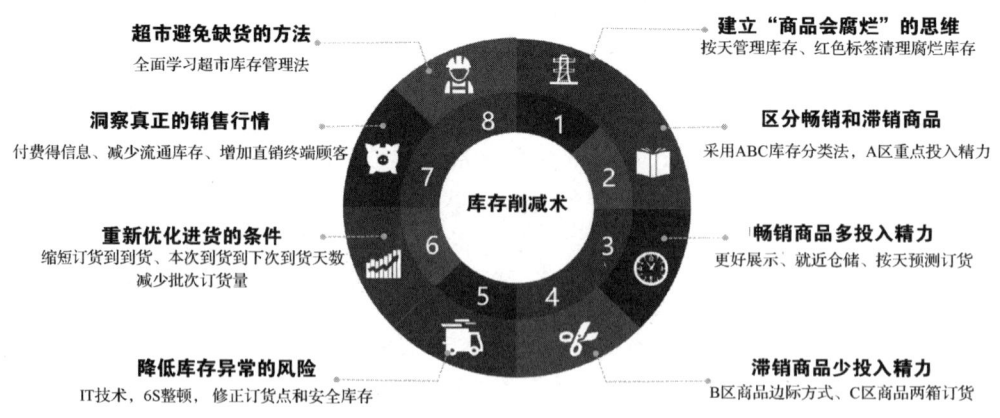

图 7-3 削减库存的八个方法

一是建立"商品会腐烂"的思维。当我们把所有库存当作新鲜的蔬菜时，管理理念就会发生变化。电视不再是电视，是会"腐烂"的电视；冰箱也不再是冰箱，而是会"腐烂"的冰箱。尝试建立"商品腐烂周期"理念，将"无法售出"或"价值下降"的商品看作"腐烂"的商品，及时"降价处理"。所有商品其实都是有保质期的，如秋刀鱼3天、菜类1周、杂志2~3周、书籍3个月到半年、电脑半年、服装半年到1年等，保质期超过1年以上的商品很少。解决方法：第一，应该按天管理库存，库存天数=库存数量/日均销售数量；第二，将物理上的腐烂库存（不宜销售的商品）和价值降低的库存（滞销3个月到1年的商品及新品上市后的旧款商品），标上"红色标签"进行清理。

二是区分畅销和滞销商品。企业应将店内的商品分为畅销商品和滞销商品，如便利店的饮料和饭团是畅销商品，即使摆满也会快速脱销，而蜡烛等滞销商品也需要摆放，只是需要管理好库存。畅销商品不能缺货，滞销商品要有张有弛订货。现在有些商超企业已采用人工智能选品，通过大数据分析应订购的商品，店长再核实确认或做局部修改，实现科学进货、减少库存。解决方法：可以采用ABC库存分类法，即销售额占80%的商品在A区，销售额占15%的商品在B区，销售额占5%的商品在C区。店铺商品SKU数量（单一品种、单一款式，为1个SKU）则正好相反，A区的SKU占店铺总SKU的20%，B区占30%，C区占50%。管理好销售额排名前20%的SKU，可以确保80%的销售额；管理好销售额排名前30%的SKU，基本可确保90%以上的销售额。A区重点投入精力订货，按预测方式每天订货；B区无须投入过多精力，按边际方式每周订货；C区按简单方法订货，按预测方式每月订货两箱。其中，A区订货数量根据销售量不断调整，B区和C区几乎是固定的数量。

三是畅销商品多投入精力。对于畅销商品要实施安全库存，亦可适当持有多余库存。解决办法：畅销商品放在门店出入口附近、仓库入口附近，滞销商品则放在仓库最里面。每天预测畅销商品的销量，一旦缺货影响营收，就要进行订货，需要花费精力。

四是滞销商品少投入精力。在家庭消费中，鱼肉和菜属于畅销商品，大米、油、面等属于滞销（也称慢销）商品。消费者购买时，只有米、面、油不够时才会购买，一般也就是一袋或一桶。解决办法：B区商品，确定减少多少方可订货，也就是边际方式，订货次数越少成本越低，订货量=订货到货天数×日均销售量+安全库存数；C区商品，按每月两箱方式订货。

五是降低库存异常的风险。出库时出现不吻合的库存数据,如被盗、脏污、破损等情况,导致可销售的商品数量减少;出现数量不吻合的情况,如录入错误、多录或少录,应掌握销售和到货的数据。解决办法:使用IT技术,现场进行6S整顿;指定物品存放地点,尽量先入先出;修正订货量和安全库存。

六是重新优化进货的条件。缩短订货间隔天数,降低每次订货的数量,进一步减少库存,挑战更低库存。解决办法:将原有的订货到到货天数、本次到货到下次到货天数缩短一半,即多频次、小批量、低时延,如原来订货到到货天数为4周,本次到货到下次到货天数为4周,均优化成2周,预计可减少77%的库存。缺点是会适当增加物流配送成本,可以采用共同配送。

七是洞察真正的销售行情。库存受到货和销售的影响。零售商一旦遇到商品滞销,库存便开始积压,如果能更好地捕捉销售信息,对接真正的需求信息,订货会更精准。例如,图书著作者获奖,相关滞销图书会重新畅销。解决办法:即使付费也要想办法获得信息、减少流通库存、增加直销终端顾客。

八是超市避免缺货的方法。避免缺货和削减库存同等重要。超市会扔掉"腐烂"的库存,或打折促销,并且严格区分畅销商品和滞销商品。在畅销商品的展示和订货上会下足功夫,不仅会根据历史数据,还会根据节令、天气等进行调整;在滞销商品上不下功夫,实施小批量订购以减少库存,实施即食商品每天3~4次,常温商品每天一次,速冻食品3天一次等订购方式。解决办法:全面学习超市库存管理法。

提升企业供应链管理的运营效率和执行效果在过去二十年已逐渐成为很多企业的核心战略目标。库存经常被认为是高效供应链管理的阻碍之一,将库存维持在最低的限度,需要进行有效的库存管理。越来越多的企业用库存周转率、库存天数及现金周期等指标反映企业的库存管理水平。

7.4.4　生产降本管理和降本设计

供应链管理的核心目标就是降本。根据行业规律,商业谈判一般可以降低10%的采购成本;精益生产或电子商务交易可降低20%的成本;而在设计方面,实施价值工程或价值分析却能降低70%的成本。所以,设计是降本的最大潜力所在,产品成本的70%以上取决于设计的供应链管理,如材料、技术规范和公差精度等,但技术人员由于风险规避和利益驱使,往往难以实施。在这里要活用考核指标,以设计和质量降本为主、采购降本为辅,设计、质量、采购降本比例可为5:3:2。

设计的供应链包括产品设计和品类设计，也可分为面向需求的设计和面向成本的设计。

供应商生产流程优化和集成是推动更高层级降本的关键。80%~90%的产品成本降低，取决于产品流程优化和设计优化，这需要供应商的深度协作，也是供应链集成的主要战场。设计上不必要的多样化是采购品种多、供应商数量多的主要原因，另外设计人员通气不足、共用标准件使用不足也是一方面的原因。应对之策是，集中采购、设计标准化和建立合格供应商清单。集中采购整合了企业的供应商；设计标准化减少了采购品种和供应商数量，如汽车车灯、手机电池、劳保用品；建立合格供应商清单，即建立供应商准入制度。

存在即合理，维持供货是采购部门的第一要务，企业不要急于更换长期供应商，避免出现供应真空期。当换不掉供应商时，要想办法管理好。

7.5 柔性供应链

7.5.1 柔性供应链的定义

柔性供应链（也称敏捷供应链）是指供应链对需求变化具备敏捷性，具有适应能力。需求的不确定性导致供应链管理的难度和成本增加，要求供应链具有缓冲、适应和创新能力，以实现生产的灵活、开放、有效、动态及敏捷。例如，阿里巴巴的"犀牛制造"，根据订单快速生产，并且可根据订单变化，快速中止、切换、增加制造产品。在柔性供应链管理上，能预测的部分用推式供应链，不能预测的部分用拉式供应链。

7.5.2 企业柔性生产

从流程角度上讲，柔性可分为制造系统的柔性、物流系统的柔性、信息系统的柔性、供应系统的柔性。

以物流系统的柔性为例进行说明。物流企业根据需求预测、销售网点、生产能力、生产计划、销售及促销计划、客户预测等信息，对接物流需求，做好车辆路线和负载平衡决策。以"双11"购物节为例，每年"双11"之前阿里巴巴菜鸟科技都会对全国"双11"订单进行大数据分析，通过对消费者喜好、购买习惯等数据进行分析，主动推送产品。2019年，菜鸟科技实现推送订单数量首次超过消费者主动购买订单数量，通过数据分析，菜鸟主动将预售产品提前配送至相应分仓，实现有序配送，降低了物流牛鞭效应，实现不爆仓、保供应。这些物流数据也提前推送给了物流快递企业，方便其备人、备车，有效利用物流资源。

企业的柔性生产，就是要避免牛鞭效应的影响，以满足真实市场的需求。牛鞭效应是指供应链信息流在从最终客户向前端供应商传递需求信息时，由于需求信息无法实现共享，信息被扭曲并放大，导致需求信息传递中出现较大波动。供应链上订单的不稳定变化、信息失真会导致严重的效率低下、客户服务质量差、库存过剩、收入损失及运输延误等问题，反映到库存上，会出现多达 100 天的库存，目的就是"以防万一"。供应链越长，供应链节点越多，越容易产生牛鞭效应。减少牛鞭效应有三种方法：实现信息共享、减少价格波动、推/拉供应链结合使用。

7.6 供应链生产优化

7.6.1 全面质量管理

全面质量管理（Total Quality Management，TQM）是通过消除产品缺陷成因，使组织里的每个人都能为产品的质量负责，以提高产品质量的一种管理理念。这种理念于 20 世纪 80 年代出现，20 世纪 90 年代得到普及，并成为各企业争相采取的运营管理模式。全面质量管理是在整个组织范围内，进行直接的、连续不断的质量改进的过程。定义有三个关键原则：整个组织范围内、连续不断的改进、超出顾客的期望，另外，有三个主要因素：以顾客为中心、权力下放和基于数据的决策制定。其中，质量必须是整个组织内所有人都关心的，而不仅是质量管理工作人员关心的，这个观点是由费根鲍姆提出的，这个说法在当时非常新颖，打破了管理常识。

国际标准化组织（International Organization for Standardization，ISO）1987 年发布了全球第一套 ISO 9000 系列标准，目前 ISO 认证已成为很多行业开展业务的必备条件。ISO 发布了一系列标准，涉及企业质量管理的方方面面。其中，ISO 9000 是过程标准，不是产品质量标准，衡量的是公司的质量过程是否符合标准；ISO 9001 则是一套管理系统标准。符合 ISO 认证标准的公司即可通过 ISO 认证。另外，ISO 14000 是涉及环境管理的标准，用于评估减少对环境造成有害影响和持续改进环保成效所采取的各类措施。

甘特图，以亨利·甘特（Henry Gantt）的名字命名，是一种用于查看计划和安排作业量的有效工具。20 世纪初，亨利·甘特发明了这个图表，有益于对生产进度进行可视化管理。

六西格玛（Six Sigma）是一种质量管理方法，通过使用严格的衡量标准，来减少过程偏差及消除缺陷等，它起源于 20 世纪 70 年代。如今，六西格玛质量标准已成为许多行业的管理基准，它规定质量缺陷率不超过 3.4ppm（百万分之一）。企业一般从两个方面努力来消除缺陷：一是运用技术手段来找出出现质量问题的原因并解决；二是通过人的参与，以精益生产和精益管理来实现。六西格玛管理往往需要高层领导的参与，围绕定义、衡量、分析、改进和控制来实现。

7.6.2 供应链生产流程变革

供应链生产流程变革，就是供应链生产项目从现状调研、概念设计、初步规划、详细设计到落实实施、运作调整，全过程的规划、协同、集成和落实执行，有效推进企业生产供应链管理的变革工作。企业通过梳理战略定位和价值导向，明确项目在物理规划、管理运营变革和信息集成互联三个维度落地执行。

一是在物理规划方面，基于行业标杆，以实现未来工厂有效运营、集成互联为导向，在规划中设计管理要素和要求，合理规划物流空间、实物流程和设备设施。在物理规划上，以厂内物流为主线贯穿整个规划流程，建设自动化立体库作为工厂物流中心，差异化配置智能物流系统，全面打通"入厂物流—生产物流—产成品物流"，满足企业柔性化生产和各类复杂场景的生产运营需求。生产流程智能化突出以下三点。

（1）智能化生产运营监控。生产流程智能化变革的核心是实现柔性化的储存、拣选和配送，以满足个性化定制和规模化生产。企业应充分进行存储和输送数据展示，通过电视、显示屏和广告屏等智慧显示终端，让生产管理工作可视化，形成整套柔性化的智能物流系统。

（2）智能化拣选协同设计。核心解决从"人到货"到"货到人"的变革，以电子标签指示，实现柔性化的拣选模式，通过穿梭车、流利式货架和成品输送线等实现产品的快速拣选。拣选需满足小批量、多频次、高时效的集配需求特点，可以穿插无人搬运物流机器人系统，减少人工，降低厂内作业成本。

（3）现代化生产智慧展示。在厂区可以设计空中参观通道，实现工业旅游，展示智慧实力，使"自动化立体库—物料配送—厂内生产—成品自动传送和码垛—成品自动化仓储"整个过程可视化，给人们带来视觉冲击，彰显企业的制造水准、物流水准和企业文化,打造个性化的企业生产运营参观景点,提升企业品牌形象。

二是在管理运营变革方面,实现战略、策略、计划、执行的高效协同,全面打通计划、采购、物流和生产全环节,打造一套基于新工厂的智慧物流运营体系。

(1)工厂软实力打造,包括组织能力、协同计划、物料管控、库存周转、团队和人才培养等,全新工厂需要全新管理体系的配套支持。

(2)建立厂内物流关键 KPI 指标。实现作业计划管理、供应商到货与物料管理、厂内物流运作管理等的信息化和智能化。

三是在信息集成互联方面,关键是信息集成互联,实现计划、信息、实物、作业之间的有效协同,最大限度地实现系统自组织、自决策、自调节,全面实现企业生产管理智能化。

供应链生产流程智能化变革使工艺需求、生产模式、物流数据和物流场景均能得到有效升级,实现基于新物流系统的三大变化,即单位面积产能提升、作业效率大幅提升、横纵向有效集成,从而实现智能工厂的建设目标。

7.6.3 供应链生产外包

供应链生产外包主要分为制造外包和服务外包两类。

外包一般是指企业或组织将自己做不了、做不好,或成本过高的产品或服务交由第三方专业公司或供应商来完成,并支付一定的费用,以更低的成本获得同质或更高品质的产品或服务的一种生产方式。它是提高企业生产能力,提升企业竞争力的手段。外包一般不能将核心业务外包出去。企业的供应链成本是指企业总拥有成本,包括采购价格加上采购物料时发生的所有相关成本,如交通运输、管理跟进、储存催货、检测服务、保修和退货等发生的相关成本。

外包成为国际趋势。离岸服务外包伴随 20 世纪 90 年代计算机和互联网技术的飞速发展,逐渐成为全球经济分工的重要模式,改变着人们的生活和生产方式,并成为跨国企业提高自身竞争力的重要手段。中国从 20 世纪 90 年代开始,日益成为美国、日本等服务外包国家的服务商。

外包具有降本优势。实施外包可以有效获得价值链的整体优势。在经济全球化的背景下,社会分工不断深化,增值环节的增多,让企业没有必要去从事产业价值链的全环节工作。企业可以把不具备比较优势的和非核心的环节工作外包出去,在市场上寻找合适的合作伙伴,形成协作关系,共同完成生产制造过程,从而从整体上提高劳动生产率，强化核心竞争力，降低运作成本。

外包服务商数量增长。以服务外包为例，美国 2004 年主科技发包商海外雇用外国工作人员约 40 万人，到 2015 年增长至 330 万人以上，印度、菲律宾、中国成为主要服务商所在地。

外包领域不断拓宽。服务外包比制造外包更有优势，且不受地理距离的限制。常见的服务外包行业：金融业数据录入外包、电信业系统维护外包、制造业财务工作外包、运输业仓储外包、汽车行业销售外包、航空业订票外包、医药业新药实验外包、影视业后期制作外包、软件业代码编写外包等。外包分为战略性外包和非战略性外包，战略性外包一般为长期行为，聚焦企业核心能力打造。

外包风险主要包括失控的风险、服务质量风险、隐性成本风险、信息安全风险等。

重点关注离岸外包。离岸外包是降低产品制造成本的有效手段，需要考虑以下因素：人力成本、劳动技能及经验、往返运输费用及时间、原材料进出口税率、政治稳定性、地方税费、许可证、工厂生产准备成本、管理费用及工会罢工风险等。企业想走向全球化，可采用业务分包、税收庇护和全资子公司三种模式。其中，业务分包最为简单快捷，一般在 30 天以内可完成，即授权相关企业代工；税收庇护一般为 60~90 天；全资子公司的运营成本最低，适合长期资本投入。

 小贴士

工匠精神，德日如何创造供应链细分领域的隐形冠军

专注产品创新，打造更高附加值。

德国制造是高品质的代言词，德国企业骨子里有一种对产品精益求精的精神，代表努力创造持久永恒产品的手工业文化，并且世代延续。它们认为，以客户为中心，比以竞争为中心更重要。德国企业既拥有超强的制造能力，又具备将制造和服务相结合寻求新解决方案的能力。它们像稳重而又充满活力的中年人，目标长远、技术专业、精益求精，专注于一个领域扎根发展，因此业绩稳定。从厨房刀具到高级轿车，精益制造、精致生活几乎和德国制造画上了等号，众多隐形冠军企业诞生于此。

所谓隐形冠军，就是在行业内处于领先位置，或者拥有数一数二的市场占有率，或者具备绝对领先的技术优势，却在公众视野内相对低调，年收入在 50 亿欧元以内

的企业。这些企业具备一些特质（见图7-4）。一是传承的家族精神，家族企业一般是指家族中有一名或多名成员参与管理的企业，很多企业经营已有四五代，注重长期规划，家族企业家一开始就做好了后代接管企业的规划，企业也成为代代相传的家族珍宝，决策与执行也高度统一；二是细分市场专注力，在很多细分市场，德国一家公司就占据了全球70%以上的市场份额，德国制造注重的是质量，而不是数量；三是持续研发与创新，这些企业会将近6%的销售收入用于研发，部分企业超过10%，这是由于生产高科技含量和高附加值的产品，弥补了德国在资源上相对匮乏的缺陷，成为制造企业的一致选择，这也带来了产品的溢价，让德国隐形冠军的产品溢价率为 10%~15%；四是质量管理无处不在，质量管理融入整个产品开发流程，不是简单的质量检测和筛选，而是建立和设计一个稳定生产高质量产品的体系，全球三分之二的国际机械制造标准是根据德国标准制定的，德国标准化学会制定的很大一部分标准也是欧盟和国际标准，为世界各国普遍采用；五是强烈的人本主义，德国企业将员工视为企业宝贵的财富，员工被看作家人，有的爷孙几代在同一工厂工作，保持员工和企业延续是严肃的企业使命；六是环保领先者，德国企业具有很强的社会责任感，德国拥有世界上最完备的环保法律，企业在节能环保上狠下功夫，这也是立企之宝。这样德国成为世界出口大国，也给世界留下了"德国制造"的品牌形象。

图7-4 供应链细分领域的隐形冠军

质量不仅是品牌、是生命，还是道德和人品。在日本流传着龟甲万的供应链管理秘密。龟甲万是一家日本酱油厂，给日本皇室供应酱油，至今已超过350岁，该企业在日本有1400余家酱油厂，市场份额占到31%，第二名YAMASA约占11%，第三名正田占6%。龟甲万在日本几乎是酱油的代名词，每一年的销售额均超过 20 亿美元，其中 2013 年在美国酱油市场的份额超过 55%。龟甲万抵制生产化学合成酱油，为了推广纯酿造的酱油，企业甚至将技术和专利都免费公开，极具企业精神。

在日本，长寿企业有很多。经营史超过 1000 年以上的店铺只京都地区就有 6 家，主营结婚用品的"源田"经营史约为 1300 年，扇子专卖店"舞扇堂"的经营史约为 1200 年，"一和"烤年糕经营史约为 1010 年，京都有百年以上经营史的店铺超过 500 家，它们都以工匠精神为荣。

工匠精神是一种专业精神，也是一种信仰，追求的是卓越。

国家经济要从"高速增长"转向"高质量增长"，科技是关键，用户体验是竞争支点。

第8章 销售的供应链管理

8.1 销售的供应链管理的内涵

本书作者在2020年出版了"中国式供应链管理"系列丛书之《新零售运营与实践》,该书对销售的供应链管理进行了全面阐述,因此本章节只对核心观点进行阐述。

8.1.1 销售的供应链管理的定义

"不懂销售,谈何供应链。"供应链管理的最终目的是增加销售、增加利润,在所有环节中,销售是距离消费者最近的一环,销售的相关数据反馈给供应链相关环节,才是有效的供应链管理。

销售的供应链管理就是品牌识别、多销售场景的数据化能力的提升。

销售的供应链管理目标是采集需求数据传递给设计、采购、生产、服务环节。

销售的供应链管理要做好需求数据的采集、数据分析和数据传递三项工作。

8.1.2 销售的供应链管理的数据化

销售的供应链管理的数据化包括需求数据的采集、数据分析和数据传递三个方面(见图8-1)。

1. 需求数据的采集

利用先进的技术手段收集客户的信息,明确客户的需求,针对客户的需求进行数据搜集和整理,建立客户需求数据库。根据变化进行需求数据的动态更新,数据来源于直接客户、经销商数据汇报及第三方数据报告。具体包括三类数据:①功能需求数据,根据客户对商品功能的需求,对数据进行采集;②价格需求数据,消费者对企业的商品所愿意支付的价格区间；③竞品相关数据，主要竞品的功能数据及价格数据。

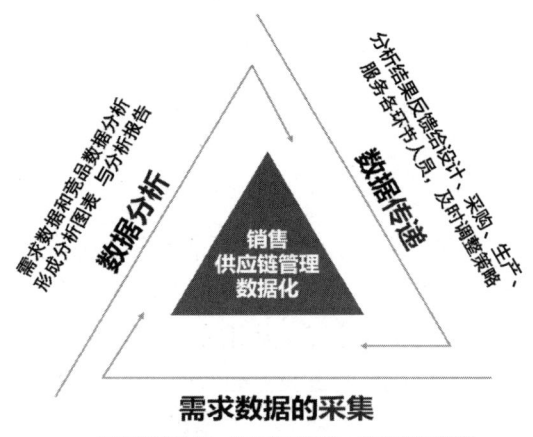

图 8-1　销售的供应链管理的数据化

2．数据分析

从客户需求、客户属性、产品类型、产品结构、销售量、销售额、销售渠道、产品线等多个方面对需求数据和竞品数据进行分析，并形成相关的分析图表与分析报告。

3．数据传递

将需求数据和竞品数据分析结果反馈给设计、采购、生产、服务各环节的负责人员，以便及时调整设计、采购、生产计划和定价策略，实现利益最大化。

销售的供应链管理就是对需求侧不断加大数据研究力度，进行大数据分析。供给侧结构性改革必须在需求侧的牵引之下开展，在市场规律下，以客户为中心，以客户需求为驱动力，倒逼供给侧资源的再配置，否则供给侧结构性改革就是闭门造车，是不断生产库存的无效运营行为。

新型供给创造新需求，技术升级可以让客户的潜在需求得到更好的满足，企业也要十分注重在供给侧管理中对客户消费习惯和消费心理的正确引导，在消费市场上牵引供给侧，使客户具备更好的选择产品的心智和方法。

销售的本质。一是把钱收回来，否则，卖了不如不卖。二是做持续的生意，就是让客户将买的东西快速用光，否则客户很难再次购买。三是满足客户的内在需求，商品或服务要让消费者觉得"有面子",如共享单车时尚的设计,配有智能锁,共享使用,在短途交通中,让骑车人不比开车人差,而且绿色环保,它不只是简单的代步自行车了,甚至还是"中国新四大发明"之一。

每家企业都可以通过三种方式创新,一是产品的创新,二是服务的创新,三是提供产品或服务所需技术的创新。管理者必须系统地为明天的管理做好准备。

8.1.3 销售供应链预测

建立新的消费理念。"钱只有花出去,才是你的",花钱有效利用了社会资源,这时钱的价值才被真正体现出来,让钱发挥最大效能就是利用它过好每一天。钱和其他任何东西都是为了让自己过得更好。从根本上讲,钱是挣出来的,而不是省出来的,提高挣钱效率就是一个人发现自我新价值的过程,核心是掌握大部分人不会的技能,越稀缺的资源越值钱,有了别人不具备的技能,就相当于拥有了一种稀缺资源。

销售供应链预测都是在需求实际发生前根据预测来做出的。需求预测是所有供应链计划的基础。供应链有推式供应链和拉式供应链,分别根据顾客需求和市场需求进行预测。对于推式供应链,供应链管理者必须对生产、运输或者其他需要计划的活动进行计划;对于拉式供应链,供应链管理者需要对可获得的产能和库存水平进行计划,而不是实际执行的数量。无论是推式供应链还是拉式供应链,供应链管理者都需要先对顾客需求进行预测。

销售供应链预测的四个特点。①预测总是不精确的,企业应该预测期望值和误差,多数企业没有对误差进行预测;②长期预测的精准度要比短期预测的低,长期预测的标准差相对于均值而言,比短期预测要大;③综合预测比分解预测更精准,综合预测的标准差较小,综合性越高,预测的精准度也越高;④企业越靠近供应链的上游(或离消费者更远),接收到的信息就越失真,波动幅度也越大,预测误差也越大。预测需要考虑各种因素,包括过去的需求、产品补货的提前期、广告宣传力度、价格促销计划、经济状况和竞争企业采取的策略等。

销售供应链预测的方法。①定性预测法,主要依赖人的主观判断,根据历史数据预测,适用于预测一个新产业未来几年的需求;②时间序列预测法,如果产品每年基本需求的变化不大,时间序列预测法是最简单的一种方法;③因果关系预测法,假定商品需求和某些特定环境、经济和利率状况等因素相关,并且找到了这些因素和商品需求之间的关系,则可通过因果关系预测法进行预测,这种方法适合商品需求与某些因素存在因果关系的企业；④仿真预测法，模拟消费者来预测需求，即通过仿真分析来预测需求。到底哪一种方法最合适，实际表明多种预测方法结合使用，比单独使用一种预测方法更可靠。

 小贴士

满意度=感知-期望，你不知道的满意心理学

一是满意度的公式。消费者对排队所花费时间的感知不完全取决于时钟上的实际时间，还取决于等待心理。用一个公式来形容，即满意度=感知-期望，你对一次消费体验的满意度，取决于你的期望和你的感知之间的差异程度。要想让客户更满意，就要同时寻找"影响消费者感知"和"影响消费者期望"两个方面的机会。例如，在餐饮界，可以赠送额外的优惠券，给客户以惊喜，花费少还可以促进二次消费。再如，在机场，在总领取行李时间时长不变的情况下，将行李移动到更远的地方，缩短消费者的等待时长，虽然消费者要走更长的路，但领取行李的时间会变短，抱怨会减少。又如，高层建筑的业主抱怨电梯等待时间过长，可以设置部分电梯只停其中一层楼。

二是一旦落后便很难追赶。这里是指负面的印象一般很难消除。对于得到和失去而言，消费者会对失去的印象更深，也更敏感。"好事不出门，坏事传千里"，因此服务前为消费者投入更多精力和资源，为消费者创造良好的第一印象，至关重要。

三是时间会失真。当你有想做的事，又不能立刻去做时，你会觉得度日如年。如果不能缩短消费者的等待时长，就想办法让消费者认为等待过程是可以容忍的或是值得的，想办法取悦排队等待的消费者。例如，火锅店门口播放影视片，配饮品及茶点。消费者会感觉空闲时间比忙碌时间更漫长、烦躁不安的等待比心平气和的等待更漫长、不确定的等待比确定的等待更漫长、未解释的等待比被告知的等待更漫长。服务越好，消费者越愿意等待。

8.2 销售供应链策略

8.2.1 短视频营销的七种方式

一是平台分成。这是最为直接的变现方式，当你发布的视频有一定阅读量后，即可与平台形成分成机制，实现双赢。

二是合作广告。可以通过冠名广告（品牌商冠名活动）、植入广告（不生硬，用户接受度更高）、贴片广告（视频开头或结尾）和品牌广告等方式实现。

三是粉丝变现。针对目标客户的营销才是最有效的营销，广告商家通过对某一领域的专业粉丝进行精准营销，快速收获订单时，视频"网红"也直接实现了粉丝变现。

四是电商销售。通过自营电商实现销售，或发布短视频为其他网络店铺引流获得收益。

五是 IP 创造。树立想创造的形象，为切入相关行业做准备，带来潜在收益。

六是知识付费。在得到、开氪等平台以付费专栏方式，或在知乎 Live 和喜马拉雅等平台开办付费课程获得收益。

七是其他变现方式。短视频可通过卖出版权、后期书籍、周边衍生品及靠平台原创打赏等方式变现。

8.2.2 互联网的九种思维

做企业需要建立互联网思维，包括用户思维、极致思维、简约思维、流量思维、迭代思维、社会化思维、平台思维、大数据思维和跨界思维。

（1）用户思维。以用户为中心去思考问题，让用户成为产品的一部分，使产品和用户建立连接。例如，2020 年新冠肺炎疫情期间，所有的房地产企业一筹莫展，思考如何能够多成交一套房屋，恒大集团却扔出"王炸"，逆势销售 4.75 万套房屋，总价值 580 亿元。恒大集团借用互联网用户思维，抓住有欲望赚钱的人，让客户参与营销，用奖励政策激励客户，针对自己买房、推荐朋友买房、预订房屋又被其他顾客购买等形式的客户，均给予 1%佣金和万元以上奖励，引起了社会关注，刺激了客户的购买欲望。

（2）极致思维。打造让客户"尖叫"的产品。例如，售楼部提供 VR 全景 720°线上看房，让客户更好地远程感受现场，推出若客户 5 个工作日内反悔可退购房订金，最长 88 天无理由退房（一般开发商为 30 天或 50 天无理由退房）等措施，使客户获得极致体验。

（3）简约思维。流程对内简单，对外简洁。例如，对外宣传，可以采用协议书方式，将销售政策和客户保障条款清晰公布，更容易让客户对销售商产生信任感。

（4）流量思维。恒大集团建立了自己的流量平台"恒房通"，通过对电商平台上的老客户、兼职销售员等进行激励，不断推广产生新的销售流量，使目标客户源越积累越多。

（5）迭代思维。创新其实并不难，难的是不断创新的思维、持续的迭代创新。还是讲房地产销售，一般房地产商推出"推荐客户有奖"政策，恒大集团却迭代升级，推出更好的政策，你定的房子被别人买走，你也可以赚5000元佣金，提升了恒大集团新推产品的销售率。

（6）社会化思维。充分利用社会化媒体，重塑企业和客户的关系。一般企业都局限在传统媒体的思维和框架里，受关系链、利益链及思维局限。而优秀的企业能让社会化媒体为企业代言，用企业不断创新的案例让行业刮目相看，形成社会化媒体主动推广、自发推广的良性局面。

（7）平台思维。将企业打造成员工创业的平台。例如，恒大集团员工均要求注册"恒房通"，完成任务即有奖励。组织成为推动目标客户不断积累的发动机，当员工推广成功获得激励后，这种行为会成为自主行为，让更多员工将企业变为个人创业的平台。

（8）大数据思维。采用大数据驱动策略，实施运营和管理。客户最关注什么？什么政策最能促使客户下单？这些政策均需建立在数据分析的基础上，与客户交朋友，钻到客户"心眼儿"中去，才能最终打动客户。例如，购房时，客户最关注"交钱容易退钱难"问题，企业可以承诺，客户5天内反悔可退购房订金，这样一项政策可多使20%的客户下单。

（9）跨界思维。打败你的，往往不是你的同行，而是跨界对手，因此要培养跨界思维。

8.2.3　创造第一IP

在互联网时代，只有打造出差异化的IP，才能从众多形象中脱颖而出，具体需要注意以下四点。

一是打造个人IP。例如，视频号发展，一定要努力打造个人IP，影响其他人群。

二是创造第一。创造第一才能让他人记住，与其做一百场平庸的活动，不如做一件轰轰烈烈的事情。第一，就是势能。例如，桔子会廖江涛2021年2月12日"视频号36小时直播"，吸引近2万人观看，获得100万次点赞，迅速形成口碑。其在视频号营销过程中将时间分为三个时段，一是廖江涛12小时连麦12位"大咖"嘉宾，包括秋叶大叔、龚文祥等业内专家；二是桔子会团队专家12小时介绍相关服务，如夜班值班服务；三是廖江涛 12 小时公开课，对社群营销知识进行全面介绍。深夜果然有很多观众前往平台"查岗"。最后 12 小时的公开课，廖江涛进行全面回顾，精彩收官，在行业内取得较大影响。

三是让人记住。不光要自己做得好，也要让行业"大咖"和自媒体知道，影响行业。视频连麦是一种非常好的方式。时间成本是最大的成本，可以最快地抢占视频号机遇，早干就是红利，"早干一天，等于苦干一年"。

四是先开枪后瞄准。方向对了，就要抓紧，没有绝对的成功。要把握好视频号的关注红利期、关注疲劳期、关注厌烦期。

8.2.4 销售的五力模型

销售宝典："五力模型"。

（1）洞察力，指寻找、发现、鉴别有效客户的能力，以数字化研究、大数据分析，实现对销售工作的指导。

（2）沟通力，指挖掘深层次、底层级需求的能力，以及快速成交的能力。

（3）认可力，指维护与客户的交情，从日常工作关系变为朋友、伙伴关系的能力。

（4）执行力，指超强的细节和逻辑分析能力，提前预测坑位，确保项目的执行落地。

（5）学习力，指不断总结提炼，能够正视挫折的能力，以"理论＋实践"指导现实工作。

洞察力对应天，沟通力对应地，认可力对应人，执行力对应和，学习力对应悟。

8.3 销售供应链市场细分

8.3.1 中国互联网流量四大领域

在流量为王的时代，没有流量，一切销售将无从谈起。

中国互联网流量目前存在四大领域：腾讯系、字节跳动系、阿里系、百度系。第一大流量风口由腾讯系组成，包括微信、QQ、腾讯视频、京东、快手等；第二大流量风口由字节跳动系组成，包括今日头条、抖音、火山小视频（抖音火山版）等；第三大流量风口由阿里系组成，包括淘宝、天猫、微博、优酷视频等；第四大流量风口由百度系组成（流量在下滑），包括百度、爱奇艺视频等。

中国互联网流量分布具体如图 8-2 所示。

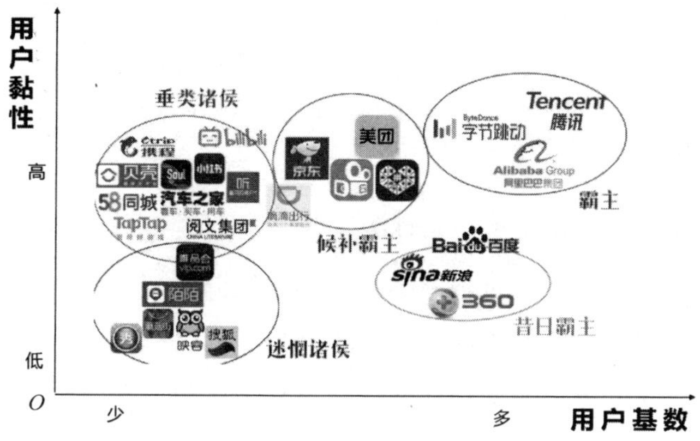

图 8-2　中国互联网流量分布图

目前，零售方式主要有四种：①传统零售（商超）；②电商零售（淘宝、京东、拼多多等）；③社交零售（微商、社交电商等）；④短视频零售（抖音、快手、微信、淘宝直播等）。

8.3.2　深挖细分市场

做好"横向一厘米，纵向一公里"的细分市场。多能不如一专，企业要进行市场细分，舍大取小，分而制胜，定义产品在消费者心目中的形象和位置。人生需要做减法，将工作清单缩短，减到不能再减，围绕核心工作来做，体现核心价值。减法的关键就是跳出普通人的思维定式，找出那些无关紧要的事情，下决心放弃，聚焦于未来正确的趋势，自然会具备更强的竞争力，看到不一样的风景。

深挖细分市场，重点做好以下三个方面的工作。

一是利用新零售，做好细分市场。新零售供应链管理的核心是更高效率的零售，具体需要从三个方面着手：数据赋能，优化物流、信息流、资金流的组合；进行坪效革命，提升流量、转化率及复购率；缩短供应链路径，以更短的供应链实现 50% 以上的线上销售。

二是利用体验式营销，开垦细分市场。体验式营销需要引人注目、值得回忆、可供分享、能够衡量、可以关联、目标明确、灵活多变、便于接触和值得信赖，可以通过讲一个鲜活的故事，给消费者创造独特的体验，将品牌搞活。另外，利润不是原因，而是结果，是企业在营销、创新及生产力方面的绩效结果。利润也是检验企业最终经营绩效的指标。

三是整合好资源，挖掘细分市场。企业应做好 ERP 系统，这是大型、成熟的软件系统，一般用于计划和确定企业从生产到交付产品所有活动所需的资源。

8.3.3 十大开源策略

销售的供应链管理，要注重十大开源策略。

一是启动国内大循环。面对新冠肺炎疫情及国际市场变化，实现国际销售转国内销售，以国内大循环为主，实现国内国际双循环。

二是双线作战新零售。线下转线上，全面推行新零售模式，做到既有线下，又有线上，重点发展线上零售。

三是 2B 和 2C 互转。原来做 2B 的，想办法启动 2C；原来做 2C 的，想办法启动 2B，实现 B 端和 C 端客户全覆盖，降低经营风险，提高市场占有率。

四是套装销售。"买五赠一"或"买 100 元送 20 元"，或按套装销售，提升单品售价，刺激消费者的购买欲望。

五是增加预售模式。如图书预售、团购预售，预售可以使企业更好地控制订单，降低库存。

六是会员制。培育企业的粉丝和会员，提供更有针对性的服务，可以推出会员制优惠或会员制付费，只赚会员费不赚产品费，提升企业竞争力。美国 COSCO 就是以会员费收益为主的。

七是卖一件捐一元。与公益机构合作，卖一件捐一元，提升企业的公益形象，捐赠过程也是消费者参与的过程。

八是提供增值服务。在生产销售的各环节提供更能打动客户的增值服务，如可以提供退货、试穿、三年售后等增值服务；房地产企业可提供网络看房，使消费者更放心。

九是以旧换新。针对国家政策支持的产品，提供以旧换新服务，消费者以旧产品折算部分金额后可补齐价格购买新产品。家电行业普遍采取此方法，此方法也可以在其他行业应用。

十是先试用后付费。在高端饮水机、家用麻将机、家用按摩椅等行业，均采用先试用再付费的方式，让消费者更放心。

 小贴士

蜜雪冰城的"低定价策略"

低价供应链永远具备一定的吸引力。国美电器曾经以低价制胜，现在各行各业通过控制产品成本，让"又好又便宜"成为消费者的必然选择。

河南商人张红超借鉴"彩虹帽"冰激凌店的做法，推出1元冰激凌，与竞品5～10元/支的价格相比，售价不到后者的20%，成为行业凶猛的"价格屠夫"，经过他的缜密计算，此产品少赚但仍有得赚。次年他将饭馆转型专做冰激凌，并配以奶昔、奶茶等饮品，2007年创出"蜜雪冰城"品牌，大获成功。

接着，张红超开启加盟模式，至2008年蜜雪冰城的全国门店超过180家，而且菜单上没有10元以上的产品。基于供应商供应能力的不足和成本降低空间，2012年张红超自己成立原材料供应公司、研发中心和中央工厂，并实现核心原材料自产，同时启动全国仓储物流中心，为加盟商提供免息开店贷款的供应链金融支持。

至2020年，蜜雪冰城全国门店总数已超过10 000家，将竞争对手远远抛在身后。低定价策略使其在喜茶、奈雪的茶等品牌的夹击下，仍有自己的市场空间。

第 9 章 服务的供应链管理

服务要做到客户所期待的事，做好客户想要的事，做出客户想不到但需要的事。

9.1 服务的供应链管理内涵

9.1.1 服务的供应链管理的定义

服务的供应链管理的目标是及时且可靠的交付。

服务的供应链管理主要包括仓储、运输、配送、售后等环节，也是指仓储管理和物流管理，包括云仓、第三方物流和先进包材（载具）等。

供应链管理强调运作主体的物流、信息流和资金流的运营效率最大化，其中物流供应链管理是贯穿供应链全环节的中流砥柱，需要不断优化提升物流供应链的基础服务能力，以提升物流供应链的竞争实力。截至 2021 年年初，快递物流从业者约为 1500 万人。其中，全国各类外卖骑手、跑腿平台注册的就业人员约为 600 万人，快递员约为 400 万人，车货匹配平台司机约为 500 万人。

9.1.2 物流服务阶段分析

物流的发展先后经历了传统物流、现代物流和物流供应链三个阶段（见图 9-1）。

供应链管理与物流管理息息相关，物流管理最早可追溯到 17 世纪晚期，由一名法国军官创造，用于给战场上的军队运送军需物资。近代物流管理最新的文献记录是 1918 年，英国商人哈姆勋爵成立了"即时送货股份有限公司"。1935 年，美国销售协会对"物流"做出定义：包含于销售之中的物质资料和服务，以及从生产地点到消费地点流动过程中伴随的种种活动。第二次世界大战期间，物流逐步演变为一个独立的学科,发展成为物流工程(Logistics Engineering)、企业物流管理(Business Logistics Management)、物流配送(Logistics Distribution)。20世纪60年代,这一理论被广泛应用于企业管理,形成今天的物流管理。1974年,鲍尔索克斯(Bowersox)定义物流管理:按照策略来执行的,原材料、零部件、产成品从供应商、制造商到顾客的移动与运输的管理活动。

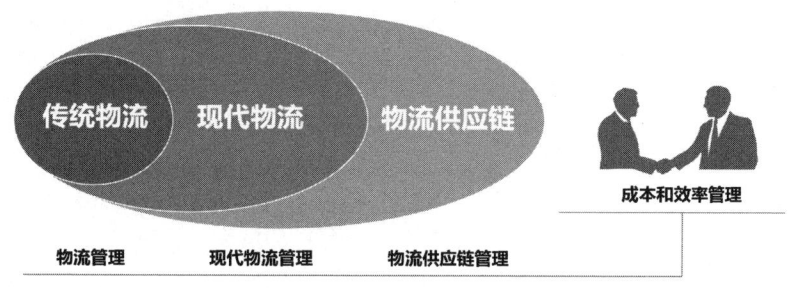

图 9-1 物流发展的三个阶段

物流是供应链管理的一部分,它以满足客户需求为目标,对产品、服务和相关信息在原产地和消费地之间有效且高效率的正向、逆向流动和储存进行计划、实施和控制。

典型企业,如 UPS,从提供快递和物流服务,向参与客户整体供应链流程、承担起企业供应链经理角色、为合同制造商协调对接客户的供应链管理企业转移,对客户的供应链战略和绩效产生了更大的作用和影响,不断提升客户的附加值,实现了第四方物流服务模式。企业注重协调发展,为客户提供供应链设计和业务流程再造的咨询服务,同时获得市场咨询费用,成为提供解决方案的公司,比如,思科就是 UPS 的供应链管理客户。

物流供应链竞争力的崛起(见图 9-2)。物流管理已扩展为整个供应链企业间的活动,包括内部生产活动和企业间的物料转移活动。在国外,物流从企业附属物向核心竞争力转变共经历了六个阶段。①1983 年前单纯关注物流成本的降低;②1984—1988 年,关注效率提升,关注物流资源如何更高效地利用;③1989—1993 年,关注物流质量,目标是没有差错和缺货;④1994—1998 年,物流助力企业成功,强化部门协作;⑤1999—2003 年,供应链各方合作优化服务;⑥2004 年至今,以现代化物流为基础的供应链一体化,使供应链各企业更广范围、更深程度地进行合作,提高效率。

物流供应链管理推动了物流管理的战略化过程，将先进的信息技术和系统管理概念引入物流管理实践，将物流管理提高到战略层级。

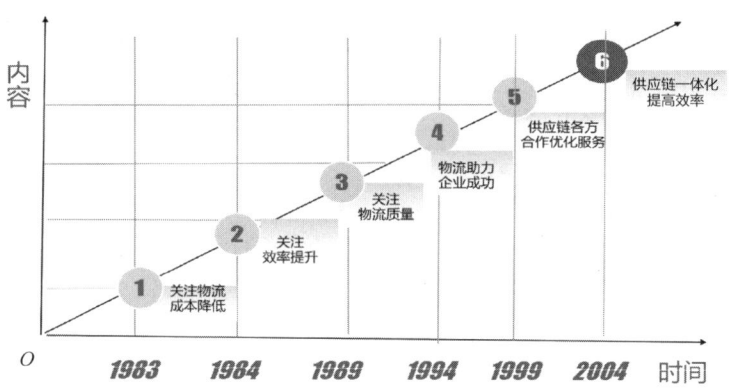

图 9-2　物流供应链竞争力崛起时间轴

物流战略是为物流可持续发展，就发展目标、途径、手段而制定的长远性、全局性的规划和谋略。主要内容如下：一是即时物流战略，对应即时管理，实现零库存；二是一体化物流战略，打破单一企业绩效的局限，使各企业相互协调和统一，创造出最适合的物流运行结构；三是高度化物流战略，实现全球化、互联网化、绿色化物流。

9.1.3　物流的分类

物流有不同的分类依据。①按物流范畴来分，分为社会物流和企业物流；②按作用领域来分，分为生产领域的物流和流通领域的物流；③按历史进程来分，分为传统物流、综合物流和现代物流；④按服务主体来分，分为代理物流和企业内部物流，代理物流主要是指第三方物流（3PL）和第四方物流（4PL）；⑤按物流环节来分，分为采购流入物流和销售流出物流；⑥按物流方向来分，分为正向物流和逆向物流。

其中，第三方物流是指以供应链集成的方法，通过协调企业间的物流运输和后勤服务，将企业的物流业务外包给专门的物流管理部门或者公司承担，使企业的时间和精力聚焦至核心业务上。20世纪90年代，第三方物流在全球范围内广泛兴起，企业数量急剧增长，服务逐步向产品包装、标签印制和组装产品等方向延伸，参与和整合供应链上的业务活动，并开展逆向物流等新型业务。第三方物流是运输业增长最快的市场之一，美国财富500强超过86%的企业均采用第三方物流，这也源于竞争的全球化。

第四方物流是指由独立于现有物流系统，与原物流系统无直接利益关系的第四方来整合提供服务，第四方物流服务提供商通过自身资源、能力和技术，实现资源、能力和技术的再整合，并提供一体化物流的解决方案。第四方物流服务提供商，也称为集成商，是高度专业化的运输集成商。第四方物流服务提供商提供给企业更高层次的定制服务和增值服务，使企业摆脱传统运输和仓储服务红海竞争。武汉就有一家名为普罗格供应链的第四方物流供应链企业，其收入由供应链咨询费用和物流云仓收入组成，供应链咨询服务成为其获得收入和客户的重要手段。

9.1.4　新趋势推动物流供应链转型

新趋势推动物流供应链转型如图 9-3 所示。

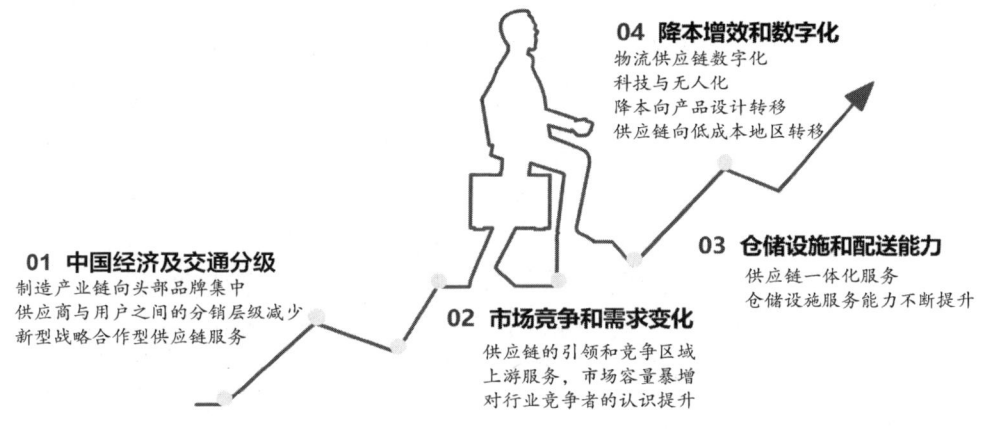

图 9-3　新趋势推动物流供应链转型

1．中国经济及交通分级推动物流供应链转型

（1）中国制造产业链向头部品牌集中。小米、格力、海尔、华为等越来越多的国货逐渐成为市场主流和热点，对物流供应链产生了巨大影响。

（2）新零售推动供应商与用户之间的分销层级减少。传统的批发零售模式向"线下+线上"的新零售模式转型，实现仓储共享、渠道共享，用户对物流要求更高，能更快交付、更近交付成为物流供应链的要求。

（3）新型战略合作型供应链服务逐步取代纯交易性合作。根据 2021 THIRD-PARTY LOGISTICD STUDY 调研报告，未来五年纯交易合作伙伴占比会从 42%降至 27%，战略合作伙伴会从 28%快速提升至 45%。物流供应链企业正从简单的提供运输仓储服务，逐步演变为提供库存管理、需求预测、仓储运输等一体化供应链服务，头部企业的竞争优势进一步显现。

2. 市场竞争和需求变化推动物流供应链转型

（1）中国将成为物流供应链的引领和竞争区域。中国已是全球最大的制造国和最大的出口国，未来大概率将成为最大的消费国，将对物流供应链提出新要求。小批量、多批次、高时效成为物流供应链的需求趋势。随着市场竞争的加剧，国际巨头纷纷出售中国区的物流供应链业务，如 DHL 中国供应链 2018 年出售给顺丰速运，太古冷链 2018 年以 20 亿元出售，雅玛多中国 2020 年 4 月破产清算。中国也成为物流供应链最复杂的国家，批量进出口物流、电子商务高渗透率物流、最广 SKU 的全国物流，都需要协同推进。

（2）物流供应链成为上游服务，市场容量暴增。供应链物流行业也是 2B（快运和整车）和 2C（快递、即时配等）等基础物流行业的相对上游，服务更贴近客户、服务范围更广、服务个性化和柔性更强、供应链物流方式更具渗透性。根据申万宏源研究数据，中国第三方物流支出、中国一体化供应链物流规模和中国仓储物流总费用的年复合增长率分别为 10.2%、12.5%、7.9%，均高于中国物流总支出的年复合增长率 7.6%。其中，2015—2019 年第三方物流支出占比从 39%增至 43%，一体化供应链物流规模占比从 28%增至 30%，仓储物流总费用的占比稳定在 34%左右，物流供应链属性的业务不断增加。

（3）市场对物流供应链行业竞争者的认识提升。一般从系统能力、物流服务能力、资源布局能力和场景体验能力四个方面进行对比分析。

3. 仓储设施和配送能力推动物流供应链转型

（1）各物流企业致力于供应链一体化服务。快递物流、平台电商物流、自建型电商物流、第三方仓储服务公司、传统合同物流、传统渠道物流、品牌商物流、制造商物流等企业不约而同向物流供应链企业转型拓展。其中，注册成为"供应链管理有限公司"的物流企业数量，占到总注册为"供应链"企业数量的 70%以上。在制造和流通供应链方面，各物流企业致力于提供更为智能化、科技化及更稳定的物流供应链服务。

（2）仓储设施服务能力不断提升。例如，京东物流建立商务中心仓（亚洲一号）、云仓（经济仓）、区域配送中心、前端配送中心、配送站五级配送模式，覆盖全国各地。其中，亚洲一号主要面向自营、中高端品牌商，客单价较高，自建自营，对标亚马逊仓和菜鸟仓。云仓主要面向淘宝系、拼多多系商户，对价格敏感，对标通达系云仓和菜鸟仓。

4．降本增效和数字化推动物流供应链转型

（1）物流供应链数字化。有了数据，物流供应链才是智慧可控的，就像水电煤是消费数据一样，企业通过业务数据化、数据资产化、资产应用化和应用价值化，实现对物流数据的对比分析和价值挖掘，找到与物流行业最佳企业的差距，不断改进和提升。

（2）科技与无人化是降本增效的重要途径。

（3）降本向产品设计转移。通过研发投入，实现标准化、模块化、系列化，优化产品设计。

（4）推动供应链向低成本地区转移。全球、全国供应商选择劳动力等生产成本更低的地区，转移生产基地，降低成本。

总成本包括要素成本、运营成本和固定成本，三个层级中越往后的，降低难度越大。其中，要素成本降低，可以通过谈判降价、全球寻源、设计优化实现；运营成本降低，可以通过精益生产、改善计划、协调销售和运营实现；固定成本降低，可以通过外购、外包和网络优化实现。

管理就是抓住关键的少数。价格上调50%，往往利润会提高5倍，定价水平直接决定了盈利水平。80%的销售额源于20%的产品，80%的收益来自20%的客户，80%的成就与价值源于20%的工作。如何以更少的资源投入，获取更多产出，也是企业进行供应链管理应该思考的内容。

9.2 仓储管理

9.2.1 仓库管理

1．仓库规划

企业根据自身经营需求与产业布局，结合采购、生产、销售、服务，对于仓库的选址、库型、自动化程度、货位货架、面积可扩容性等方面进行规划，具体包括以下内容。一是产权属性，结合供应链前端业务模式，选择是自建仓库还是外租仓库。自建仓库：结合自身实力，考虑投资回报等主要因素，决定是否自建仓库。外租仓库：结合自身实力，考虑资金使用率、使用面积、使用频次、使用周期等因素，决定是否外租仓库。二是仓储属性。根据企业自身行业、产品类型及经营方式、物品周转速度来选择仓储属性，可以选择平库、高台库、楼库、常温库、冷库（冷冻（-18℃及以下）、冷藏（-18℃～-5℃（含））、保鲜（-5℃～5℃（含）））等不同的形式。三是设备管理。对于仓库内的自动化设备、叉车、货架、电梯、消防器材、电路定期进行维护与保养，建立档案，更好地服务与保障采购、生产、销售、服务过程中的库内作业。四是包材管理。对于采购、生产、销售中的货物产品包装、销售包装，进行进、销、存管理，确保库存低、损耗少、资金占用少。五是货物管理。在采购、生产、销售服务过程中，对原材料、半成品、成品的有效期、库存、库存差异、包装、交接、先进先出、型号、规格等进行周转率最大化的管理。仓储及库存是物流供应链管理的核心，管理好仓库，控制好库存，物流供应链管理就成功了一半。

2. 仓储管理（内仓）

多数产品，如书籍，销量最高的时期往往是上市后的前三周，各类资源往往会在前期大规模投放，传播力度最大。同时，由于很多产品采取推式供应链，给需求预测和仓储管理带来较大难度。

3. 物流库存及库存管理

供应链的备件管理，就是库存管理。具体方法如下：一是提高备件的可见度，即数据可实时显示；二是做好安全库存，转变为基于需求来确定订单，而不是基于消费模式确定订单，需求预测也要基于数学预测工具，安全库存数量仅为平均消费量的一倍；三是做好库存周转率，这一点较为重要，比如，设备领域备件库存周转率，行业一般为 3 比较合适；四是做好产品订单频率分类，产品应划分为快销类、次快销类、慢销类、次慢销类及呆滞类五类，其中后三类的库存占主体；五是采用经济订货量（Economic Order Quantity，EOQ），实现最低总库存成本。

4. 仓库中核心的三个区域

仓库中核心的三个区域是收货区、储存区和发货区。再细化，就是物料区、半成品区、工具存放区、包装加工区、标签打印区等。中小型企业一般半年或一年盘点一次仓库。

5．库内作业技术和系统

库内作业技术和系统包括指纹扫描技术、灯光分拣系统、"流水线+灯光分货"系统、语音拣货系统、自动包装系统、无人货物搬运系统等。

9.2.2 仓库的分类

仓库一般分为三类：公共仓库、合同仓库和自营仓库。①公共仓库，每年签订储存租用协议；②合同仓库，储存租用协议一般会签订3~5年。③自营仓库，启动成本很高，需要承担前期的固定成本和后期的可变成本，运营商需要具备稳定和较大的产品吞吐量，具备较强的仓库管理能力。通常公共仓库的长期仓储成本在三者中最低，管理成本也可分摊给相关单位，而自营仓库的固定成本较公共仓库要高得多，但是自营仓库的可变成本却远低于公共仓库的可变成本。当产品生产量足够大时，可以考虑自营仓库，一般社会上大部分企业采用合同仓库和公共仓库。另外，还有专用仓库，用来处理和储存特殊材料和货物，一般包括温度控制仓库、进出口仓库和保税仓库等。

9.2.3 库存及持有原因分析

1．库存的三种形式

（1）周期库存是指常规订购用以满足预期需求的库存，生产产品所需时间和货物运输给客户所需时间是决定其的关键因素。

（2）安全库存。由于客户预测周期、客户需求和运输计划的变化，必须依靠安全库存来维持产品可用，防止库存短缺。安全库存包括前瞻型安全库存和回顾型安全库存。其中，前瞻型安全库存是指到货以后可供调配的预计持有库存，而回顾型安全库存则是指到货后可供调配的平均持有库存。

（3）在途库存是指没有被储存备用或者备售，正在被运送到某一个库存持有点的库存。

在仓储中，企业一般会出于会计统计目的，每季度、每半年或每年对仓库进行实物盘点，核对存货，发现库存问题，这种持续不断对SKU进行物理计数的过程，就是循环盘点。随着技术的提升，利用设备和条形码及射频识别技术，能更好地保证商品的完整性和准确性。

2. ABC 库存分类法

ABC 库存分类法（见图 9-4）以帕累托定律（Pareto's Law）为基础，是指小部分贵重产品的价值占据总价值的大部分，即 10%的库存产品价值会占据库存总价值的 70%，称为 A 类产品；中等价值产品占库存总量的 30%，其价值占库存总价值的 20%，称为 B 类产品；不重要产品占库存总量的 60%，其价值只占库存价值的 10%，称为 C 类产品。

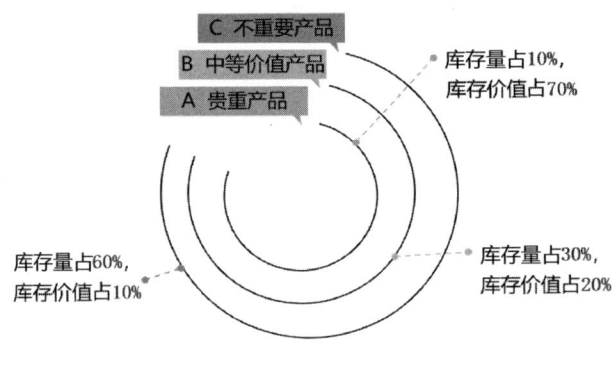

图 9-4　ABC 库存分类法

这种分类方法非常重要，可以使企业更好地确定库存策略。A 类产品库存价值较高，最为复杂的库存系统应该优先使用在 A 类产品的管理上，管理者也需投入更多精力；而 C 类产品采用自动化订货方式即可，管理者不需要消耗太多精力。

3. 持有库存的原因

（1）防止产品缺货，当库存耗尽时产品就无法即时配送，生产和交付都需要一定时间，因此只有拥有一定库存，才能满足在订货周期内及时交货。

（2）保持生产运营，平衡供需。

（3）采购更经济，批量购买获取更低的折扣。

（4）以防万一，预防供货的不确定性。所以，企业一般会设立周期库存，即批量库存；安全库存，即为缓解供应和需求不确定性的库存，可以是成品或原材料；季度性库存，即为应对需求波动，确保供应链畅通的库存；在途库存，即运输途中的库存等。

4．库存的冰山原理

在仓库内部，客户、承运人和收货人可以看到已知的问题，这些问题导致效率低下、成本增加，但在仓库内部或外部还有更多未知的问题，就像冰山只露出很小一部分。

9.2.4 库存相关指标

（1）库存周转率，已成为评估库存管理效率的最重要指标之一。公式如下：

$$库存周转率=销货成本/平均库存$$

$$平均库存=（期初库存+期末库存）/2$$

库存周转率为 12，即平均每个月周转一次；库存周转率为 3，即每 4 个月周转一次。低库存周转率意味着公司库存过量，周转速度慢。

（2）库存周转天数，是库存周转率的另一个版本，以天数而不是比率来评价公司库存的周转速度。

$$库存周转天数=365/库存周转次数$$

$$库存周转天数=平均库存/（销货成本/365）$$

库存周转天数反映了某产品保持现在库存的平均天数，若很小，则说明公司的周转速度很快，属于高效运作。

（3）现金循环周期，指将库存输入资源转为现金流所需花费的天数。

$$现金循环周期=库存周转天数+应收账款周转天数-应付账款周转天数$$

$$应收账款周转天数=平均应收账款/（销售金额/365）$$

$$应付账款周转天数=平均应付账款/（销货成本/365）$$

周期越短，则资金捆绑在供应链上的时间就越短。

（4）库存销售比率，反映与库存有关的收益情况。

$$库存销售比率=年销量/库存$$

（5）缺货率。

$$缺货率=缺货的库存项/库存项×100\%$$

9.3 运输管理

9.3.1 运输方式

在采购、生产、销售等业务环节中，根据数量、频次、交付时间等选择不同运输方式，主要有6种，即水路（江河海运）、航空（空运）、铁路（铁路运输）、公路（陆运）、管道、特种运输。

（1）水路。江河海运交付，采用船只运输的运输方式，适用于江、河、海等有港口、码头城市的大宗产品运输。

（2）公路。通过汽车运输，以整车、零担等方式交付。

（3）铁路。铁路运输，适用于所有标准产品的运输，根据货物不同吨位选择不同车辆来进行运输，细分为整车运输、零担、快运、城市配送、快递等多种方式。

（4）管道。通过地下管道开展货物运输，目前我国雄安新区正在试点这一新型物流模式，减轻地面交通压力，充分发挥地下物流便利、不拥堵的特点。

（5）特种运输。选择专用运输设备来承运货物的运输方式，如超高、超常、超吨位的货物。具体对比分析如图9-5所示。

（6）航空。空运交付，采用全航货机或者客货飞机运输的运输方式，适用于有航空口岸的城市间的运输，其特点是时效快、价格高。

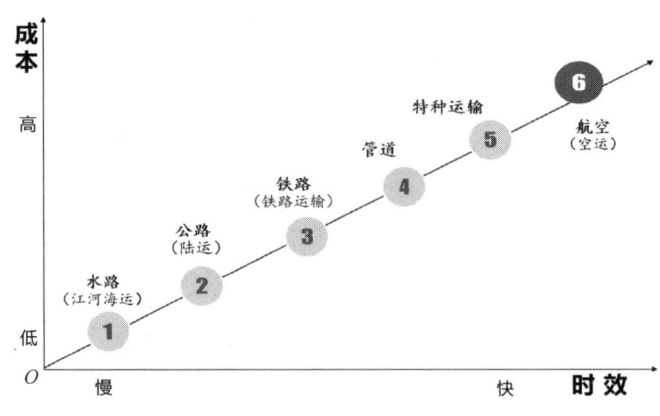

图9-5 运输方式对比分析图

9.3.2 运输方式选择

运输时效越快，投入成本相对越高，比如，航空成本是水路成本的 N 倍。目前，我国正尝试通过采取多式联运，发挥各种运输方式的优势，这也是各国提倡的运输模式。

公路运输相比铁路运输，可以更好地提供从始发地到目的地的"点到点"上门服务，公路运输占到美国所有运输方式 70%以上的份额，铁路排第二位（不到 10%），其他依次为水路、航空、管道等方式。铁路运输适合 500～1000 千米以上的长距离运输；水路运输在海外应用较为普遍，90%以上的国际货物通过海运方式交付，这也是最经济的运输方式，对于水路运输来说，最重要的通常不是速度，而是尽可能低价和可预测、可靠地交付；航空运输，一般有客运线路和货运线路，客运线路用下层舱位运货，货运线路则属于专门货机；管道运输通常在人口稠密的地区，利用地下资源开展原油、成品油、汽油和天然气等运输，近年开始尝试快递物流及货物运输。

多式联运，即通过两种或两种以上运输方式，将货物从始发地送到目的地。其中，集装箱多式联运，就是通过铁路、公路和水路运送集装箱，兼备经济性和时效性，被充分应用于全球贸易物流上。多式联运是最大程度降低物流成本，提高转运效率的方式。多式联运通过"一票制"，实现了区域性、全国性和全球性的联运，也解决了"各自为政、各管一段、各赚一块"的现实问题，提升了物流供应链水平。

9.3.3 集装箱运输

1. 集装箱的运输方式起源于英国

1801 年，英国詹姆斯·安德森（James Anderson）博士提出将货物装入集装箱进行运输的构想。

（1）第一阶段：萌芽期。

1830—1956 年为集装箱运输萌芽期。1917 年，美国铁路试行集装箱运输；1933 年，巴黎成立国际集装箱协会，制定统一的集装箱标准。

（2）第二阶段：开创期。

1956—1966 年为集装箱运输开创期。1955 年，美国人麦克林提出集装箱海陆联运观点；1956 年 4 月，美国泛大西洋公司"马科斯顿"号航行于纽约至休斯敦线上，装卸费仅为原来的 1/37，取得巨大的经济效益，1957 年该公司又改装了一艘吊装式集装箱船"盖脱威城"号，标志着海上集装箱运输正式开始。

（3）第三阶段：成长期。

1966—1971 年为集装箱运输成长期。集装箱运输从美国本土走向国际化，开始出现集装箱专用泊位，使用统一国际标准化组织（ISO）规定的 20 英尺（1 英尺≈0.3048 米）和 40 英尺的标准集装箱。

（4）第四阶段：扩展期。

20 世纪七八十年代是集装箱运输扩展期。世界出现主要航线，运输能力增强，各国普遍出现集装箱专用泊位，现代化管理水平提升，1980 年 5 月《联合国国际货物多式联运公约》在日内瓦通过。

（5）第五阶段：成熟期。

20 世纪 80 年代至今，软件日臻完善，现代化水平不断提高，管理方法科学化，多式联运迅速发展。

2．集装箱运输在中国

我国 1973 年 9 月在天津港第一次接卸进口国际集装箱，揭开了中国国际集装箱运输序幕，并经历了 20 世纪 70 年代起步、80 年代打基础、90 年代快速发展的过程。近十余年，我国港口集装箱运输发展迅猛，集装箱吞吐量连续多年居全球第一，世界前 10 大港口中，中国占有 7 席。在集装箱船队上，国有船东占主导地位，中远集团和中海集团是国内主要班轮运输企业。

3．国际集装箱多式联运

国际集装箱多式联运是在集装箱运输的基础上发展起来的，也是国际货物运输的主要方式之一。国际集装箱多式联运将海、铁、公、空运输方式有机结合，形成跨国（地区）的连贯运输方式，是运输业的重大革命。集装箱运输可以实现"门到门"运输，适于组织多式联运，可以消除运输货物的外形差异，提高货物装卸效率，降低劳动强度，减少货损，提高运输质量，并且节省包装费用，机械化操作缩短了货物在途时间，降低了物流成本。

4．中欧班列

中国和欧洲各处于古代丝绸之路的两端，中欧班列就是双方加强合作、加强对接的合作典范，也是"一带一路"倡议的重要成果。①"走出去"，中欧班列共通达欧洲 15 国，50 多个城市，目前中国有 60 多个城市搭上中欧班列出口通道，服饰、食品、小商品、汽配、电子设备、科技产品等通过这一通道，不断输送至欧洲国家；②"引进来"，国外优质的产品通过中欧班列输送回国内，如红酒、化妆品、医疗产品等。中欧班列的运输成本不到空运的 50%，速度又快于海运，具备较大的发展潜力。2011 年，中欧班列全年开行 17 列，至 2018 年开行超 6300 列，返程班列近 2700 列。贸易大通道使沿线国家找到了新的商机，尤其是我国中西部城市，打开了跨境出口通道。

9.3.4 物流园区

物流园区（Logistics Park），也称为物流团地。最早在日本东京出现，20 世纪 60 年代，日本政府为了解决城市交通拥堵的问题，在东京近郊建立了四个物流园区，获得了经济和社会效益，欧洲国家随后加以复制，促进了区域和城市的物流业发展。《物流术语》对"物流园区"的定义如下："为了实现物流设施集约化和物流运作共同化，或者出于城市物流设施空间布局合理化的目的，而在城市周边等各区域，集中建设的物流设施群与众多物流业者在地域上的物理集结地。"

1．现代化物流园区发展的几个阶段

①仓储业阶段，主要功能是储存和保管货物，持续到 20 世纪五六十年代；②物流系统阶段，仓库由保管型向流通型转变，在第二次世界大战前后形成；③物流中心阶段，为提高物流服务水平、降低物流成本、加强物流组织管理，形成的第三方物流组织；④物流园区阶段，随着市场竞争加剧、成本上升、城市交通拥堵，集中了物流企业、物流功能互补的大型物流基础设施物流园区出现，使物流企业协作更为方便，加快了物流分工专业化，推动了物流业的社会化发展。

2．物流园区的功能

①支持商品的周转和联运；②延伸出现代物流的综合服务功能，主要包括商品的分拣、配送、保管、流通加工，以及物流金融服务等方面；③信息网络的服务功能，如物流信息的服务、商流信息的服务；④管理服务功能，包括内部综合服务、

商务办公服务、海关监管服务等方面；⑤交易展示的功能；⑥对产业经济具有推动作用。

3．物流园区的类型

①根据功能，分为仓储型物流园区、配送型物流园区、货运枢纽型物流园区、商贸中心型物流园区和综合型物流园区。②根据服务对象，分为农业物流园区、工业物流园区、商业物流园区和社会物流园区。③根据物流作用领域，分为行业物流园区和第三方物流园区。物流园区呈现管理规范化、经营集团化、作业高效化、服务标准化和物流虚拟化等特点。

9.4 配送管理

9.4.1 配送方式及时限

1．物流配送方式及选择标准

（1）公路配送。配送距离一般在 1600 千米以内，采用双人 24 小时不间断运输，一般行驶 800 千米后交换驾驶。

（2）航空配送。若需 24 小时内移动 1900 千米以上，则必须选择航空运输。

（3）水运配送。涉及国际、洲际的货物运输，一般选择海运方式。远洋轮船运载了全球 80%以上的贸易商品，通过班轮和不定期船（租船）实现远洋运输，货物包括散货、散杂货和集装箱货物。其中，集装箱货物的份额在不断增加，散货的份额在不断减少。集装箱运输需要使用的单据包括提单、装箱单、承运商货运单、交货收据、危险品申报单（若需）等。国际运输单据包括托运商出口申报单、进出口许可证（若需）、商业发票（原件、运输文件中的副本、实际运输中的副本）、原产地证书、领事发票等。

（4）定时班车方式配送。在国内运输中，以接力赛方式，改变原来长途司机整体需要一周往返时间的状况，调整为现在的到固定节点拉力上班方式，每位司机在两个节点间上一天班，然后回家休息一天。用这种方式保证"人换车不停"，以定时班车接力的方式做长途运输，可解决国内运输业务的长途运输中员工上班时间过长的问题。

2. 连锁配送方式

按配送的结点不同，连锁配送方式可以划分为以下四类：①配送中心配送，规模比较大，有专职的配送中心，需要一定的库存量，专业化和现代化程度相对较高；②仓库配送，以某一仓库为据点进行配送，在仓库原职能下，增加部分配送职能；③商店配送，利用商业或物资门市网点，适合零星商品小量配送，配送半径小，灵活性强，可承担非主要生产物资和消费者个人订单的配送；④生产企业配送，以生产企业为主体开展，在节省成本方面具有一定的优势，适合保质期短、时效性较强的产品。

3. 配送时间方式

①定时配送，固定时间或固定间隔配送，由合作双方签订协议，约定配送计划；②定量配送，按规定的批量配送；③定时定量配送，是一种精密的配送方式；④定时定路线配送，按照运行路线时间表配送；⑤即时配送，按照客户订单配送要求即时配送。这几种方法中定时定路线配送方式应用最广泛，也方便生产作业。

4. 配送交付时限

D，就是次日交付；2D，就是两日交付。

5. 物流服务管理

一是仓储管理（外仓）；二是国内运输管理；三是物流服务商管理。

9.4.2 区域配送中心

配送中心是指在将货物或产品运输到客户手上前，对其进行临时储存的地方，是供应链的基本组成部分，要与传统仓库概念相区分。配送中心是满足了未来需求的仓储或储存产品的方式，其意义和功能超越了传统意义上的仓库。配送中心提供存货累计、分拣、产品分配和搭配的服务，还提供分拣服务，减少了储存的相关成本，增强了服务客户的能力。

区域配送中心（Regional Distribution Center，RDC）是从事配送业务并且具有完善的信息网络的场所或组织，一般具备储存功能、分拣功能、集散功能、衔接功能和加工功能。区域配送中心一般由管理机构（指挥系统和管理系统）和作业区组成。其中，作业区包括接货区、储存区、理货区、配装区、发货区和加工区。

进货作业一般由订货、接货、货物检验、分类入库、交接登记、商品编码等环节组成。储存作业一般由货位规划、商品分区、货物堆码、保管维护、货物盘点、货物检查等组成。

1. 区域配送中心的建立

区域配送中心是零售企业追求供应链价值的产物，为全局库存优化和供应链成本的降低创造了更加有利的条件。区域配送中心的建立也是零售企业供应链优化的过程，分为供应链目标的设定（现状及目标）、区域配送中心的规划和实施（规划、实施、交接）、区域配送中心的启动和运营三个环节。

2. 配送储存作业九原则

①面向通道进行保管原则，方便货物上架和取出；②高层堆码原则，充分利用仓库容积，提高保管效率；③先入先出原则，避免货物因储存时间过长而变质、腐烂等；④周转对应保管原则，按照出库频率选择保管位置，出库频率高的货物尽可能接近出口；⑤同一性原则，相同物品尽量摆放在同一区域，提高保管效率；⑥类似性原则，类似货物邻近存放，提高出入库效率；⑦重量特性原则，重的物品放在下面，轻的放在上面；⑧形状性原则，形状规则的货物放在托盘或货架上，不规则的使用特殊容器保管；⑨位置标志原则，物品存放标志醒目，方便存取。

3. 区域配送中心运营的关键绩效指标

①库存周转（库存周转天数、库存周转率）；②终端订单满足（订单满足率）；③运营成本（仓库成本占比、单位仓库成本、退货仓库成本占比、每平方米出库量）；④运营质量（拣选差错率、库存准确率）；⑤终端服务（库存可获得率、配送准时率、订单响应时间）；⑥运营效率（人力效率和仓库流程效率）等。

4. 配送绩效评价要素

一般由空间利用率、设备利用率、人员利用率、商品订单效率、作业规划管理能力、成本率、时间效率、质量水平8个要素组成。

9.4.3 配送降本

降低配送成本的主要方法（见图9-6）：①配送计划管控，建立客户配送计划申报制度，减少临时配送和紧急配送；②配送环节管理，采用先进的技术和装备，提高配送效率，加快配送速度；③配送路线优化，通过大数据对配送商品、送达时间、车辆容积、交管要求、现有运力及可支配运力进行综合分析，设计最优线路；④共同配送模式，几家企业联合，统一配送设施，集小量为大量；⑤车辆合理配载，轻重搭配，有效利用体积和载重量；⑥配送自管系统，提高分拣配送效率，减少差错，节省劳动力，降低配送费用。

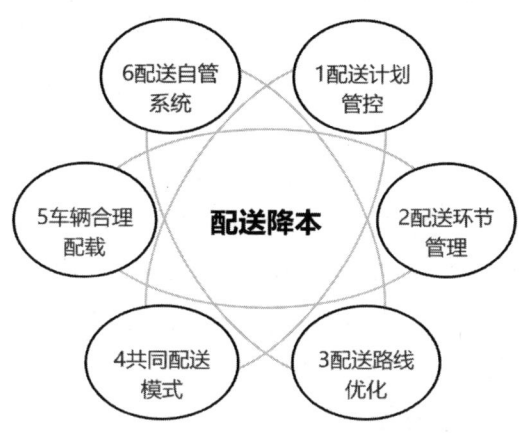

图 9-6　降低配送成本的主要方法

连锁企业的物流成本主要由以下几方面组成：仓储成本、包装成本、运输成本、装卸与搬运成本、配送成本、流通加工成本、物流信息成本、物流管理成本、流动资金占用成本、存货保险成本和存货风险成本等。企业可以通过对采购成本、包装成本、库存成本、配送成本、运输成本及装卸成本的控制，来实现物流成本的进一步优化。

9.4.4　配送损耗管理

在连锁门店中，发生损耗主要有以下几个原因。

（1）作业损耗。①进货过程中导致的损耗，如破损商品未及时处理；②储存和陈列过程中导致的损耗，如储存过程中的变质腐烂、温控不好导致的腐烂等；③加工过程中造成的损耗，如加热不当造成的残品、袋装分量不足或食品污染的残品；④收银环节错误导致的损耗，如收银不准、漏扫描等。

（2）偷窃损耗。包括顾客偷窃、员工偷窃和供应商偷窃等。

（3）变价损耗。促销时降低商品售价形成的损耗，如店庆降价、特价活动降价、临期降价等。

（4）意外损耗。自然灾害或人为意外事件。

配送仓储对配送损耗降低的作用。仓储在货物的储存和交易里，有着十分重要的作用。在第二次世界大战后，仓储成为一项重要战略职能。20世纪后期，随着计算机的应用，仓库信息收集、产品数据传输更为方便快捷，仓库管理员可以更好地应对消费需求的增长，同时现代仓储帮助企业实现了降低成本、节省物流时间的竞争优势。正是配送仓储基础设施的建立和完善，让配送时效提升，保管有序，损耗降低。

9.4.5 配送"新基建"

一是"分钟级配送"。"分钟级即时配送网络"将成为一个城市新的"毛细血管"，在最后几公里内将商品和服务，快速送到每一位消费者手中，提供"万物到家"的配送服务。通过配送网络、上游商流、技术能力、安全管理和运营管理五个核心能力建设，培育城市最高性价比的配送服务。

二是即时城配"四类模式"。①"巡游模式"，点对点网络配送，这是主力，2019年美团配送实现76亿单；②"星系模式"，定制化的驻点服务，合作门点年增长超过400%；③"仓配一体模式"，"前置小仓+配送"方式，极大提高了配送效率；④"智能末端模式"，如智能取餐柜等，在北上广等一线城市正分批投放。

三是技术赋能城市配送。围绕智能调度、柔性调度，运营商实现秒级智能调度水平，此外运营商还将实现劳动力、装备、金融、车辆等环节协同优化，实现产业链生态布局。例如，美团配送于2019年5月6日从美团剥离，成为独立品牌，并升级为开放城配服务平台，推动社会物流成本降低，成为社会物流基础设施。

四是城配品类不断增多。从原来的美团餐饮配送，到现在的生鲜、鲜花、手机等众多品类配送，配送平台连接供需两端，接入城配"新基建"，保证新鲜，提高了顾客满意度，拉动了销售。

据统计，2020年全国外卖订单量达到171亿单，同比增长7.5%，外卖市场的规模达到8352亿元，同比增长15%。其中，"80后""90后"成为外卖消费的中坚力量，外卖产业未来1~3年将成为万亿元级别的市场，外卖业务推动了城市即时配送市场规模的扩大。

 小贴士

猛兽大战：社区团购的 2021 生鲜供应链之争

社区团购不仅是一场销售量之争，还可能是一场关乎"流量入口"的战略之争。在长达 76 天的新冠肺炎疫情考验下，封闭在家的武汉市民购买生活用品只能选择社区团购或外卖的方式，这成为疫情期间消费的主渠道。武汉新冠肺炎疫情过去后，订单量快速下降。社区团购在经历井喷、洗牌、沉寂后，通过打通供给侧和需求侧的堵点，连接了消费者和商品的生产方，从深层次重新激发了消费者的消费欲望。

一、社区团购"硝烟四起"

社区团购竞争激烈，已影响到传统商业模式。社区团购企业分为两类。第一类：创业公司，包括兴盛优选、十荟团、同程生活、美家优选等，各公司战绩亮眼。这些创业公司在新冠肺炎疫情之前曾不被看好，而新冠肺炎疫情让整个行业"逆风翻盘"，让人重新认识到社区团购巨大的商业价值。兴盛优选从湖南成长，依靠芙蓉兴盛万家门店基础，开展"门店+团购"模式，2021 年 2 月获 30 亿美元战略投资，估值高达 80 亿美元；十荟团 2020 年 GMV 达 100 亿元。第二类：平台巨头，包括美团、阿里巴巴、腾讯、拼多多等，各大平台电商纷纷加入社区团购大战。社区团购可以帮助电商巨头获取三四线城市的新增流量，外卖和电商已经让一二线城市的流量见顶，三四线城市的流量正是各巨头窥视的。2003 年，非典促进了 B2C 电商的崛起，2020 年新冠肺炎疫情推动了社区团购电商的高速发展。

二、社区团购的"今世未来"

生鲜蔬菜供应体系。社区团购能否取代菜贩、菜市场？中国蔬菜供应体系，也称"菜篮子工程"，中国"菜篮子工程"用 30 多年建立了连接生产基地和零售市场的蔬菜供给体系，使中国人均蔬菜消费量成为世界第一，同时伴随经济和技术的发展，供应链冗杂、层级烦琐、信息不对称、损耗巨大的弊端也逐步显现，资源浪费严重。

社区团购的起源。2014—2016 年，社区团购的雏形出现于湖南长沙和湖北武汉，团长通过微信群和 QQ 群收集订单，并向上级供应商下单，获得集中采购的成本优势。社区团购在 2018 年出现，在 2019 年爆发，在 2020 年新冠肺炎疫情期间达到高峰。社区团购成本低、效率高，满足了社区消费者的高频需求，同时采取

预售制，减少了仓储及渠道成本，获得快速发展。社区团购快速发展的原因：一是"低"，获客成本低，属于流量洼地，单客成本仅为 3~5 元；二是"少"，配送费用少，社区集中交付，亦无快递包装费用；三是"强"，本地属性强，产品可以为非标品，各类同城生活小吃均可集中采购，优于平台电商；四是"好"，店长维护好，通过店长进行销售推广和客户维护；五是"大"，促销吸引大，目前各大社区团购平台均使出"洪荒之力"，让消费者获得真正实惠；六是"简"，SKU 相对简单，社区团购采用的几乎都是"爆品战略"；七是"丰"，拓展空间丰，菜品、生活用品、特色小吃，应有尽有。据了解，目前国内互联网巨头已悉数进入社区团购这一赛道。初步分析，中国二三四线城市约有 5 亿~6 亿人，约 3 亿~4 亿人是社区团购的目标需求人群。据了解 70% 的外卖是由一线城市消费者贡献的，而在中国三四线城市，外卖的渗透率仅在 35% 左右。未来零售，可能会形成"门店、电商、社区团购"三分天下的局面。

三、社区团购"比拼供应链"

社区团购比拼的就是供应链能力。供应链就是社区新零售的核心壁垒，也是基本功。目前，社区团购品类主要包括果蔬、肉禽蛋、酒水饮料、乳制品、家居厨卫等。

设计的供应链管理。一是目标客户选择，社区团购消费者年龄一般为 25~45 岁，女性占 70% 以上，特别适合上班族，以及婚后持家的女性，他们没有时间买菜，可以提前一天在网上下单，次日下班在社区团购点取菜。二是消费频次设计，一般消费者一周采购 2~3 次。三是商品及售价设计，由于是高频次消费，商品分量相对较少，一般约为 400~500 克，商品单价在 10 元以内。四是生鲜拉动，生鲜是拉动消费频次的重要品类，拼多多的多多买菜中，生鲜占 70%，一般社区团购平台中生鲜往往也占到 20%~40%。五是低价或低客单价，客单价低于普通电商平台，平均为 25 元/单。

采购的供应链管理。一是预售制采购供应链，实现了超低库存率，尤其是在生鲜领域，极大降低了损耗。二是采取供货商制，方便溯源和售后。三是用好标品供应商，针对标品供应商，平台企业会继续用好原有的通路供应商，如京东新通路、阿里新零售、兴盛优选的芙蓉兴盛供应商渠道等。四是生鲜货源略同，生鲜农品的大单量爆品供应商相对有限，社区团购平台的货源也大致相同，差异主要在商品包装上。

生产的供应链管理。一是建设"四级仓配体系",从供应商到消费者,经历四级仓配,包括中心仓(或共享仓)、首页仓(城市仓)、网格仓、自提点(前置周转仓)。二是履约成本管控,如生鲜品类按收入100%测算,一般产品成本为75%,团长佣金为10%,履约成本为7%~12%(包括物流、仓储、运营),平台利润在3%左右。三是社区连锁店受到冲击,一旦消费者形成消费习惯,没有加入社区团购的店铺将会被逐步取代。四是仓储作业效率提升,在夜间作业,做好清洗、加工、处理、包装等工作,同时做好高量和低量的作业协调。

销售的供应链管理。一是低价获客,开通会员免费送代金券、首单免费等策略,使获客成本降至3~5元/人,留存率保持在25%左右。二是价格战吸引,利用优惠补贴的平台价格,吸引消费者购物。三是强交付能力,依托社区门店,交付时长将不超过15小时。四是高复购率,基本上只要购买过就会成为回头客。五是奖励推动,平台给予团长销售提成,根据产品,提成为8%~30%。

服务的供应链管理。一是社区团购的主流服务模式是次日达,这也是消费者期望交付的时间,还有一日二配、多配。二是灵活细致的仓储体系,在物流服务上,实现共享仓、城市仓、网格仓和前置周转仓的灵活仓配服务。三是私域流量建设,充分发挥团长的优势和线下门店的低成本获客优势。四是履约高时效,一般当日下单,次日下午2点至4点完成交付。五是物流供应链渐成核心竞争力,社区团购企业兴盛优选比照京东模式,建立了独有的物流供应链。

供应链数字化。一是超强数字化,社区团购较传统便利店销售,无疑具备更强的数字化能力。二是数字化运营,通过对订单的收集、统计和分析,保留高销品,淘汰低销品,数字化运营,让贸易更加精准化。

供应链金融。作为核心企业,社区团购企业利用自身品牌和实力优势,为合作企业建立银行,共同授信,提升供应链安全,提升产业链、供应链的竞争力,使其未来更有作为。

四、社区团购"发展思考"

社区团购就像一只猛兽,作者认为以下五点发展值得思考。

思考一:企业务必重视社区团购这一新物种。社区团购的本质是渠道创新,订单密度和客单价是渠道存在的源泉。社区团购通过数字化订单,有望将小零售形态的供应链流程实现再造。

思考二：社区团购中商务拓展人员至关重要。前期是团长重要，依靠团长维护消费群，在一家社区团购平台中一名优秀的商务拓展人员流失，可能会影响区域内50%的社区团长跟随流失。

思考三：将供应链打造成社区团购的壁垒。一是挖掘优质的供应链，更多直采供应链、更优质的履约交付保障能提升客户的消费体验，如滴滴橙心优选与中粮、三只松鼠、旺旺、康师傅等知名品牌企业，建立战略合作关系，提升客户的消费体验和复购率。二是逆向物流等差异服务需要研究投入，如社区团购冷链体系。

思考四：房地产公司社区团购潜力巨大。房地产公司每月要收取物业费、水电费等，因此利用社区业主开展社区团购，潜力很大。物业办公室就是社区提货点，物业人员就是送货人员，极大地节省了履约和销售推广成本。

思考五：未来社区团购的发展方向。零售的核心是供应链，供应链是社区团购的核心壁垒。供应链管理的核心是"成本+效率"，方法是"体系+协同"。很多企业已成立社区团购事业部，面对这一变化，您的企业呢？

9.5 售后增值服务

一是可逆化，提供逆向物流服务。

二是绿色化，倡导绿色物流服务。

三是供应链化，提升增值物流服务。

四是低碳化，践行碳中和配送服务。

物流企业的发展趋势：产品化、科技化、资本化、平台化。市场竞争从"大鱼吃小鱼"，演变为"快鱼吃慢鱼"。没有物流，就没有供应链。物流是供应链各环节的纽带。物流的目标，即快速响应（速度）、最小变异（质量）和最低库存（周转）。减少搬运次数，就是降低物流成本、降低物流损耗和提高物流效率，核心办法就是建设仓配一体的自营物流体系。物流企业的发展趋势一方面是推动企业加快向物流供应链企业转型，另一方面是适应新形势下国家对物流企业的可逆化、绿色化、供应链化和低碳化的新要求。

一是逆向物流，是指物流从供应链的下游向上游运动所形成的物流活动。逆向物流一般为销售商家的退换货。有效的逆向物流可以为企业节约成本、增加利润，提高客户满意度。逆向物流按渠道来分，分为退货逆向物流和回收逆向物流；按照物理属性来分，分为木制品、玻璃品、金属制品等逆向物流；按照处置方式来分，分为投诉退货、终端退回、维修退回、报废退回、包材退回等。

二是绿色物流，就是以降低环境污染和减少资源消耗为目的，通过引入先进的物流技术，实现运输、装卸、仓储、配送、加工、包装等可持续发展的物流系列活动。绿色物流将支持绿色供应链与生态供应链的快速发展。

三是物流增值服务。快递物流企业先后推出上门取件、代收货款、一标多件、系统对接、电子称重、以旧换新、部分签收、预约派送、查询快递员、密码投送、逆向物流、推送代收点、一键转寄、虚拟送货地址、主动售后、冷链配送等增值服务，并推出行业物流供应链解决方案。

四是碳中和与物流供应链。通过积极测量和报告碳排放量与能源使用量，将企业可持续发展作为参与竞争的基础。中国越来越多的企业认识到企业对环境应该有经济底线，应该保持精益、绿色和可持续发展，推出新能源无人配送车辆、智能运输系统，在提升物流运输能力的同时还保护了环境。

9.6 冷链物流

9.6.1 冷链物流的定义

冷链是生鲜食材流通过程的"血液"，有保障的冷链运输能最大限度地减少运输损耗，保证产品安全，防止污染。

冷链全环节包括冷藏车保鲜运输、中转冷库储存、末端冷链配送、低温销售等。

冷链仓储分类。一般分为常温、冷藏、冷冻三温带。有的设有五温带，在冷链发达国家，如日本，细分高达七温带。

2018年，中国优秀冷链运营企业如下：郑明现代物流、九曳供应链、鲜易供应链、安鲜达、驯鹿冷链、苏宁物流、每日优鲜、京东物流、蜀海供应链、美菜、泛亚、信良记、良中行等。

9.6.2 冷链市场需求细分

不同产品，有不同的冷链需求，对储存温度也有不同标准，冷链市场需求细分为以下几种。

（1）高端冷链：由专业冷链服务商提供服务，对冷链服务要求最为严格，如医药、化工原料、特殊试剂等领域。

（2）中端冷链：由标准冷链服务商提供服务，主要为加工食品和饮料等，其中水产品对温度的要求较为苛刻。

（3）初级冷链：主要为初级生鲜农产品服务，目前这类冷链需求缺口较大，如果蔬、茶叶、花卉等。

生鲜农产品冷链物流包括农产品低温加工、低温仓储、低温运配、低温销售4个环节，具有复杂性、协调性、信息化、高成本的特点。

9.6.3 中美日农产品冷链物流的差距

中国和美国、日本农产品的冷链物流有很多不同之处，中国目前仍以多层次产销批发市场为主，以社区农贸市场对接终端渠道，也逐步向"农改超"迈进，但整体销售及物流效率低下，流通成本相对较高，中国农产品冷链流通率相对较低，多数尚处于自然常温运输模式；而美日等发达国家已基本实现以超市、商店为主，系统组织货源，全程冷链，提供优质安全的农产品。

一是生鲜供应链的渗透率。资料显示，2020年中国生鲜供应链市场规模约为5万亿元，五大品类零售额中，蔬菜、水果、肉类、禽蛋、水产品分别占比29%、21%、22%、4%、24%。其中，水果消费保持上升趋势，肉类下降。蔬菜购买频次最高，每周四次，水果每周必买，水产品为低频。生鲜主渠道仍为农贸市场，但伴随近年超市、电商、社区团购等渠道快速发展，农贸市场的份额逐年减少。2019年，农贸市场生鲜零售占比43.6%，10年间下降了9.1个百分点。2020年，生鲜电商市场规模约为3600亿元，消费者渗透率约为7.2%。目前，我国生鲜农产品冷链流通率仅为整体配送比例的22%～41%，这一指标与美日相比差距巨大。伴随着农业现代化的发展，以及人们对高品质美好生活的追求，冷链物流将进一步兴起和成长。

二是生鲜冷链物流市场规模。2017年，全国冷链物流市场规模约为3000亿元，2020年市场规模约为4700亿元，年复合增长率超过25%，进入快速膨胀通道。相关资料显示，苏宁目前有4000万个SKU、1万名工程师，全方位为消费者提供吃喝玩乐衣食住购行服务。数据显示，2017年全国冷库总容量在1.4亿立方米左右。蔬菜、水果、肉类、禽蛋、水产品占到实际利用容积的近40%。各类冷库中农产品批发市场的前 20 强，占到行业容积的近 50%，聚集效应较强。这些冷库具有设施陈旧、信息化不足、管理粗放、功能落后等缺点，需要加大硬件投入、升级软件、提升功能、创新模式，承担起仓储、加工、分割和分拨等功能。

三是全球冷库运营数据分析。全球十大知名冷库运营商中，美国有 5 家，占 50%，另外荷兰有 2 家，日本、加拿大、墨西哥各有 1 家。中国目前无上榜企业，伴随国人对冷链产品需求的提升，冷库的发展潜力巨大。

9.6.4 生鲜冷链物流"决胜之战"

生鲜冷链物流决胜的三个方面：一是保鲜，二是控制损耗，三是成本与效率。

目前，我国超市果蔬、肉类、水产品的损耗率分别为 15%、8%、10%，生鲜产品的损耗率远高于发达国家。生鲜冷链物流成本居高不下，约占物流总成本的 20%~40%。企业要减少供应链环节，实行标准化管理，建设冷链物流体系，创新包装材料，发展冷链新技术，走专业化道路，具体从五个方面进行改进。

（1）可以尝试在国内建设原产地预处理中心。针对鲜花、大闸蟹、荔枝、樱桃、脐橙、苹果、柚子等发寄量较大的生鲜产品进行预处理。例如，果蔬产品可进行去杂剪枝、选果分级、预冷降温、称重装袋、封箱贴单、装车封发、过程监控等处理，并可引进自动化的分拣设施，有效解决人工分拣效率低下、品控不稳定等难题。

（2）建立高效的运力保障资源体系。要保证生鲜产品及时安全运递，需要充足的运力和专业的设备支撑。在运力方面，航空运输是国内鲜果物流限时递的主要承运方式，要建设全国主要城市的次晨达、次日递航空网络，同时也可以采取"航空+高铁+陆运"组合拳，让鲜果限时送达。

（3）在最后一公里提升客户的体验。做好全国最后一公里的整体布局，建立全国性的冷链网络，扩大区域覆盖面。

（4）通过科技创新研发生鲜产品包装运输技术。研发包装新技术、新设备，如大闸蟹自动捆扎机，实现人工捆蟹向设备自动捆蟹的突破，让大闸蟹专递工业流水化成为现实；生鲜充氧包装设备可以实现鲟龙鱼、人工饲养娃娃鱼在 0℃~8℃ 的恒温环境下存活 3~7 天，实现特色高品质河鲜、海鲜产地直发。

（5）推出生鲜行业物流系列完整解决方案。针对生鲜寄递行业，从企业内部建立全套规范的生产、包装、运输、配送物流标准体系，制定明确的寄递行业解决方案。针对大闸蟹、杨梅、茶叶、牛羊肉等对时限和品质要求较高的产品，针对原产地的地标产品，设计行业服务方案。做好上下游供应链的赋能，向生鲜产品的产销两端不断延伸，实现"产、运、销的全产业链"综合一揽子解决方案。企业可以采取寄递产品发布会形式，邀请生产加工企业集中会销，并帮助养殖企业学习电商销售、进行产销对接、与企业自有销售平台对接，既拓宽了养殖企业的销路，又一并解决了物流配送问题，还可以在供应链金融方面给予支持。目前，在生鲜寄递行业，顺丰"领鲜"和中国邮政"极速鲜"是典型的解决方案，在数字链、商业链、资金链等方面，为原产地商户和消费者提供优质服务。

9.7 物流供应链相关概念

ABC 库存分类法，将库存按优先级划分，A 类是最有价值、最重要、对时间最敏感的类别，C 类是价值最低、最不重要、对时间最不敏感的类别，B 类在中间。

需求预测，预测产品的未来需求，通过计划确保需要时有产品可用，可运用自动化系统来辅助进行需求预测。

无人搬运车（Automatic Guided Vehicle，AGV），通过计算机编程实现自动导引车辆，执行物料或成品的移动任务。

自动立体仓库系统（Automated Storage and Retrieval System，AS/RS），包括各种计算机控制系统，用于自动放置货物或检索存储位置。当大量货物进出时，使用 AS/RS 系统不会增加产品附加值，同时准确率很高。

先进先出（First-In First-Out，FIFO），是一种库存管理流程，最先入库的物品最先被分发出来。

装运港船上交货（Free On Board，FOB），国内运输销售条款，管理运输货物的所有权和责任，明确采用离岸价进行交易，由卖方承担运费。

免手动语音技术，操作员在拣选时可以不用双手的一种技术，可以提高拣选的速度和准确率，可用于仓库的周期盘点、补货、入库上架、拣配和校验工作。

多式联运，使用多种运输方式来运输货物，包括水路、航空、铁路、公路及管道运输等。

联运集装箱，用于多式联运的集装箱，可以保护和运输各类货物，易于在公路、海运和铁路之间转移，从而提升效率。常见集装箱有 20 英尺、40 英尺、48 英尺和 53 英尺几种型号。

零担运输（Less Than Truckload，LTL），未充分利用卡车最大容量的运输方式，一般用这种方式进行拼车运输。

整车运输（TruckLoad，TL），通过由一个或多个订单组成整车货物，从单一产地直接运输到目标客户处的一种运输方式。

增值物流服务（Value-Added Logistics Service），由仓库执行的客户的独特要求，实现价值的增加。

航运集装箱的出现使长途的安全运输成为可能，让世界贸易融为一体。利用长方形钢或铝制的集装箱，将货物在卡车、火车和轮船之间进行搬运，减少了盗窃、损毁及延误情况的发生，并且节省了很大一部分运输成本。

 小贴士

日本排名第一的冷链物流企业——日冷物流

日冷物流是日冷集团旗下子公司，以仓配为核心，实现了物流网络运营，在海外 113 个地区设有冷藏和物流中心，冷藏能力达 180 万吨，是日本国内最大的冷链物流企业，在全球排名第五。2018 年，日冷物流营收约 118 亿元人民币，占日冷集团营收的 33%。

日冷物流的发展历史。1942 年，日冷集团前身帝国水产统制株式会社成立，开展冷冻及水产品销售，1949 年上市，1977 年设立运输部门，即日冷物流前身，1998 年进军欧洲，2004 年与三菱商事在上海设立上海鲜冷储运，进军中国冷链市场，2005 年日冷物流从集团剥离成为日冷集团第二大子公司，营业规模和服务范围不断扩大，截至 2018 年，年营业额超过百亿元人民币（约 1951 亿日元）。日冷物流下游客户数约为 2000 家，员工数约为 4900 人，营收增速保持在 4%左右，利润稳定在 6%左右。

日冷物流的业务板块。日冷物流的业务板块分为四大类：物流网络事业群、仓储事业群、日冷工程事业群、海外事业群。其中，物流网络事业群的物流供应链是日冷物流最核心的业务，负责 30 多个地区的运输中心及 4000 多台车辆的调配运营

工作，提供综合冷链物流解决方案。仓储事业群有 8 家分公司，负责 8 个地区的冷库运作。日冷工程事业群负责研发冷链物流技术，提升企业的冷链服务能力。海外事业群主要分布于中国、泰国、马来西亚及欧洲部分国家，在欧洲 9 国设有 36 个营业场所。中国冷链物流近年来处于高速增长期，年复合增长率高达 20%以上，未来五年国内市场竞争激烈，也会成长出像日冷物流这样的超级巨头，形成全国性冷链仓储配送体系。

第10章 供应链信息流管理

10.1 供应链信息流管理概述

企业要主动拥抱信息化、数字化。数字化至少包含四个新一代技术：人工智能、互联网技术、大数据和信息技术。根据中国网络空间研究院统计报告，2020年数字经济整体规模已占我国GDP的38.6%，成为驱动中国经济增长的重要引擎。

未来企业要么是数字化原生企业，要么是数字化转型企业，没有数字能力的企业很可能不再有好的发展前景。供应链信息流管理就是加强信息化、数字化、智能化建设，实现大数据和智能化供应链。企业应积极推进数字经济和实体经济融合发展，将数字化转型作为改造传统动能、培育发展新动能的手段，强化数据驱动，集成创新，合作共赢。

10.1.1 供应链信息流管理的六个环节

供应链信息流管理包括六个环节：规划、采集、传输、存储、计算、呈现（见图10-1）。

一是供应链的信息流规划。根据设计、采购、生产、销售、服务的供应链管理需求，明确信息流的数据组成及数据的类别、形式、数量等属性要求。根据供应链管理协同需求，明确数据在各环节中的流动方向。

二是供应链的信息流采集。通过传感器等数据采集工具，在设计、采购、生产、销售、服务的各个供应链管理环节采集信息流数据。

三是供应链的信息流传输。基于互联网、移动互联网、蓝牙等传输模式，根据供应链管理需求，构建信息流数据传输所需的物理条件。

四是供应链的信息流存储。基于云存储、本机存储、移动存储等存储模式，根据供应链管理需求，构建供应链信息流数据存储的物理条件。

五是供应链的信息流计算。基于计算机本机运算、云计算、人工智能等计算模式，根据供应链管理需求，对数据进行筛选、排序、统计、计算。

六是供应链的信息流呈现。基于电脑、手机等各类终端，根据供应链管理需求，将筛选、排序、统计、计算后的结果以图文、表格等形式提供给供应链组织成员。信息流数据须同时满足真实、完整、有效三个条件。

图 10-1　供应链信息流管理的六个环节

10.1.2　供应链信息管理系统

ERP 系统用于计划、控制和记录企业日常经营活动，并实时提供信息，几乎将企业各方面都囊括入内，改善了业务流程，提高了企业竞争力。20 世纪 70 年代，IBM 公司的工程师发现企业既有财务系统，又有物质交易系统，但二者相互独立，没有打通，于是他们想开发一个系统，用单系统来访问和更新公司的相关数据，IBM 公司拒绝他们的提议后，1972 年他们创立了自己的公司 SAP AG，并研发了一款系统分析和程序开发产品。2006 年，SAP AG 成为世界第三大软件提供商。

在国际市场，甲骨文（Oracle）、SAP AG、J. D. Edwards 公司，以及仁科等公司占据了 ERP 系统的大部分市场份额。ERP 系统被用于整合业务功能，优化内部处理流程，缺点是缺乏整合企业与供应商的数据接口。

供应链管理（Supply Chain Management，SCM）系统将供应商、制造商、代理分销商、物流服务商、零售商和终端客户有效串联起来，按照设定的流程模式运转，实现高效的战斗力。供应链管理系统须建立在电子商务协同的基础上，从而实现互联网大数据下的智能供应链。

SCM 系统比 ERP 系统更为先进，ERP 系统较 SCM 系统出现早。SCM 系统的管理范围更为广泛，ERP 系统更多解决企业的内部问题，SCM 系统针对的是整体供应链。在全球化的今天，世界 500 强企业纷纷导入 SCM 系统。ERP 系统是企业供应链的基础，SCM 系统是跨企业、行业供应链发展的趋势。企业可以在做好自身 ERP 系统的基础上，做强做好 SCM 系统，可以说 SCM 系统是 ERP 系统的升级版。

供应链分析（Supply Chain Analytics，SCA）系统与 ERP 系统频繁连接，支持整个供应链过程中物流、信息流和资金流的具体计划和控制，核心是决策支持活动。SCA 系统主要包括三类软件。①供应商关系管理（Supplier Relationship Management，SRM）软件，有助于分析和管理买方的商务行为，如定价、交付、应急、外包、签订合同等。②供给需求管理（Supply-Demand Management，SDM）软件，分析处理商务活动中有关制造、移动和储存的问题，如生产什么、数量多少、发运路线、何时运抵、物料需求等，伴随供应链越来越精益，此环节也日益重要。③客户关系管理（Customer Relationship Management，CRM）软件，有助于分析和管理卖方的商务行为，如顾客行为分析、购买数据、订单定价、服务机会、客户利润、促销盈利等。

ERP 系统和 SCA 系统的实施具有一定的风险性，并且会影响到较多人员。有这样一句话："不信息化会死，信息化死得更快。"ERP 系统影响整个组织，SCA 系统影响局部，相对风险小，更容易实施。

10.1.3 供应链信息价值分析

根据价值情况，企业的信息可以划分为高值信息、潜值信息、低值信息、无值信息和负值信息（见图 10-2）。

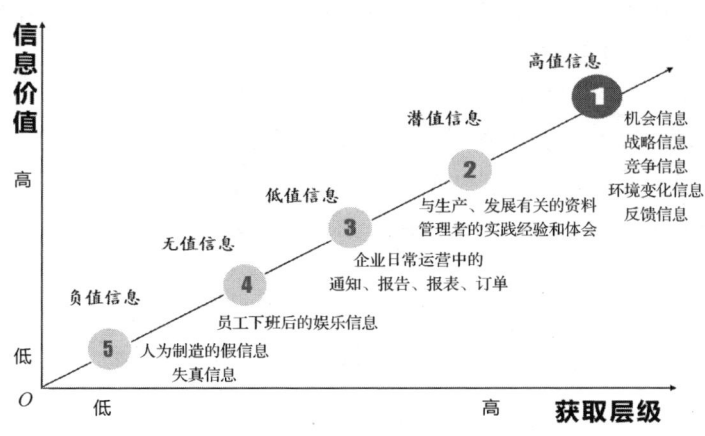

图 10-2 供应链信息价值分析图

（1）高值信息是指使用价值很高的信息，企业应极力寻求，包括机会信息、战略信息、竞争信息、环境变化信息和反馈信息等。

（2）潜值信息是指具有潜在使用价值的信息。潜值信息和高值信息是相对的和相互转化的，潜值信息一般包括企业平时收集的各种与生产、发展有关的资料，以及管理者的实践经验和体会等。

（3）低值信息是指维持企业运转、使用价值很低的信息，如企业日常运营中的通知、报告、报表、订单等。

（4）无值信息，也称无害信息，是指对企业没有使用价值，也不会产生不良影响的信息，如员工下班后的娱乐信息。

（5）负值信息是指会对企业管理产生负面影响的信息，如人为制造的假信息、失真信息等。

信息具有中介功能、诱导功能和资源功能。

企业信息管理研究对象是整个企业信息管理活动的全过程和信息管理活动的结果。当前企业信息与过去相比，有信息量猛增、传播速度加快、处理方式趋复杂、涉及领域不断扩大的特点。要区别信息管理的认识误区：信息管理就是计算机管理，计算机可以解决自身和企业的一切问题；信息管理只是信息部门的管理，与其他部门不相关；信息管理就是企业信息资源管理。企业信息管理要坚持系统性、整序性、激活性、共享性、搜索性的原则。

企业的信息通过数据化的采集、整理、加工、分析，可以成为企业的决策参考数据，并在今后管理中加以应用，提高决策效率和决策准确率。大数据的应用在物流行业也起到了降本增效的助推作用。我国社会物流总费用与 GDP 比率，目前已由 2012 年的 18% 下降到 2016 年的 14.9%，2017 年又降低到 14.5%，但发达国家仅占 9%，世界平均水平也仅为 11%。据中国物流与采购联合会预测，这个占比每下降 0.1%，会带来超 500 亿元的经济效益，中国市场潜力巨大。一方面，我国需要提升各地物流基础设施建设，提升信息化、自动化水平；另一方面，有效衔接水路、航空、铁路、公路及管道等运输方式，统一标准，实现仓储转运一条龙多式联运。

 小贴士

美的集团"数字化物流供应链"实践案例

中国家电大王美的集团（以下简称"美的"）2020 年将"全面数字化、全面智能化"作为企业的核心战略，以数字化驱动供应链卓越运营。近几年，美的在数字

化方面投入超百亿元,成为中国家电制造业数字化程度最高的企业之一。

一是变仓储:四仓合一,智慧化运营。美的采用"T+3"以销定产模式,将整个生产周期分为四个环节,即客户下单、物料准备、工厂生产和物流配送,建立数字化供应链模式。"T+3"为最理想的订购周期所需的时间。美的旗下自建物流配送企业安得智联,对美的的物流渠道进行重构,将美的中心、营销公司、代理商及电商仓库整合成一,实现全渠道库存、全渠道可视、全渠道运营,形成美的协同仓,实现一盘货共享。安得智联渠道商向运营商转型,减少了盘拨和资金占用,提高了效率,实现了共赢。同时,在仓储方面,安得智联通过数字化驱动自动化设备,实时分析运营数据,提高了作业效率。

二是变运输:信息透明,运力整合。从2015年起,美的将从生产线下线后的产品,交由安得智联,实现整体交付运营,提供仓储、干线和区域城配及上门安装等服务。安得智联与甲方货主和供应商等共同建设了全国性的物流资源平台,通过技术搭建平台,在干线和零担上实现了从区域组网到全国组网的发展,并且实现了全程信息透明。安得智联实现了企业物流向物流企业的华丽转身,实现了生产基地、电商和外部企业的服务全覆盖,构建了全国物流大通道。安得智联具有货物全过程追踪、可视化、智能配载、智能排线和智能调度等数字化能力,实现了线路成本最低、时效最快和货损最低的整合效果,有力支持了美的的发展。

三是变配送:送装一体,数据下沉。在城配方面,安得智联改变了传统物流简单外包的模式,将管理触角延伸到末端司机,通过"直通宝"App,实现路由规划、车辆调度和集拼配载等运营数据的下沉,整合了大件物流、城配及物流平台不同场景的数据,模拟出最佳配送调度数据,科学调配全国运力资源,并在全国3万多个服务网点的基础上,实现了"送装一体"服务,让客户体验更佳。安得智联将上游资源和全链路物流场景数据打通整合,实现了对产品订单、库存、物流、回单的数字化管控,为美的提升了企业竞争力。

2019年,安得智联"双11"全网订单为182万件,服务于59个家电品牌商,发货及时率达99.59%、签收准时率达96.79%,成功获得"2019年菜鸟大家电双11优胜奖"。安得智联通过大数据分析,实现了品牌商的预测智能分仓,提前备货、就近发货、极速出仓、准时配送;通过建立数字化运营网络,减少了中间环节,实现了端到端交付;独立研发了大物流数据系统,监控仓储、运配、电商数据模块,实现了全链条业务可视化、在线化,以数据精准驱动决策,用物流推动商流服务提升、服务增值。

美的以安得智联深耕数字化供应链转型,实现了物流、信息流、资金流三流合

一、以"一盘货"为依托，整合运力端，追求极致配送体验，提供数字化供应链解决方案，匹配数字化新零售发展新趋势。

10.2 供应链信息流相关概念

电子数据交换（Electronic Data Interchange，EDI），是指在不同组织的计算机之间，以标准格式进行业务文档和信息的电子交换。

运输管理系统（Transportation Management System，TMS），是指帮助简化运输过程的软件系统，其可优化服务模式，选择运营商，优化负载构建配置，对多个单独订单实现合并运营，是一个多功能软件系统，可控制和管理运输渠道内的各种活动。TMS 通常位于 ERP 系统和仓库管理系统（Warehouse Management System，WMS）之间。

软件即服务（Software-as-a-Service，SaaS），通过网络提供软件服务。SaaS 已成为多数 TMS 供应商的首选模式。

自动识别和数据采集技术（Auto Identification and Data Collection，AIDC），是指自动识别对象、收集有关对象的数据，并将数据输入计算机系统的技术，主要包括条码技术和射频识别技术（Radio Frequency IDentification，RFID）。例如，快递企业普遍采用重量稽核系统，即在快递自动分拣称重环节，通过射频识别技术，对传送带上的快递自动称重，并与收集系统的录入重量自动比对，自动稽核形成重量资费，并稽查基层收寄环节是否有重量资费"跑冒滴漏"现象，加强经营管控。

北斗及 GPS 位置监控系统，主要用于对车辆及货物的位置进行监控。通过位置监控，实现命令及控制。

仓库管理系统是一套信息技术软件，协助企业人员管理仓库，最大限度地降低成本，提高仓库管理效率。

10.3 供应链数字化

10.3.1 供应链数字化背景

商业的本质是理解客户，其核心是创造价值、传递价值。

在数字化时代，变革和发展都是由社会需求驱动的，并代表广大客户的权益。

企业要理解客户，从客户的角度出发，基于大数据洞察客户，为客户提供个性化的产品和服务。企业洞察客户的方法就是将获得的数据用于研发、生产和营销等环节，依靠数据进行洞察。

数字化转型是客户需求驱动的，而不是技术驱动的。面对客户的个性化需求，企业需要对客户进行分层、分群、分类。数字化转型是企业发展的必经之路，是一项长期、浩大的工程，企业可以分步实施，但需要不断投入，以便在未来竞争中处于更有利的地位。数字化的目的是实现企业的智能化和差异化，提高服务效率，提升服务体验。

数字化是工具，也是战略。21世纪以来，以计算机为基础的信息技术在企业经营管理中得到越来越广泛的应用，企业数字化形成新的发展浪潮。智慧企业将利用人工智能、机器学习、区块链、云计算、物联网等技术，实现从计划、采购、生产、交付、售后端到端信息的全覆盖、广连接，从工业自动化、流程自动化向管理智慧化转变，其中数字化转型是关键之路。

供应链数字化阶段。第一阶段：企业信息化时代（1985—2005年）；第二阶段：消费互联网时代（2000—2020年）；第三阶段：产业互联网时代（2015—2035年）。消费互联网增强了家庭消费的便利性；而产业互联网聚焦垂直产业链的交易效率和运营成本。

10.3.2 数字经济基础设施

在工业经济时代，经济活动通常架构在以"铁公机"（铁路、公路及机场）为代表的物理基础设施上；而在数字经济时代，通信网络、云计算、互联网和区块链等为代表的信息基础设施，将成为数字经济基础设施的核心构成元素，而且概念更加广泛，既包括传统意义上的信息基础设施，又包括对基础物理设施进行的数字化改造。数字经济基础设施将实现对数据的存储、分析、传输及交互等，通过数字化的手段对传统基础设施进行管理、调度和控制。

数字经济基础设施的四个特点。①演进性，随着技术的进步，数字经济基础设施可以根据需求不断升级；②泛在性，数字经济基础设施更容易大规模普及，就像4G、5G一样；③动态性，服务提供过程更灵活，根据各种属性可以实时调整业务和应用；④自主性，数字经济基础设施高度自动化，系统可自动完成存储、分析。

实现企业的在线组织，是企业数字化非常重要的路径。新的组织要实现五个在线，即组织在线、沟通在线、协同在线、业务在线和生态在线，激发每位员工的创造力和创新力，可以通过钉钉或企业内部软件实现。林清轩通过数字化商业运营，在新冠肺炎疫情期间的业绩不降反升,通过员工在线,企业发力线上,使电商增量超过500%。另外,健康码实现了精准防控,2021年和2020年疫情防控的最大区别就是全国建立了健康码体系,人们在进入公共场所时被要求出示健康码,显示绿码方可通行,当出现黄码或红码时,各级社区和社会服务平台会立即报警处理,实现了疫情的精准防控。

政府也提出了与数字化转型有关的"新基建",包括5G基站、人工智能和工业互联网等的建设。

10.3.3 企业数字化

企业数字化(信息化)是指企业以业务流程优化或重组为基础,从广度和深度上利用计算机技术、网络技术和数据库技术,集成、控制、管理企业生产经营中的所有信息,促进企业管理模式的变革,提高信息资源利用率,提高企业市场竞争力和经济效益的所有相关活动。

1. 数字化内涵

企业数字化技术包括数据和信息的收集、存储、加工、传递和提供技术。ERP系统由功能模块组成,典型的ERP系统一般包括财务管理、物流管理、生产计划管理、人力资源管理模块。

2. 数字化服务商

①SAP公司是ERP思想的倡导者,总部设在德国沃尔道夫市,成立于1972年,是一家管理咨询和IT相结合的公司,它将企业管理的共同点通过软件形式标准化,针对不同企业的情况再将管理咨询形式具体化。其软件功能模块包括销售、物料管理、生产计划、质量管控、人力资源、办公通信、资产管理、账务会计和项目系统等。世界500强企业中有一半使用SAP公司的软件产品。②Oracle公司是全球最大的应用软件商,总部在美国加利福尼亚州,成立于1977年,目前全面集成的电子商务套件能帮助企业经营全面实现自动化,是世界领先的数据库供应商,核心优势在于其集成性和完整性。③金蝶国际软件,开发及销售软件产品。④用友软件,是中国最大的管理软件、ERP软件和财务软件供应商。

3. 数字化层级

企业数字化可体现在对信息的反映、分析、预测和决策四个层级。反映和分析面向过去,可以通过ERP软件来实现;预测和决策则面向未来,需要决策支持系统

(Decision Support System,DSS)来实现,管理的目的是决策。决策支持系统是指以管理科学、运筹学及控制论等为理论知识基础,并辅以信息处理和相关的仿真技术,以及计算机应用技术,综合运用数据信息和数学模型,辅助决策者解决半结构化或者非结构化的决策问题的一种新的人机交互信息系统。它可以支持市场预测、生产决策、采购决策和销售决策,以及建立全面预算管理等支持系统,建立现代企业的决策支持仿真系统,提高决策的准确度,提高企业的数字化管理水平。

4. 数字化阶段

ERP软件实施包括六个阶段。①项目准备;②业务蓝图;③实现;④最终准备;⑤启用和支持;⑥运行。阿里巴巴积极推行基础设施云化、触点数字化、业务在线化、运营数据化和决策智能化。技术第一,零售第二,一家先进企业要通过数字化技术打造发展根基,拉开与竞争对手的距离,通过先进的数字化供应链管理信息系统,为实现更高效率的供应链奠定基础。

5. 数字化竞争

创新企业竞争的本质,是技术的竞争。谁拥有更先进的技术,谁就拥有更高的效率、更好的用户体验,并在企业竞争中立于不败之地。创新就是"做别人没做过的事情",或者"做别人做过却失败的事情"。创新决定企业飞多高,质量决定企业走多远。两者同等重要。优秀的公司获取利润,伟大的公司赢得人心。当你面临一个巨大危机的时候,用积极心态去面对和解决,你可能就会创造一个新的商业机会。当前,国货主要面临两个问题:一是效率不够高,应实现质优价廉;二是用户体验不足,应通过互联网信息技术,来吸取、改造、体验民意,聚焦用户体验。

 小贴士

"数字货运第一股"满帮集团估值过千亿元

数字化物流增长潜力巨大。"数字货运第一股"满帮集团2021年6月22日在纽约交易所挂牌上市,公司估值约200亿美元,成为中国第四家市值过千亿元人民币的物流企业。前三家为顺丰、京东物流和中通,满帮作为互联网货运平台,科技属性更为明显。

满帮集团主要具有五个特点。一是用户数量巨大。它在全国约有280万名卡车司机,约占中国重型货车司机总量的20%,位居我国第一,注册卡车司机数量是第

二至第五名总和的两倍。它是中国公路运输市场的引领者，也在逐步改善公路运输高度分散、复杂而又效率低下的现状，实现了物流园区、配货站和信息大厅的卡车司机与货主信息的匹配。二是未来增长空间巨大。按满帮集团数字货运平台的成交额，它已成为2020年度全球最大的数字货运平台。根据CIC报告，至2025年，满帮集团数字货运平台的销售额将从2020年占总货运市场销售额的4%增长至18%，市场潜力巨大。三是网络覆盖密集。截至2020年，满帮业务覆盖全国超过300座城市，线路超10万条，形成了高度密集的全国线路网。四是技术实力雄厚。满帮集团组建了研发团队，在订单匹配、订单定价和司机导航等方面持续投入，找货时间不断优化，从原来的搜索逻辑变为智能推荐逻辑，实现了基于大数据与算法的高效匹配，改善了智能货运平台物流基础设施建设。满帮集团创始人、董事会主席兼CEO张晖曾在阿里巴巴集团B2B事业群工作七年，扎根物流行业8年后推出此平台。2020年12月，满帮运单平均匹配时间仅为13分钟，比一年前提速44.3%，2020年测算，满帮集团为全国减少了约33万公吨的碳排放。五是服务深度不断拓展。2020年，满帮集团营收达25.8亿元，为客户提供运输管理系统、能源、ETC、卡车销售、信用和保险解决方案等增值服务，构建了中国公路运输新生态，2020年增值服务营收约为6.3亿元，约占收入的四分之一，超过190万名用户至少使用一项增值服务。满帮集团下一步要拓展业务领域，拟进入同城货运、冷链运输领域。

第 11 章

供应链资金流管理

11.1 供应链资金流概述

企业报表一般包括资产负债表、利润表、现金流量表。

资产负债表代表一家公司的资产与负债及股东权益。利润表代表一家公司的利润来源。现金流量表代表一家公司的现金流量,更代表资产负债表的变化,是对资产负债表变化的解释。

资金流是指客户把得到的产品或者服务,以货币形式支付给制造商或服务商。企业的现金流是资金流的一部分。现金流是现金和现金等价物的流入及流出,包括银行存款、库存现金和其他货币资金等;而资金流则是商品在所有权上的转换过程。

本章主要针对资金流中的现金流及现金流管理进行阐述。

现金流管理就是以现金流量这个指标作为管理的重心,兼顾企业的收益,围绕企业的相关经营活动、投资活动及筹资活动等,构筑出管理体系,也是对当前或者未来一段时期内现金的流动,在数量与时间安排等方面所做出的预测和计划、执行和控制、信息传递和报告,以及分析和评价等。

在供应链管理过程中,企业在日常采购、生产、销售过程中对现金使用的分析和评价,主要是对应付账款、预付账款、存货、应收账款、预收账款的分析和评价(见图 11-1)。

企业的供应链现金流管理包括以下三个方面。第一,资金预算管理。结合财务预算和生产计划,做好资金调配,强化资金统一管理,使资金周转规划与安排协调一致。第二,资金使用管理。参与从采购到销售的合同评审和资金使用审批。第三,资金考核管理。根据机构功能设置分类,计算出不同环节的占用资金、垫付资金和回款周期的财务成本,并入考核体系。

图 11-1 供应链现金流管理

现金流主要分为三类：一是经营性现金流（靠销售能回多少款）；二是投资性现金流（投资出去多少钱、卖资产能得到多少钱）；三是筹资性现金流（融资得到多少钱、还债付了多少钱）。三者最终合为一体，得到三种可能性：总资金净流入（说明还能有钱花）、净流出（持续流出就没钱花了）、0（流入等于流出，这种可能性很小）。

11.2 安全资金流管理

安全资金流管理需要安全的现金流作为支撑。

一般当企业营业收入突然降为 0 时，企业账上的现金可用月数超过 18 个月，则现金流非常安全；超过 12 个月，相对安全；低于 6 个月，处于危险边缘；只能维持 3 个月，则处于危机之中。

中国企业战略有三大方向：降成本、换轨道、强文化。

一是降成本。企业可通过商务谈判、流程优化、技术和共享共建四种方式（见图 11-2）降低成本，其中越在塔尖的方式，越容易降低成本，也是企业争取拓展的方向。商务谈判降本约为 5%，流程优化降本约为 10%~30%，技术降本和共享共建降本，潜力无限。

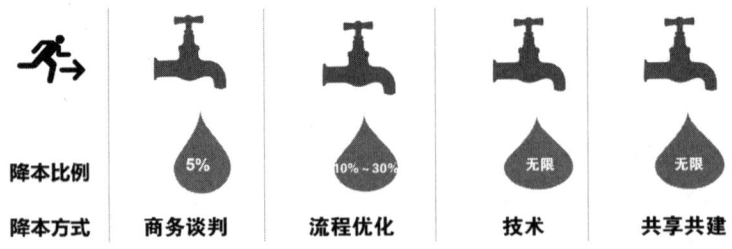

图 11-2 四种降成本方法

二是换轨道。增加新市场，增加获利渠道，比如，良品铺子在休闲零食市场做大后，2020 年 8 月启动了"健康健身食品"及"儿童健康零食"项目，既丰富了产品品类，又扩展了盈利空间。

三是强文化。稻盛和夫 2016 年说过："把萧条看作再发展的飞跃台"，"没有 10% 的利润，就算不上真正的经营"。

毛利率高的公司，效率可能会相对较低。在低毛利率的情况下，高效率地运营，才是最厉害的，这能形成企业的高度壁垒，需要企业不断严控成本，不断提高效率，提升产品质量，这需要举全公司之力，全员参与，没有"一把手"的重视和投入，一般无法做成，同时需要加大对核心技术的投入，并需长期坚持。

一家企业，只有产品质量好也不行，要"质量上去，成本下来"方可，如果不将成本降下来，再好的产品，市场竞争力也不会太强。

11.3 供应链资金缺口管理

企业出现资金缺口的三个阶段：一是采购阶段，现款现货压力和成本锁定压力；二是日常运营阶段，存货积压，资金周转困难；三是销售阶段，回款周期长。

应对资金缺口的"止血"六举措具体如下。

（1）降成本。尽可能降低租金成本，要跟物业进行商谈，即使不能免租，也可以分期，缓解当下的经济压力；尽可能缩减不必要的营销成本，降低沉默成本，及时止损；尽可能减少人力成本。

（2）减开支。砍掉一切不必要的开支，砍掉所有三个月内不能产生现金流的产品和业务，压缩业务线，减少不必要的原材料成本和研发成本。

（3）全营销。只有有销售的企业，才有存在的价值，可开展全员营销。

（4）拓产品。全力开发新产品，寻找新的契机，孕育新的商机，如疫情测温设备、无接触销售设备，在新冠肺炎疫情期间都大热了一把。

（5）通政策。延长账期和还款的期限，申请补贴，通过税收优惠政策豁免一些债务；构建良好的人际关系、政企关系、内部关系。

（6）提效率。保持高生产率，不断提高企业的运营效率，提高企业的产品交付能力。

企业资金"输血"的四大举措。

（1）积极寻求股东融资。一般股东拿钱入股之后，企业有两种深入处理方法。

一种是说服股东继续追加投资，这将会影响企业的股权结构，多数企业不会轻易采用这种做法。另一种是拟把这部分资金作为企业对股东的借款，给予股东一个相对的高利率，等度过危机后，再连本带利返还给股东。即便企业可能倒闭，股东的借款偿还优先级依然在股权之上。

（2）尽快卖出企业存货。存货打折出售，尽快换成现金，这样可能需要牺牲一定的利润。

（3）向客户收取预收款。例如，连锁餐饮火锅店，可以通过向顾客售卖储值卡获得现金，如一次性储值超过 1000 块，吃火锅可打 6 折（高于平时的折扣），可能会损失部分企业利润，但通过收取预收款，可以获得现金，缓解企业的资金压力。

（4）提前回收应收账款。收回应收账款可能遇到如下情况：对方也无米下锅，该怎么办？一般企业可以采取三种方法。①应收账款质押，将企业的应收账款收款权抵押给银行，进行短期贷款融资，再在约定期限内，逐步偿还贷款与利息。②应收账款保理，将应收账款转让给某家银行或者某家保理公司，这些金融机构会根据风险折算部分资金，再把剩下的相关资金先行预支。实行应收账款保理后，企业的应收账款所有权就将转让给银行或保理公司，到期后将由它们直接收回相应款项。③应收票据贴现，通过使用尚未到期的应收票据，向银行进行融资，银行会根据票据的应收账款金额，扣除一定期限内的贴现利息，再将剩余金额支付给企业。

11.4 供应链金融

供应链金融有三种融资模式。一是应收账款融资，包括应收账款质押、保理；二是存货融资，包括动态抵质押、静态抵质押、标准仓单质押、普通仓单质押；三是预付账款融资，包括先款后货融资和保兑仓融资。

供应链金融行业的参与主体分布。一是供应链公司或外贸综合服务平台，约占 27%的市场份额，供应链公司如怡亚通、飞马国际、华强供应链等，外贸综合服务平台如阿里巴巴一达通、翼贸等。二是 B2B 平台，约占 18%的市场份额，如上海钢联、找钢网、玖融车等。三是金融科技公司，约占 16%的市场份额，如蚂蚁金服、苏宁金服等。四是非银金融机构，约占 12%的市场份额，如美的商业保理、深圳国投、中信等。五是金融信息服务平台，约占 9%的市场份额，如融众网、凤凰金融等。六是物流公司，约占 8%的市场份额，如德邦、华宇、佳吉等。七是行业龙头企业，约占 6%的市场份额，如安源煤业、大北农、海尔等。八是银行，约占 4%的市场份额。

☑ 本篇知识点小结

1．设计的供应链管理包括产品设计和品类设计。产品设计由资源解构和成本分析两部分组成。品类设计由类目设计和组合设计构成。

2．用好设计的供应链，建立企业的五级产品体系：引流产品、爆款产品、常规产品、利润产品、形象产品。

3．设计的核心是简约、简洁。20%的功能是主要的，80%的功能是无用的。

4．采购的供应链管理的目标是寻找并建立稳定、灵活的供应商合作伙伴体系。

5．企业要根据采购方向展开供应市场调查，寻找符合条件的供应商：①实现小批量、高频率交付；②可长期合作；③满足质量和价格上的要求；④满足信息交互共享的条件。

6．采购的供应链管理流程：一是需求确认，二是供应市场调查，三是采购谈判，四是合同签订，五是订单执行，六是供应商管理。

7．供应商的五种激励方式：价格激励、订单激励、商誉激励、信息激励、淘汰激励。

8．供应商选择的八个因素：质量因素、价格因素、交付周期因素、交货可靠因素、产品柔性因素、设计能力因素、特殊工艺能力因素、其他影响因素。

9．供应商的四种选择方法：直接判断法、招标选择法、协商选择法、成本比较法。

10．供应商管理是整个企业供应链管理的核心之一。质量、成本、交付、服务是采购环节评价供应商的四个关键要素。一般评分原则上，质量为60分，成本为15分，交付为15分，服务为10分。稳定是供应商管理最基础的要求。

11．生产的供应链管理目标是匹配生产与交付计划，使配件、辅料保持较低库存水平。

12．准时制生产方式由日本丰田公司最早提出，并成为行业标准。核心理念就是"零库存、无浪费"。准时制生产方式是"小批量+高频配送"的生产模式。

13．销售的供应链管理目标是采集需求数据传递给设计、采购、生产、服务环节。

14．销售的供应链管理要做好需求数据的采集、数据分析和数据传递三项工作。

其中需求数据的采集包括功能需求数据、价格需求数据、竞品相关数据。

15．做企业需要建立互联网思维，包括用户思维、极致思维、简约思维、流量思维、迭代思维、社会化思维、平台思维、大数据思维和跨界思维。

16．服务的供应链管理的目标是及时且可靠的交付。服务的供应链管理主要包括仓储、运输、配送、售后等环节。

17．服务的供应链管理是指仓储管理和物流管理。

18．供应链信息流管理包括六个环节：信息流规划、信息流采集、信息流传输、信息流存储、信息流计算、信息流呈现。

19．SCM 系统比 ERP 系统更为先进。在全球化的今天，世界 500 强企业纷纷导入 SCM 系统。ERP 系统是企业供应链的基础，SCM 系统是跨企业、行业供应链发展的趋势。

20．供应链现金流管理包括资金预算管理、资金使用管理、资金考核管理。

21．中国企业战略有三大方向：降成本、换轨道、强文化。越在塔尖的降本方式，越容易降低成本。商务谈判降本约为 5%，流程优化降本约为 10%～30%，技术降本和共享共建降本，潜力无限。

22．我国社会物流总费用与 GDP 比率，目前已由 2012 年的 18%下降到 2016 年的 14.9%，2017 年又降到 14.5%，但发达国家仅占 9%，世界平均水平为 11%。

三、实践篇
智慧供应链管理

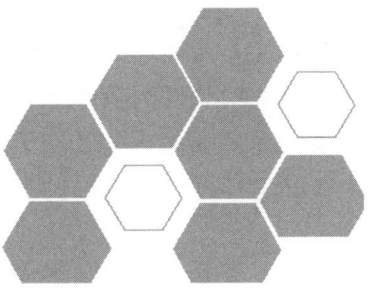

第 12 章 智慧供应链

12.1 智慧供应链概述

供应链管理包括供应链组织内部各功能之间的集成和协同,以及供应链上下游组织之间的整合,集成对象包括制造、组织、业务和流程等,整合内容包括物流、信息流、资金流。智慧供应链时代已经来临。智慧供应链需要大数据、电商、物联网、云计算等技术的支持。在大数据时代,要想满足客户的个性化需求,企业应推动产品研发,实现定制功能。

12.1.1 智慧供应链的定义

智慧供应链是结合物联网技术和现代供应链管理的相关理论、技术和方法,实现供应链的智能化、自动化、网络化和集成化的综合管理系统。

智慧供应链体现在以下几个方面:在销售上,通过预测性模型向消费者智能推荐喜欢的商品;在物流上,即时精准配送;在发展上,倡导绿色供应链,推行全球供应链协同发展;在技术上,推行大数据供应链,实现工业 4.0 下的智能供应链。

新零售时代下,智慧供应链和数字供应链将成为现实。

12.1.2 智慧供应链的源起

一是数据推动。物流企业的竞争由硬件向大数据转移。例如,物流企业通过采集和分析车辆行驶大数据,掌握库存和运输动态,优化物流中心的选址,分析配送线路及交通状况,合理安排仓储库位等,可以优化物流运输线路,降低相关运输成本。天猫"双 11"期间,菜鸟科技充分利用大数据提前预测商家的发货数量和发货路向,并通知商家和快递企业提前设置云仓,安排仓储备货和物流能力储备,让供应链上下游企业从容应对旺季高峰,提高作业效率,减少失误。

二是能力推动。电商企业自建物流或委托第三方完成能力提升。企业需在不同时期,采取不同应对方法。在提升物流服务水平方面,自有物流和增值服务更有优势,如有些电商平台为用户提供产品的装机服务、线下体验服务等增值类服务,打出差异化竞争之牌,深入供应链的上下游。

三是技术推动。物联网应用于物流等环节,实现科学管控。2020 年,中国物联网的连接设备已从 2017 年的 150 亿台猛增至 500 亿台,呈几何式增长,从而有效解决了"最后一公里送达"的技术问题。例如,在物流基础设备内镶嵌 RFID 智能标签,通过综合识别系统让企业人员实时掌控物流进程;另外在超载报警、空间剩余和轻重货搭配建议等方面实现智能管控,使管理更加精细和科学。根据预测,物联网传感器在 2030 年前年均复合增长率将保持在 30%以上。

四是平台推动。云计算推动了智能公共商业平台的建立。例如,阿里巴巴集团通过智慧物流系统平台,搭建了全球最大的智能物流骨干网之一,将快递企业、铁路、公路、航空、水运等基础设施进行集结,打通了节点、堵点,形成了新的商业服务生态,提高了商业运转效率,让物流成为服务的重要手段和竞争力。谁拥有物流等环节的大数据,谁就拥有物流控制权。

12.1.3　智慧供应链的层级架构

智慧供应链由感知层、决策层(网络层)和应用层三个层级架构组成(见图 12-1)。

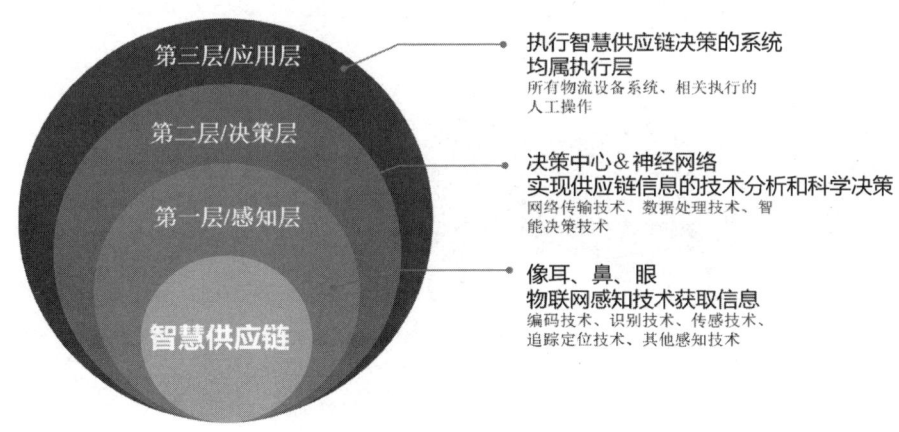

图 12-1　智慧供应链的层级架构

一是感知层。就像人们的耳、鼻、眼一样,智慧供应链通过物联网感知技术获取信息,让实体物流世界与虚拟供应链大脑融为一体,实现信息的数据化。其中,主要的感知技术如下：①编码技术（条形码、二维码）；②识别技术（条码识别、射频识别、光电扫描）；③传感技术（位置、温度、距离等传感设备和技术）；④追踪定位技术（GPS 导航、北斗导航、地理信息系统及相关定位技术）；⑤其他感知技术（机器视觉、激光技术）等。

二是决策层。这是智慧供应链的决策中心和神经网络，通过大数据、云计算和人工智能等技术，实现供应链网络的信息传输，实现供应链信息的技术分析和科学决策。其中，主要的技术如下：①网络传输技术（现场总线技术、无线局域网技术、智能物联网技术、以太网技术等）；②数据处理技术（大数据存储技术、大数据处理技术、云计算技术、数据可视化技术等）；③智能决策技术（仿真模拟技术、物流软件技术、区块链技术和 5G 技术等）。

三是应用层。所有执行智慧供应链决策的系统均属于应用层，包括物流设备系统的人工操作，如多式联运、车货协同、末端共享、仓储共享及物流路径优化等。具体包括物流供应链单元化技术与设备、自动化分拣技术与设备、自动存储技术与设备、智能搬运技术与设备、智能货运技术与设备等。

12.1.4 智能供应链

供应链的水平是国家竞争力的重要标志之一。社会正由"互联网+"时代迈向"智能+"时代（见图 12-2）。

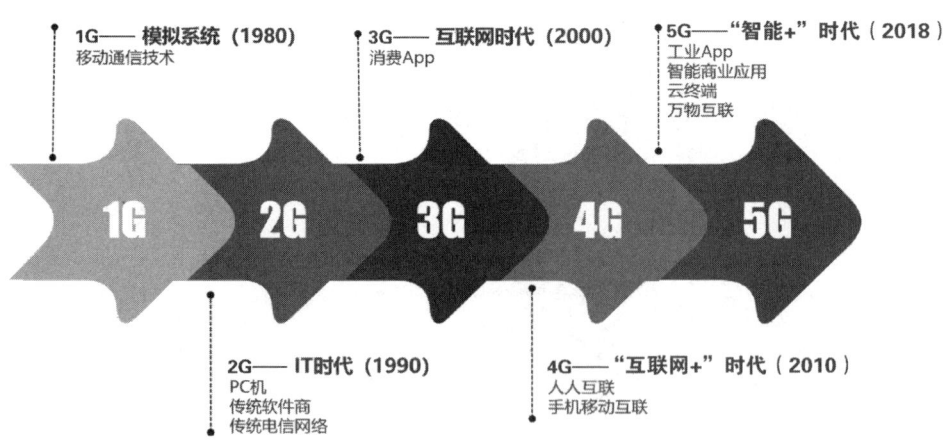

图 12-2　1G 到 5G 的时代变迁

2019 年，国务院政府工作报告首次提出了"智能+"的概念。

从"互联网+"到"智能+"，智能经济时代已经到来。从连接到赋能，"智能+"

将引导中国物流供应链全面升级，推动产业创新升级，让生活更美好。物流供应链通过数字化、网络化、智能化升级发展，推动了企业质量变革、效率变革、动力变革，提高了企业全要素生产效率。5G应用的普及又极大地推动了人工智能、物联网、工业互联网等基础设施的快速发展，推动全社会信息技术化升级，新的工业革命浪潮正呼啸而来。

中国在消费端数字化能力的领先优势将向供给端迁移。2018年，中国网购用户达6亿名，数量居全球第一；网络零售额达到9万亿元，居全球第一；快递包裹数量达507亿件，居全球第一。但是，在供给端，营销广告无效投放，研发周期长且无数据支撑，中国企业数字化转型比例仅为25%，远低于美国的54%、欧洲的46%，并且在柔性生产、定制化生产方面能力严重不足，整个供应链的数字化、智能化水平急需提升。

我国企业引入供应链管理理念的时间并不长，要想进一步快速提升企业的供应链管理能力，设立相关组织架构是必要前提。实施供应链管理，是因为供应链管理较传统物流管理更具潜力和活力，更能给供应链企业带来实质性好处，同时要求供应链企业间建立良好的信息共享机制。供应链的改善与信息系统的实施和改进相辅相成，供应链的再造也是信息IT系统的再造。

智能供应链即使用智能技术，使决策支持向决策授权转变，最终转变为预测能力，使供应链各环节更顺畅，从而降低成本、缩短交付时间、提升效率。顺丰科技目前有6000余人的科研人员在研究大数据、物联网和无人驾驶。顺丰还成立了丰农科技，介入农业领域，帮助农民"种出好产品，卖出好价格"，推动涉农电商的快递物流发展，让农民更愿意选择顺丰。

12.2 智慧城市与供应链

智慧城市就是信息化城市，通过技术信息网络和地理信息网络的相互交融，整合城市的交通运输、电子商务、电子政务等基础平台，实现通信网、物联网、信息网三网合一，构建统一调度、统一指挥的城市信息化、社区化、智能化运营平台。

12.2.1 智慧城市物流

智慧物流包括智慧分拣中心、智慧配送、智能包裹柜等。

知名企业纷纷进入物流行业。例如，万科地产从2014年开始布局物流地产，将其上升为城市配套服务，2015年6月成立万科物流地产发展有限公司，并使用独立的物流品牌"万纬物流"，聚焦于高标仓储和冷链物流两个领域，提供物流仓储服务。2017年，万纬物流进军冷链物流市场，并购太古冷链物流相关资产。2020年，万纬物流营收18.7亿元，同比增长37%。2017年，万科还加持普洛斯21.4%的股份，成为其第一大股东。商业地产和物流地产成为万科布局的两面旗帜。

根据智研咨询的数据，物流地产2019年的市场占有率如下：普洛斯30.7%、万纬7.3%、宇培5.6%、嘉民5.3%、易商5.2%、安博4.8%、宝湾4.7%、平安4.7%，前8名物流地产商行业集中度CR8为68.3%。物流地产与智慧城市息息相关。

冷链企业未来会实现三段式仓储布局：一是冷链"源头仓"，田间冷链"最先一公里"，承担"加工+仓储+冷链"功能；二是城市"中心仓"，实现城市配送功能；三是末端"网格仓"，实现到家服务，将新鲜美味送至千家万户。

12.2.2 智慧供应链管理的"四化提升"

智慧供应链管理的"四化提升"：智能化（人工智能）、可视化（透明供应链）、数字化（大数据化）、无人化（减少人工、控制成本）。

具体可以从以下九个方面着手。①规划，总体规划设计、模型分析及问题诊断、策略布局、流程设计。②仓储，自动化立体库。③设备，物流机器人、智能穿梭车（提高仓储利用率）、自动化设备。④智能，智能传送系统、拣选策略确定、拣选路径规划、物联网集成、智能调度。⑤分拣，智能分拣装备、高速分拣系统、机器人分拣、电子标签拣选。⑥分析，精准预测仓内需求、远程操控、系统集成及定制开发、利用自动化信息系统进行分析。⑦识别，光学成像、货品识别。⑧包装，自动化包装线。⑨运营，第三方物流解决方案、物流中心代运营、仓配体系优化。

 小贴士

国美智慧供应链制胜"五字决"

国美成立于1987年1月1日，一直将智慧供应链作为企业的核心竞争力和发展方向，30多年来不断推进智慧供应链革新。其供应链管理可用五字归纳：集、定、跨、联、数。

一是"集"字，实行全国集中化采购，降本提效。国美凭借强大的销售和配送体系，实施集采模式，进一步扩大产销规模，降低采购成本，让利客户，实现多赢；创新直销、包销、一步到价、联合招标等供应链模式，提升上下游供应链效率。

二是"定"字,以差异化的反向定制产品为突破。国美近年来加大反向定制产品的占比,这成为其不断实现商品差异化发展和盈利的重要举措。近十年来,国美的差异化商品从2009年占比1.2%上升到2018年年底的48%,取得显著发展。通过反向定制,国美实现了集中性采购和规模化生产,满足了客户个性化的需求。

三是"跨"字,销售渠道下沉,跨界合作发展。国美新零售店通过加盟拓展至三至五线城市,全国店铺近900家,并入驻线下知名建材店和超市。截至2019年上半年,国美入驻家居建材店40家、超市207家。

四是"联"字,实现大单定制、互联互通和包销。从2007年开始,国美与海尔等企业合作,优化供应链,实现与合作供应商生产、采购、配送、销售和财务全流程信息互通,将产销供求关系升级为市场调研、客户分析、产品研发和制造、供应链价值提升等众多领域的互联互通,实现了新的突破和共赢。

五是"数"字,实现数字化供应链升级。在移动互联网时代,客户需求更加个性化,国美向新零售企业全面转型,通过信息化无缝对接,与供应商实现合作发展,挖掘合作潜力,拓展合作领域,针对目标客户开发差异化产品,实现数据驱动产业发展。

12.3 供应链控制塔

12.3.1 企业供应链困局

一是供应链管理思维"弱"。强调科技创新的企业往往对企业供应链的理解相对较浅,造成企业虽然技术领先,却落后于人的局面。

二是供应链敏捷性"差"。ERP系统的逻辑就是供应链敏捷响应能力,敏捷响应能力胜过预测能力,在敏捷响应能力上的投入,往往具有1∶10的竞争能力提升。

12.3.2 供应链控制塔的作用

在全球化背景下,企业可能面临各种风险,如距离拉长、交付周期延长,企业供应链务必具有适度的弹性,以预防和减轻自然灾害、事故、创新带来的破坏等,降低全球原材料供应风险、网络安全风险、业务延续风险、社会责任风险等。凡事预则立,寻找、获取原材料和延长原材料的供应时长,启用备用方案都需要提前布局。

企业供应链控制塔,就像机场控制塔一样,具备全天候调度飞机的能力。供应链控制塔是供应链管理技术、人员和流程的中心,可以捕获和使用各类供应链数据,帮助企业制定更为正确的短期和长期决策。供应链控制塔主要针对企业的日常运营,监测供应、处理事件、协调前线,其就是一个全天候应急运营中心,一般最先注意到企业重大破坏的迹象,如意外零部件短缺、物流问题、责任事故等,提前思考和重新安排新的运输路线,通知客户和工厂做出相应反应。

12.4 供应链灯塔企业

12.4.1 企业对标管理

对标管理分为四种(见图12-3):①内部对标,在企业内部寻找标杆,内部学习成果即学即用;②竞争性对标,从竞争对手身上找到企业的不足;③行业对标,在同行企业中寻找标杆,身处相同行业,标准对比性较强;④跨行对标,易于企业用发散思维进行创新。

对标五步:①制订对标计划;②组建对标团队;③收集相关数据;④分析对标数据;⑤坚持对标管理。

打败我们的,往往不是同行,而是跨行业的竞争企业。在跨界中学习,在学习中不断创新、提高。

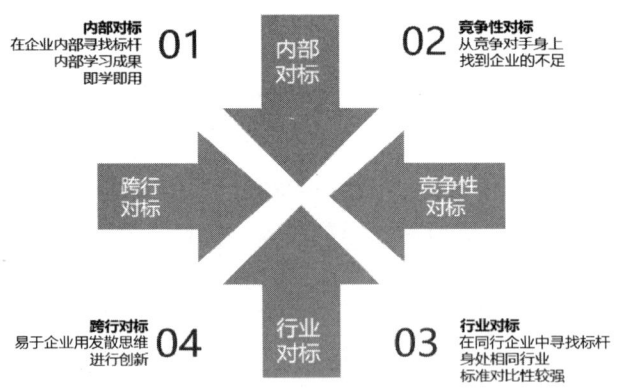

图12-3 目标管理的分类

企业毛利是企业生存发展的关键。只有提高人均毛利,才能带动工资增长。人均毛利是企业最重要的生存指标,人均毛利和员工收入是紧密联系的。华为人均毛利目标约为100万元,当实现这个目标时,员工年收入就是28万元。只有人均毛利增长,员工工资才会增长。如果人均毛利无法持续增长,能力出众的员工就会对收入不满意,选择跳槽另谋高就。华为将毛利分配为 6 个包:研发费用包、市场产品管理费用包、技术支持费用包、销售费用包、管理支撑费用包和公司战略投入费用包。当毛利包分配好了,再根据人均毛利去配置部门需要的人数。

12.4.2 灯塔企业精益供应链管理

灯塔企业需要进行精益供应链管理,不限于生产制造业,贸易流通业和服务业均可应用,这是一种适用于各行各业的管理方式。例如,餐饮业知名连锁企业西贝莜面村采用沙漏计时,要求店员在客人点餐后 28 分钟内将所有菜品送上桌,引入精益教练机制,改变厨师管理方式,使厨师快乐做菜。精益的深度在于产品和流程开发,改善流程应从手边工作开始,从个体到体系,完成能力构建,各层级员工应掌握相应专业的知识,提高技能。企业应自上而下建立示范点,开展改善活动,界定问题、收集数据、分析数据、研究对策、采取行动、检测结果,不断周而复始。

12.4.3 精益供应链管理的六个关键

一是领导参与,聘请专家,增设精益办公室,确定精益改善项目;二是制定规则,明确目标、期望、相关人员的角色及职责;三是围绕客户,客户价值是核心理念,精益思想的关键出发点是价值,而价值只能由客户来确定,归结点也是客户需求;四是争取支持,精益管理需要耐力和毅力,需要制度保障;五是依赖数据,导入精益管理后,会更依赖事实和数据,通过数据分析解决相应问题;六是员工培养,使员工学会应用精益管理的各类工具和方法。

 小贴士

茶颜悦色的供应链"武汉冲击波"

【事件背景】茶颜悦色于 2020 年 12 月 1 日来到武汉,首店为汉口武汉天地店。消费者在冷冷凄风中苦苦排队 8 小时,只为一杯来自湖南长沙的奶茶!究竟是一种什么力量,导致这一社会现象的发生?作者尝试从供应链管理维度剖析一下。

一、现象,众说纷纭,"外行看热闹"

作者在微信中做了专项调查,总结观点如下:献花派(占 28%);拍砖派(占 12%);吃不到葡萄说葡萄酸派(占 28%);研究市场派(占 32%)。整体认可率为 60%,不认可率为 40%,可见争议还是较大的。

二、剖析：供应链管理"知识大解读"

作者当时想买一杯，但看到漫长的队伍就退却了，心里却"被种草"，一定要找机会品尝下茶颜悦色到底怎么样，引得武汉人如此钟情。作者从供应链管理角度试着剖析，希望对经营者有所帮助。

1. 设计的供应链管理

茶颜悦色奶茶店从客户需求和情感切入的供应链管理设计使其在众多竞品中脱颖而出，成为其欲比肩国际大牌的底层代码。

一是"产品定位的切割营销设计"。中国是茶叶的发源地，茶颜悦色定位于新中式茶饮，区分了非新中式茶饮，将茶颜悦色与其他品牌区分开来，迅速抢占了新品类的制高点。茶颜悦色等于奶茶中唯一的新中式茶饮，在产品设计和宣传策划方面均进行差异化营销，特色鲜明。

二是"门店密集颗粒度设计"。茶颜悦色采取每800米×800米布局一家门店的做法，仅长沙市就有门店超过270家，这让它迅速在长沙成为特色食品品牌。在长沙，茶颜悦色门店密度是竞品品牌的2~3倍，在五一广场0.64平方千米的范围内居然分布了41家店铺。聚焦优势区域，集中火力。从供应链效率的角度来看，密集开店可以极大地降低企业的运营成本，提升消费者对品牌的认知度。在一个城市，某一品牌开店数量超过500家时，品牌影响力就所向披靡了。

三是"国潮包装的中国风设计"。茶颜悦色采用中国地域风情文化设计，饮品包装上有诗、有情、有画、有意。创始人吕良先生斥资百万元拿下故宫宫廷画手郎世宁及其他名画家的画作授权，将画设计在各类宣传用品上，做到了词情画意，即有诗（产品品名有格调、有诗意，如幽兰拿铁、声声乌龙）、有情（宣传海报往往借用古代典故）、有画（杯身设计为名师大作，如《千里江山图》《百花图卷》，可以使人们边喝边欣赏，得到味觉、视觉的双重享受）、有意（中国风的意味和风韵）。

四是"贴近城市文化设计"。尊重当地文化，在武汉首店，可以看到茶颜悦色用心推出了6款武汉主题限定杯，融入汉口站、热干面、里份、过早等武汉元素，让人眼前一亮。武汉主题的奶茶杯让当地人捧着就有亲近的感觉。

五是"主题店铺创意独特"。在长沙，茶颜悦色先后策划了"方寸间/桃花源""活字""江枫渔火""别有洞天""竹林煮茶""少年时"等主题店铺，一店一主题，解读中国优秀古典文化。独特的门店设计元素和灵感创意，让人拍案叫绝，以情动人，敬天爱人，"轻交易，重情义"。

2. 采购的供应链管理

创始人吕良 2008 年自国企离职后开始创业。2013 年，吕良选择茶饮行业，却不愿新瓶装旧酒，没有选用行业成熟的供应链，而是跳出原供应体系，2015 年 3 月茶颜悦色品牌注册成功。2018 年 1 月获得天使轮投资，2019 年 7、8 月完成两轮融资。中式茶饮的发展需要解决采购和生产标准化，以及"第三空间"两大难题。茶颜悦色通过对原料和配料的苛刻挑选，不断提升品控和组织能力，不断完善供应链保障能力。目前，茶颜悦色每周会从长沙向武汉门店运送食材，并在门店附近设立仓库。"一店一仓"也是茶颜悦色一直没有走出长沙的原因之一。

3. 生产的供应链管理

一是茶颜悦色采用直营模式。不做加盟，确保了生产供应链的统一、标准，避免了因加盟店店员操作流程不稳定带来的品牌伤害。二是独特奶茶新制法。"中茶西做=鲜茶+奶+奶油+坚果碎"，产品最佳赏味期在制作交付顾客后 15 分钟内。三是倡导"一挑二搅三喝"的理念。一系列连贯动作培养了消费者喝奶茶新方法，让消费者记住了这个品牌。

4. 销售的供应链管理

世界级品牌必先占据世界级心智资源，茶颜悦色采用差异化竞争战略，推出"新中式茶饮"，主要表现在以下几个方面。一是销售数据分析。根据销售数据分析，在新式茶饮消费人群中，"90 后"是主流消费人群，占比超过 50%，"80 后"约占 37%，从性别来看女性占 70% 以上。二是话题营销。公众号在开业当天推文《武汉，说了会来就一定会来》，用武汉话打招呼"江城过早有？"。打卡茶颜悦色成为奶茶消费的"鄙视链"顶端，并形成了市民"自来水式"的营销。三是价值定价。让人心动的价格是一个不能忽略的重要原因，主力产品为 15 元/杯，茶颜悦色高品质、低价格，产品平均售价低于喜茶和奈雪的茶，更具竞争力。四是周边拉动。茶颜悦色自主研发和设计了大量的品牌周边产品和文创用品，这些图案标识形成了强势和深刻的品牌认知。五是联动营销。与喜茶联动，让茶颜悦色成为焦点。

5. 服务的供应链管理

一是贴心服务。武汉天地店开业，茶颜悦色的工作人员会给排队的人群分发试饮茶、面包、饼干等一些小零食，这让顾客们感动不已。二是数字化拓展。2021 年 3 月，茶颜悦色上线订茶小程序，在现场排队期间，工作人员引导消费者关注小程序，以提前了解产品，并可在小程序上下单。三是布局外卖和社区团购。通过外卖和社区团购，极大地拉动了茶颜悦色的销售。四是永久求偿权。如果消费者觉得口味有异，可在任何时间，走进任何茶颜悦色门店要求免费重做。

三、启示，企业未来"靠供应链"

传统企业可借鉴茶颜悦色的供应链管理，包括需求导向、供应链标准化、数字化、创新设计、中国化等。一是以客户需求为导向，用心做出好产品。二是注重产业链、供应链打造，在采购供应链上，喜茶和奈雪的茶已建立独家买断的茶园、果园，用以保证采购供应链的稳定，奈雪的茶还在全年适宜草莓生长的云南，种植了专供企业的草莓。三是数字供应链提升企业管理水平，建设数字供应链，用好微信社交营销，满足消费者"小批量、多批次、高时效"的新需求。四是创新设计的供应链。从功能型产品向创新型产品演变，其中效率型供应链适合功能型产品，市场反应型供应链适合创新型产品。五是深度挖掘中国文化。喜茶胜于极简高效、奈雪的茶胜于丰富时尚、茶颜悦色胜于中国诗情画意。

茶颜悦色才刚刚开始崭露头角，供应链管理渐入正道。

第 13 章
智慧物流供应链

13.1 物流供应链时代

商业起势靠流量，决胜靠供应链。中华人民共和国交通运输部及中华人民共和国国家邮政局支持国内 1000 亿元级新物流企业的诞生，支持物流基础设施超常规发展，助力制造强国的发展。供应链本土化可以让制造业的成本大幅下降。物流串起了供应链的全环节，时代让物流供应链承担了更为重要的角色。

2018 年是中国物流的重要转折之年，伴随组织方式的升级，物流全面进入供应链时代，供应链管理成为一个行业细分类目，社会上供应链公司大规模登记、注册、运营，这成为新物流及新零售行业的新特点和趋势。企业向采购、生产、销售一体化升级，并进行供应链的组织方式变革，物流也从企业向企业间、产业间、地区间的供应链协同快速发展。

13.1.1 物流供应链的时代变迁

一个新的物流时代正在呼啸而来。一是客户期望值不断提升，客户期望低成本，甚至零运费，以及更高效的配送服务；二是数字化物流的更多运用，为低成本、高效率提供了可能；三是竞争更为激烈，新进入者由于部分生产环节采用共享物流等新方式，让企业更轻资产运营；四是共享物流等新商业模式重新定义了协作方式。当今物流业面临重大变革，伴随物联网、云技术、大数据和人工智能等新科技的出现，新的市场进入者、新的客户期盼和新商业模式不断涌现，我国已将物流作为重要的现代服务行业，第三方、第四方物流企业和智慧物流企业层出不穷。

物流供应链的时代变迁如图 13-1 所示。物流供应链 1.0 时代的"四化"为专业化、信息化、标准化、机械化。丰富的物流服务内容、日益提升的服务效率、合适的服务模式，让现代物流概念应用于我国物流实践，使物流真正成为国家重要服务先导产业。①这一期间涌现出很多专业的第三方物流企业，如在家电、汽车、烟草、商超、快递物流、物流地产等各细分领域，涌现出专业化的现代物流企业。②物流信息技术大面积推广使用，如 WMS、TMS、GPS 等物流信息系统或工具。③提升物流效率的机械化设备普及，如动力叉车、自动分拣线、立体货架、升降平台、汽车尾板等。④各类先进物流运作模式得到推广，如循环取货、JIT 配送、集并运输、多式联运等理念和做法，在先进物流企业中纷纷得到应用。

物流供应链 2.0 时代的"新四化"为网络化、智能化、平台化、绿色化。智能定价、智能补货、智能客服成为企业应用。

物流供应链 3.0 时代的"更新四化"为生态化、大数据化、物联化、金融化。代表企业为菜鸟科技、京东物流等。

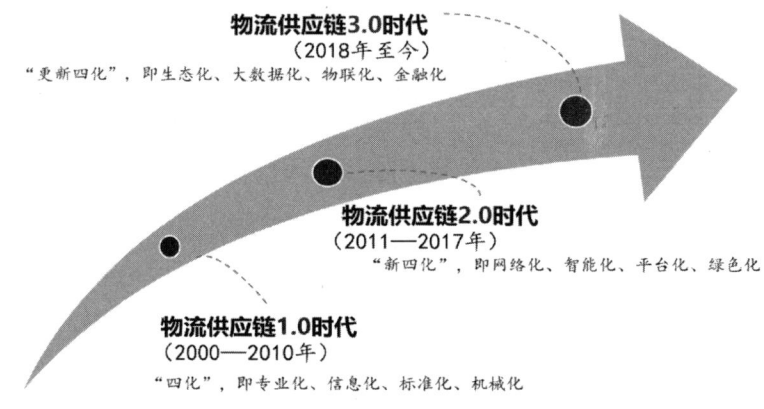

图 13-1　物流供应链的时代变迁

物流业的智能化。物流业利润相对较低，税前利润一般为-1%～8%，承运人几乎为零利润，甚至是负利润。数据分析对其他行业的影响为 83%，但在物流行业达到 90%，因此物流行业对技术变革更期待。根据普华永道的研究成果，目前社会自认为自动化先进的物流企业仅占 28%，数字化和培训的缺失是行业痛点。根据研究，物流环节几乎可以全面实现自动化，从仓储到"最后一公里"的配送，为今后物流发展提供了巨大的想象空间：仓储自动化、装卸自动化、无人驾驶自动化、无人机等无人配送工具、无人储物柜，整个环节将实现智慧化、智能化、数字化，科技将改变物流。

13.1.2　物流供应链的分类

物流供应链可以分为以下四种。第一方物流，自己开办物流，运自己的产品；

第二方物流,自己开办物流,运自己产品的同时也运别人的产品;第三方物流,无自己的物流,通过支配第二方物流,利用技术软件,帮助别人完成物流;第四方物流,对客户的物流指标负责,通过协调物流行业第二方、第三方物流资源,实现更高效、更低成本的物流运作。物流供应链需要不断提升物流数据颗粒度,提升管控细节。

13.1.3 物流供应链的五条路径

一是使用物流。使用第三方物流和第四方物流,为我所用,这是大多数企业采取的基础方法。

二是自建物流。例如,京东通过多年积累和提升,打造京东物流品牌,并对社会商家开放,使物流成为京东电商平台的核心竞争力和优势所在。

三是整合物流。例如,菜鸟整合物流信息平台,入股线下通达系快递企业,利用菜鸟、菜鸟裹裹、菜鸟驿站等平台,建立起技术驱动、平台管控、网上下订单、末端社区门店加盟配送的立体整合物流体系。

四是并购物流。企业通过资本优势,扶持出一家新物流企业,如苏宁易购并购天天快递。

五是加盟物流。例如,上海壹米嘀答将全国各省的主要省内零担物流商集合,建立了一家全国性货运平台。

13.1.4 物流供应链管理阶段

物流供应链管理是从传统物流逐步衍生并发展壮大的,先后经历了基础物流整合服务、供应链服务、供应链金融服务、产业供应链平台服务四个阶段,循序渐进,逐步深入。每一步都是跨越,在原有基础上叠加出新服务。

第一阶段:基础物流整合服务。由供应链公司将国内物流、仓库增值服务、仓储分拨、货运中转、保税物流、国际物流等基础物流服务进行整合,为客户提供一揽子整体解决方案,并分拆给多个物流供应商支撑服务。

第二阶段:供应链服务。供应链服务是在基础物流整合服务上叠加商流。因为有新增商流,即可产生新的商流销售收入,企业的供应链业务营收规模往往会放大数倍甚至百倍,并推动资金流动和信用积累。商流的介入让供应链服务既驱动物流,又有机会驱动资金流。

第三阶段:供应链金融服务。在第二阶段上叠加金融服务。供应链企业的精髓是在供应链服务的基础上叠加供应链金融,否则依然只是一家物流企业。叠加金融服务后,公司利润增加的同时,服务范围也会扩大,运营风险也会加大。

第四阶段:产业供应链平台服务。供应链服务与供应链金融深度融合对接,产生供应链服务平台,实现从项目运营向平台化运营的提升。

近年来,我国国内物流竞争日益加剧,为提升企业的运营效率和管理水平,物流信息化得到快速发展,物流行业向智能化、数字化、精细化、可视化升级转型,物流的无人机、车联网、人工智能识别、人工智能自动化、智慧决策、电子围栏地图、大数据生态、智慧云储、智慧包装等新技术日益应用于现代物流供应链企业,国内物流企业申报的专利数不断攀升。"别人贪婪时恐惧,别人恐惧时贪婪",技术投入需要持续不断。

 小贴士

中国物流层级分析图

中国物流的重量分区:快递(0~30kg)、快运/零担(30~500kg)、大票零担(500kg~3t)、整车(3t以上)。参与者为货主、货运代理、物流企业、车队及个体司机等。截至2018年6月,全国道路货运主体约643万个,营运货车约1368万辆,从业人员和货车司机分别超过2100万人和1800万人。在5万亿元市场容量中,快递市场达6000亿元、快运/零担达3500亿元、大票零担达9000亿元、整车达32 000亿元,如图13-2所示。

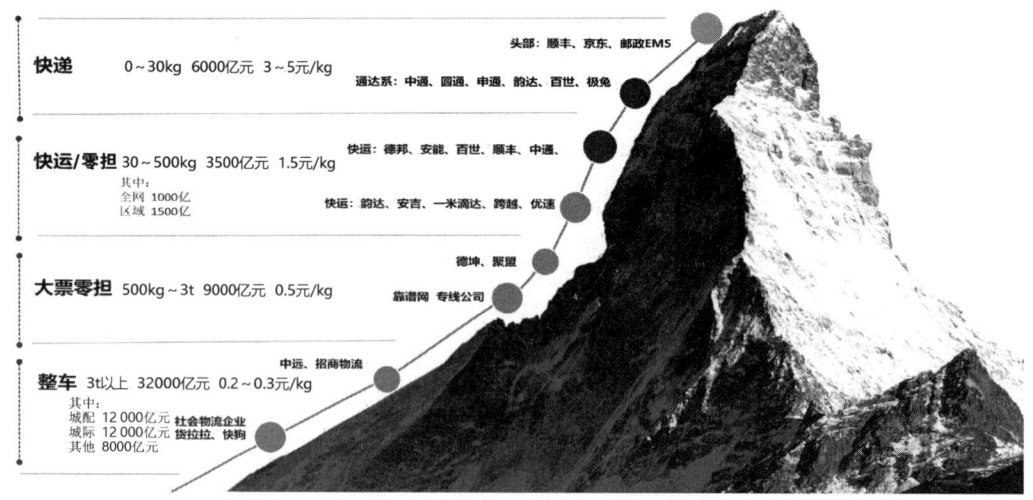

图13-2 中国物流市场容量示意图

13.1.5 物流服务分类

物流服务主要分为以下几类：①时限类（限时递、定时达、当日递、次日递、一日多配等）；②金融类（代收货款、收件人付费、供应链金融）；③功能类（逆向物流、开箱验货、大件运输、售后安装）；④特殊类（特种汽车运输、危险品运输）；⑤增值类（客户服务平台、资本合作服务、物流信息平台）等。具体分类应用如表 13-1 所示。

表 13-1　物流服务分类应用表

服务分类	服务应用	服务说明
时限类	限时递	承诺客户，在 30 分钟、1 小时或指定时长内，将货物配送到位
	定时达	根据与客户约定的指定时间，上门送交货物
	当日递	实现半天内配送到位
	次日递	24 小时产品配送到位
	一日多配	每日配货一次或日配三次，根据客户需求设定，目前平台类电商已实现日均 2～3 次配送
金融类	代收货款	提供货款代收服务，由物流商向买方收取货款并返回卖方。一般行业内为收款时当日回款、次日回款和 7 日回款等
	收件人付费	由收件人支付配送费用，这项业务在样品邮寄中使用较为广泛
	供应链金融	一是指仓单质押等形式的金融服务，让卖家更好地盘活资金，通过金融支持让生意更顺畅；二是消费者享受分期付款、信用贷款等个人金融服务
功能类	逆向物流	反向上门收取用户退货产品，如唯品会逆向物流，很多消费者"买五退四"，购买时多选几种尺码和颜色，到货时选择自己最喜爱的一件或数件留下，这成为唯品会深受消费者喜爱的原因之一
	开箱验货	主要针对代收货款客户，收货时验货，达标的留下，未达到消费者预期的可退回
	大件运输	主要集中在家电、设备等领域，如冰箱、彩电、家具等大件产品，采取专业搬运工具进行作业
	售后安装	提供家电类的产品安装，如空调安装、家电测试等服务
特殊类	特种汽车运输	汽车成品运输、汽车配件运输
	危险品运输	汽油、机油等危险品运输；工业危险品运输等
增值类	客户服务平台	公益沙龙，如知名企业创办的行业类公益沙龙，有效奠定了其在这一领域的专业高度和辩识度
	资本合作服务	智能物流资本投入，资本改变物流生态
	物流信息平台	G7 货车平台、快狗打车、运满满等

13.2 智慧物流供应链装备

13.2.1 智能物流装备

目前，行业主要运用三大智能物流装备，包括物流机器人、快递无人机、自动驾驶货车。一是物流机器人。以互联网零售企业京东、阿里巴巴为代表，逐步应用配送机器人、分拣机器人、仓储机器人、码垛机器人等物流领域的机器人。京东还在高校尝试配送机器人、自动化无人仓等技术应用。二是快递无人机。亚马逊在全球范围内率先应用，国内京东已建立无人机网络及无人机机场，阿里巴巴菜鸟科技及旗下盒马鲜生均尝试无人机服务。三是自动驾驶货车。京东、阿里巴巴、百度纷纷介入这一市场。

13.2.2 智慧物流技术

智慧物流技术主要是指信息化和自动化物流技术，包括条码、射频识别、电子数据交换、感应识别和全球定位等各类基础技术。系统通过智能采集及有效地分析处理后，进行高效、科学的管理决策，从而降低企业的物流成本，提升服务的竞争力。

一是分拣上，采取自动识别技术，包括条码、声音识别、射频识别、图像识别、磁识别和生物识别技术等。其中，物流行业广泛采用条码技术和射频识别技术，主要在仓储、分拣和配送等环节集中应用。①条码技术，让物流自动识别更可靠、更稳定，在军事、邮政和电子医药等方面应用甚广，既可存储大量产品信息，又不易被污损，受到社会企业的普遍欢迎。②射频识别技术，通过射频信号自动识别产品信息，其速度、可靠性和稳定性解决了在供应链管理过程中快速准确获取信息的问题，使其从物流行业中脱颖而出，大大提高了识别效率。例如，货物入仓，只需在仓库门口安装一个信息接收机即可，极大地减少了盘点冗繁工作。射频识别技术的技术含量远远高于条码技术。

二是运输上，使用地理信息系统。地理信息系统是以国家地理空间为基础，通过地理模型分析方法，为使用方提供不同类别动态空间的地理信息和服务，为使用方的地理决策和地理研究服务的一种计算机信息技术系统。这一系统可帮助企业实现货物跟踪和车辆管理，具有线路规划和物流规划功能等。企业通过地理信息系统、无线射频技术和全球卫星定位系统的有效衔接，并辅以车辆线路路径分配设施等技术模型，将融合建立出一套强大的物流地理信息管理系统，使企业的物流更高效、管理成本更低，具备更强的竞争能力。全球卫星定位系统就是一种地理信息系统，沃尔玛公司的全部卡车都装有全球卫星定位系统，并辅以射频识别技术，让企业信息化管理水平得到提升，其通过卫星通信使射频识别技术应用于每一家商场，使旗下商场、制造商、供货商、运输商和中间商的产品信息全部汇集到企业总部，统一调度，使数据一目了然，大大提升了管控能力，降低了物流成本，节省了仓储空间。中国目前正在推行的北斗技术，也被广泛应用于智慧物流，中国将拥有自己知识产权的物流技术。

三是仓配上，使用自动化物流设施。例如，在仓储及分拣中心使用智慧物流机器人，主要使用的智能物流机器人包括 AGV 智能分拣机器人、智能搬运机器人、智能配送机器人等，如图 13-3 至图 13-5 所示。

图 13-3　AGV 智能分拣机器人

图 13-4　智能搬运机器人

图 13-5　智能配送机器人

四是协同上，运用物联网物流设施，包括红外传感器、声控系统、激光扫描系统等。电商企业的仓配项目已向柔性化、自动化、无人化、智能化方向发展，实现了智能仓储。运输使用无人机、北斗汽车导航；仓储使用无人仓；分拣使用 AGV 智能分拣机器人；配送使用智能配送机器人；终端使用智能包裹柜。物联网在物流管理中主要应用于两个领域：一是网络平台；二是流程管理。物联网即整合网络，优化业务流程和管控流程，并将企业的物流系统打造成一个开放的社会物流平台，发布并获取信息，完善业务链条，推动整个企业和产业的提升和进步，实现未来物流供应链企业的可持续发展。企业通过物联网智慧管控，实现运输车辆的全程可视化管理，让物流配送精准、高效和快速，并实现"七定配送"，即定单、定人、定车、定线、定点、定时、定户。物联网不是一种物理属性的网络，而是基于互联网平台连接更多信息数据采集通路，并且具备存储分析和传输各类数据功能的一种大型网络系统。

13.2.3　智慧物流决策

物流决策主要包括运输决策、仓储决策、存货管理决策和配送管理决策四个方面。

一是运输决策，主要是指运输工具配载、承运人管理、多式联运组织、货运路线安排等。运输决策非常重要，正确的运输决策可以降低物流成本，提高运输效率。一个完整的配送流程包括进货、验收、入库、存放、标示、分类、出库、检验、装货、送货等环节。原来大家认为"自动化"就是智能，现在大家认识到不仅是"流程自动化"，更重要的是"自动化+思维化"，即软硬件系统能够替代人的某些思维，自动采集运营信息，并在数据分析平台经过运算分析后，得出最佳路径和实施方案。

二是仓储决策，主要是指仓库选址、仓库空间分配、仓库设计、存货分布等。仓储决策是为了解决供需双方供货及时性的问题，这里要以最少的资金占用作为决策的前提，通过实施高效的智能仓储，预计可节省70%的土地和80%的劳动力支出，潜力巨大。目前，我国立体仓库应用不足，自动化仓储加快了货物存取速度，减轻了员工劳动强度，提升了生产效率、减少了差错等。利用传感器识别、无线射频技术进行信息传输，利用机器人分拣搬运，按照自动化仓储对人工费用的节省，一般2年多时间可以就收回对自动化仓储的投资，并最大化地提升仓储管理的准确性、提升周转率、增强竞争力。

三是存货管理决策，主要是指流程标准制定、物理技术装备应用、物流系统整合等。存货管理一方面要满足原材料供应需求；另一方面要使成品及时发运出去，有效衔接生产和销售环节。

四是配送管理决策，主要是指物流解决方案设计、运作环节安排等。配送服务包括货物入库和出库管理。

智慧物流信息化技术主要包括基础技术、系统技术、应用技术及安保技术四项。一是基础技术，就是与元器件有关的制造技术，这是物流系统最基础的信息技术；二是系统技术，是指物流信息的获得、处理、传输和控制等技术，是物流系统的关键和核心；三是应用技术，是物流自动化和信息管理系统技术，如自动分拣、仓储管理、运输管理、全球定位、配送优化等技术；四是安保技术，是指密码技术、防病毒和防火墙技术、身份鉴别和访问控制等技术。

物联网和智慧物流的核心在于数据管理和维护，在于对尽可能多的大数据进行充分收集、深入挖掘、分析和整合，国内外发展好的企业无一不是将数据利用最大化的企业，如阿里巴巴、腾讯、亚马逊、谷歌等。

物联网和智慧物流开启了无接触物流时代，减少了物流环节人员直接接触的次数，利用线上交易方式，线上下订单、线上收款、线上支付、线上开票，提高了物流效率。

 小贴士

中国电商企业的智慧物流实践

物流企业的 A 级分类标准。据了解,我国拥有 A 级物流企业数量排名前三名的城市:上海 240 家,武汉 175 家(5A 级 13 家,4A 级 68 家),宁波 170 家。企业发展需要建立"三观",即全局观、系统观、生态观。企业营销的"九点",即寻找"卖点"、发现"弱点"、找出"亮点"、突破"难点"、制造"爆点"、强化"落点"、把控"重点"、钻研"节点"、不断制造"兴奋点"。

特步供应链管理。使用"云仓"模式,通过在全国建设"总仓"和"分仓",使产品能快速抵达卖家或消费者手中,实现了传统物流、物联网、信息化改造的融合。

海尔日日顺物流供应链。供应链管理的精细化水平取决于信息的智能化水平。日日顺从海尔物流起家,从服务天猫、京东、联想及小米等企业级客户,逐步延伸至向个人客户提供大件快递服务。

美的物流供应链。供应链的深度协同可以提高数据共享效率,降低缺货风险,降低库存。例如,美的与京东的深度供应链合作,2015 年 1 月 29 日,美的与京东的直连项目正式上线,双方开展协同计划,从销售计划、订单预测、订单补货等领域实现深度的信息对接,以销定产,实现库存最优化。京东及时将预测备货信息与美的互通,每天双方有数千条商品信息实现共享。这种供应链的对接使产品制造商、销售商、物流商在优化的供应链体系内更加了解市场变化,了解客户需求,极大提高了市场反应能力和生产精准度。

普罗格供应链。普罗格是一家总部在武汉的供应链管理公司。其年营收超 10 亿元,其中供应链咨询及技术服务收入占 60%,精益物流占 40%。其建立了智仓大脑体系,具体包括四大领域:一是智仓,提出一站式解决方案;二是智芯,智能物流控制引擎;三是智云,DT 时代的信息系统;四是智学,专注物流实学教育。目前,普罗格已在武汉、广州、杭州等 10 余个城市建立了智能云仓。其还建立了普罗格学院,基于实践和管理开展物流培训,为社会及行业培养多元化复合型供应链管理人才,其培训对象是普罗格学院学员、客户及相关的战略合作伙伴。这一举措深受欢迎,也推动了行业交流,奠定和提升了普罗格在行业内的话语权。

沃尔玛智慧物流。沃尔玛十分重视信息技术的作用。20 世纪 70 年代,沃尔玛建立了独立的物流信息管理系统,1985 年建立 EDI 系统,2003 年使用射频识别技术取代条码技术,之后又在沃尔玛总部建立了全球领先的数据中心。这些投入使产品

信息流更准确，减少了差错，降低了存货，降低了运营成本，提升了企业竞争力。

中国移动物流。2019年12月3日，中国移动在北京发布"中国移动数字化供应链公共服务平台（M-IoT）"，并宣布成立旗下物流品牌——中移物流，资产规模达1.65万亿元。中移物流的前身是中国移动终端公司，2011年成立之初便建立了全国物流体系，服务通信行业，2018年正式获得4A级物流企业认证。凭借物流商和运营商的双重角色，中移物流在31个省份开通分销、零售、新零售业务，具体包括高端快递、经济快递、仓储零担、国际物流、工程物流和冷链物流等。中移物流的核心竞争力是对物流供应链和通信行业的深刻理解，以及技术驱动的管理模式。中移物流确定了企业发展规划，即一条主线（全链自主）、两条发展路径（物流供应链服务和垂直行业智慧化应用）、三个突破点（业务、系统、方案）、四个细分市场（销售物流、供应物流、国际物流、综合物流），最终实现数字化供应链。另外，中移物流推出四大数字供应链服务产品，包括出入库数字化解决方案、运配数字化解决方案、签收数字化解决方案、冷链数字化解决方案。

京东供应链。京东物流是京东最大的优势之一。2015年年底，京东宣布其85%以上订单可实现当日递和次日递，甚至有2小时送达的极速达服务，快速的物流成为其竞争利器。尤其是对于京东擅长的3C产品来说，自建物流的优势愈发明显，实现了订单快速响应，这也是其供应链管理的核心优势。京东采取的是多地建仓、仓配一体，并对"最后一公里"加大投入，减少商品搬运次数，提升作业效率。在商品出库和配送环节，京东通过大数据对运输及配送线路进行优化，并利用京东地理信息系统和物联网系统，提升配送效率。物流是京东的核心竞争力，京东自开办之初，就将壮大物流作为企业发展的重要路径并加以持续改善。做到一定规模后，又开始建设地区物流分站，进行备货，做到在客户下单2小时内就近派送、远超限时递和次日递服务。京东物流把企业定位于全球供应链基础设施服务商和供应链科技领导者，实现了客户、行业和社会的价值共创，强化了商流和物流的融合，实现了智能化运营。京东物流从2007年成立至今，先后推出若干服务（见表13-2）。

表13-2 京东物流新服务时间表

年限	服务	备注
2010	211限时达	配送时限小于12小时
2012	夜间送	/
2013	极速达	/
2014	京鲜达	300+城市
2015	移动仓	1小时达

续表

年 限	服 务	备 注
2016	京准达	覆盖250个城市，可精准到30分钟内
2017	生鲜全程温控	/
	京尊达	尊贵配送服务
2018	个人快递	覆盖31个主要城市

菜鸟供应链。刚开始，马云苦恼阿里巴巴只有商流、信息流、资金流，唯独没有物流。2013年，阿里巴巴正式进入物流行业，组建菜鸟，建设全国智能物流骨干网，发展迅速，目的是实现货物在全国范围内能够做到"次日送达"，而且公司人数要求不超过5000人。菜鸟利用自己在大数据分析方面的优势，不断攻城略地，主要做法如下：①菜鸟在全国设置云仓，授权第三方进行仓储管理和物流快递配送；②菜鸟负责对数据指标进行评价、考核和选择，将优势公司、优势路线纳入网络，提升物流竞争力，并与京东自营物流平台进行市场抢夺；③菜鸟在全国布局成熟后，针对国际市场，开展对外合作和并购，将跨境电商物流作为一个新增点在全球范围内进行布局；④组建初期由各通达系快递共同出资，注册资金达50亿元，由马云任董事长，发力过后逐步入股、控股各主要民营快递企业，形成"菜鸟系快递"；⑤在农村市场，建立村淘，在社区"最后一公里"建立菜鸟驿站，线下网络布局细微、扎实；⑥菜鸟在引导行业发展上不遗余力，如全面推广电子面单、率先使用绿色包装，为合作物流企业提供"双11""双12"配送数据预测，方便快递公司合理组织运力。据了解，菜鸟目前已在中国乃至全球范围内，联合众多仓储服务商、配送服务商、需求企业、信息服务商及物流上下游企业，共同筑建了一个能够调配全社会资源的物流平台。每年，菜鸟网络都会组织行业召开"全球物流供应链大会"，邀约关联企业共享共建这一平台，发布新信息、新技术，奠定阿里巴巴菜鸟的行业领军地位。菜鸟供应链的产品矩阵中包含数智大脑、数智仓配、数智全案、商流联动。数智大脑是菜鸟供应链整合前沿科技推出的系列产品，覆盖从分仓到运营的全场景。分仓不是每一种产品都要布入每个仓库，而是根据企业的爆品、长尾品采取不同的策略，并根据历史数据测算，实现企业产品周转天数减少、跨区比降低等目标。

13.3 物流成本与GDP

13.3.1 中国物流成本变化趋势

供应链管理，从广义上讲就是把供应商、制造商、分销商和零售商作为一个完整的整体,通过企业间的有效分工与合作,建立企业间的合作伙伴关系,并促进产业链条上的物流、信息流、资金流不断优化和流动,从而提升整体竞争能力的管理活动。

好的供应链管理,要求合作伙伴提供共同贡献,并依据贡献设计获利,以增强内驱力,同时使合作伙伴有共同的远景目标,更好协同。先进的供应链管理系统具备信息化、数字化、集成化、网络化、可视化和自动化等先进技术,并充分利用光、电、机、信息等,发挥红外、激光、射频识别、传感器、GPS 等高新技术的优势,让智能供应链"活"起来。供应链管理的精细化水平取决于信息的智能化水平。

中国物流成本占 GDP 的比例高,不等于中国物流成本高,这与国家经济结构和资源配置相关。中国物流成本占 GDP 的比例历年变化趋势如图 13-6 所示,与世界主要国家比较如表 13-3 所示。

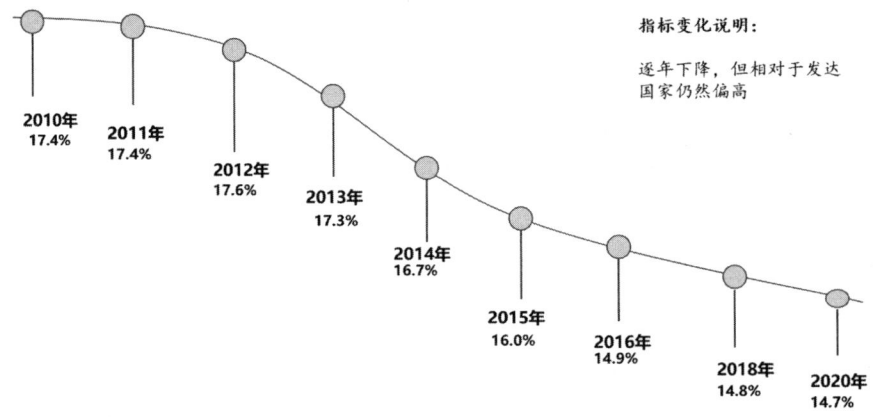

图 13-6 中国物流成本占 GDP 的比例历年变化趋势图

表 13-3 中国物流成本占 GDP 的比例与世界主要国家比较图(以 2018 年为例)

国 家 名 称	物流成本占 GDP 的比例	其中:指标说明/万亿美元	
		物 流 成 本	GDP
美国	8.0%	1.64	20.49
日本	8.7%	0.43	4.97
中国	14.8%	1.91	12.92

13.3.2 物流四要素对比

物流四要素包括物流费率、周转量经济贡献率、平均运距、每万亿 GDP 货运量,各国对比分析如表 13-4 所示。

表 13-4 物流四要素各国对比分析

2018 年	中 国	美 国	日 本
物流费率	4.7%	8.7%	5.0%
周转量经济贡献率/（美元/吨千米）	1.99	1.83	2.09
平均运距/千米	397	557	717
每万亿 GDP 货运量/亿吨	39.88	9.03	11.64

（1）中国的物流费率较低。中国（4.7%）与日本（5.0%）的物流费率水平相当，却远低于美国（8.7%）。说明美国物流费率较高，与其物流人力成本较高和物流从业者相对稀缺有关。另外，美国大部分制造业物流外包，成本相对清晰，而中国和日本的物流费用有时包含生产费用。同时，中国物流费用中管理费用在三国中占比最高，如表 13-5 所示。

表 13-5 各国运输管理费占比

国 家	运输费用占比	保管费用占比	管理费用占比
中国	51.8%	34.6%	13.6%
美国	63.4%	29.9%	6.1%
日本	69.3%	27.7%	3.3%

数据来源：根据中国国家统计局、美国交通部、日本国土交通省的数据整理。

（2）三国的周转量经济贡献率相当。中、美、日三国的单位周转量经济贡献率基本一致，意味着 1 吨货物运输 1 千米各国创造的价值总额相当。中国"沿海+沿江"运输地理格局为中国经济发展提供了物流成本货运保障。中国水运运量占到近半，五大运输通道排名：水运>公路>铁路>航空>管道；而美国的排名为公路>铁路>管道>水运>航空；日本的排名为公路>水运>铁路（航空、管道）。

（3）中国的平均运距最近。这与三国的地理环境和产业分布息息相关。中国产业分布相对集中，供应链效率也较高，大部分物流依靠短途物流运输即可。

（4）中国每万亿 GDP 货运量远高于发达国家。中国物流成本占 GDP 的比例较高，最核心的原因是每万亿 GDP 货运量约 4 倍于美、日等发达国家。中国是制造业大国，第二产业对 GDP 的贡献率为 40.7%，美国为 18.6%，日本为 28.4%，创造同样的 GDP，中国需要更多物流成本，因为中国供应链环节众多、分工专业化，产品需经多次运输和搬运装卸，但数字化优化后提升空间依然较大。

通过以上分析，中国企业降低物流成本的手段主要如下：第一，降低管理费用和保管费用（仓储费用）；第二，发展公路、铁路多式联运，降本提效；第三，优化数字供应链，减少盘拨周转，提升采购、生产、销售环节的供应链效率。

13.4 智慧物流供应链规划

物流企业是成本优先，还是客户体验优先？不同企业有不同的定位和发展路径，如盒马鲜生，以客户体验优先，不惜代价提升物流配送速度，实施时间和空间双维度优先策略，以速度取得用户订单，并获得企业产品溢价，实现快速发展。

规划一：物流供应链规划与咨询。①供应链咨询：供应链战略规划、网络规划、组织协同规划、采购优化、库存优化、市场需求预测、生产计划及产销协同。②物流咨询：物流园区规划、物流中心规划、物流信息系统规划、物流运营绩效改善、现场改善、运营体系梳理。③精益生产：仓储布局、物料拣选、物料上线、物料包装、物流设备、容器具方案、自动化改善等。④信息规划：供应链信息化诊断、信息平台规划、物流信息诊断、物流系统规划。

规划二：供应链与物流信息系统。①供应链与物流信息系统中台：通过数据交互平台对接多套软件，实时掌握供应链与物流活动状态，对资源利用状态进行监控、调度与分析，进行智能决策，具体包括物流能力计算与分析、物流追踪与追溯、物流实绩分析与绩效评估、供应链库存分析与监控。②信息系统服务套件：供应链与物流信息系统服务套件，基于策略配置、服务共享等原则，对供应链项目中的仓储管理、仓间调拨、库存分配、成本核算、计费管理、结算管理、运输管理、宅配管理等服务进行整合、智能控制。相关软件系统包括 OMS（Open Mobile System，订单管理系统）、WMS（仓储管理系统）、TMS（运输管理系统）、DMS（Delivery Management System，配送管理系统）、BMS（Bulling and Management System，计费和管理系统）、PCS（Production Control System，生产控制系统）等。③供应链数据交互平台：支持供应链及物流中台与第三方物流企业、电商平台、物流平台、业务上下游企业的系统实现快速对接，支持各类接口格式与通信协议，支持大数据和高频次并发，具体包括集成平台接口、数据流调度引擎、数据流校验与应用转换平台等。

规划三：物流自动化。自动化技术应用包括：①自动存取系统（AS/RS，Automated Storage and Retrieval System）（立体式高位货架存储系统、立体式穿梭车存储系统、轻型箱式堆垛机、巷道式托盘堆垛机）；②输送分拣系统（箱式输送线、合分流机、托盘输送线、射频识别技术、高速分拣线、分拣机器人、垂直升降机）；③人工智能系统（自动贴标系统、自动码垛系统、自动识别系统）；④储存系统（货架整体方案、密集型货架储存系统）；⑤拣选系统（智能工作站、语音拣选、电子标签、无线应用）；⑥搬运配套系统（搬运叉车、任务小车、集货器具）。物流自动化系统集成平台包括：①分布式电气控制系统（总线控制、自动识别、PLC 控制、自检保护、信息容错、电气安装）；②智能型 EIS 平台（数据交换、智能调度、心跳传输、运行监控）；③无缝对接的接口技术（设备控制、接口标准化、多重兼容、通信开放化）。

规划四：精益物流运营。①建立精益云仓平台。通过建立全国云仓网络，为电商、流通、制造等企业，提供仓配一体化服务，提升效率、降低成本。②仓配体系优化。通过物流专家，对客户目前的仓配体系进行分析、诊断、运营和改造，建立托管体系，提升仓配服务能力。③建立医药大健康物流园区。为医药产业链上下游企业提供整体医药物流运营服务，提供医药仓储、配送、订单实施跟踪、信息加工等服务，建立医药大健康物流运营服务平台。

规划五：现代物流项目集成与总包。从规划咨询、基建工程、设备集成、系统集成、运营管理上进行统筹。规划咨询包括总体规划设计、流程设计、设备和设施规划、细部规划设计、土建需求分析等；基建工程包括设计交底、图审管理、变更管理、工艺点施工管理、安装条件审查、基建验收评价等；设备集成包括设备招标、设备选型、设计控制、安装控制、测试调试等；系统集成包括需求分析与设计、系统联调指导、系统开发与测试管理、系统验收指导等；运营管理包括现场环境搭建、物流标准作业程序、操作人员培训、搬家方案制定、上线运营辅导等。

适合企业：医药健康、零售商贸、药妆日化、电子商务、快消便利、家电产品、生鲜冷链、图书发行、精益生产、服饰时尚及其他新行业等。

13.5 智慧物流生态

做企业要像农民耕地那样，不仅要追求强大，还要追求如何活得更好、活得更久，这就需要建立长远的智慧物流生态圈。一般企业的成长分成四个阶段：从 0 到 1，从 1 到 10，从 10 到 100，进入 100 以后。每一个阶段都需要进行有效的商业设计和组织设计，以及对企业生态定位不断完善，重点布局产业周期两端的项目。当今社会，企业要建立"全球+中国=双轮驱动"的发展构想，了解行业发展的前沿趋势，站在全球化的高度去寻找企业的发展机遇，为消费者提供优质的产品和服务。物流致力于"体验为本、效率制胜、成本最优"，并向专业化、集约化、综合化方向发展。近五年以来，物流供应链在企业竞争中的价值越来越大。

13.5.1 京东物流生态

先聚焦，后全面。企业商战的根本原则是"兵力原则"。无论是防御战、进攻战、侧翼战，还是游击战，核心要素就是集中优势兵力，在关键时间、关键地点投入最大数量的兵力。企业发展一定要聚焦，形成核心竞争力，然后再向上下游发展，提升企业长远竞争力。全球食材供应链巨头美国 SYSCO 经过几十年的发展，从品类的一站式配送，再到全面食材供应商，其先后收购了美国几百家大小不等的配送公司，奠定了今日的全球霸业。建立产业互联网，一定要先搞懂产业，再将互联网作为发展利器，就像一个人一样，一定是先会走路，才能去奔跑。

京东物流 2017 年从京东集团独立出来成为子集团，十余万名员工开启转型之路，"自营+物流开放平台"，对京东的销售具有巨大的拉动作用。京东物流尝试从短链（将货物以最短距离、最少搬运次数送到客户手中）、智能（物流技术驱动、软硬件应用、技术和数据让管理更智能）、共生（建立行业生态，坚持合作搭建平台，提供一体化服务的理念）三个方面着手，依靠需求导向和技术驱动，进一步推动物流行业的变化。

截至 2019 年年底，京东物流从原来订单 100%是京东的，到外部业务收入占比 40%，2020 年达到 50%。无疑，三年的京东物流开放使京东物流从企业物流，摇身一变成为物流企业，并为京东提供了更好的服务。

在传统物流中，物流部门属于成本中心，物流行业是基础性行业和服务型行业。由于电子商务的崛起，物流企业成为可以提升客户体验的重要窗口，提升客户体验和提升效率成为物流企业的重要工作。京东物流的一体化供应链服务核心业务包括京东供应链、京东快递、京东快运、京东冷链、京东云仓、京东跨境。

京东的智能化体现如下：①人工智能让操作无人化（无人仓、无人机、无人配送车、无人车）；②大数据让运营智能化（仓库，自动验收、智能存储、自主打包、自助出库；运输，动态运输路径规划；配送，智能接单、智能分单）；③机器人让决策智能化（洞察和决策，大数据网络布局、行业洞察、供应链深度协调；分析和监控，库存运输；数字化，全链路可视化）。京东物流依靠供应链的技术平台，通过 5G 技术与物联网技术，实现了智能园区（智能导引、数字月台、无人安防）、智能枢纽（人车无感出入、生产行为预警、全程视频追溯）、智能仓储（精准轨迹管理、生产感知调度、自主安全识别）。

京东智慧供应链是京东物流的第二曲线（见图 13-7）。京东物流的第一曲线是智慧物流和快递（京东一号云仓、快递、冷链等基础业务）；第二曲线是智慧供应链，包括智慧农业（植物工厂）、智慧教育（机器人学院）、京东 X 事业部、四无项目（无人仓、无人机、无人车、无人零售）等。京东物流 2019 年营收约为 10 亿元，目标是三年后超过 100 亿元,成为京东新型数据拓展类业务。第二曲线将成为京东集团"看见未来"和"制胜未来"的战略业务。

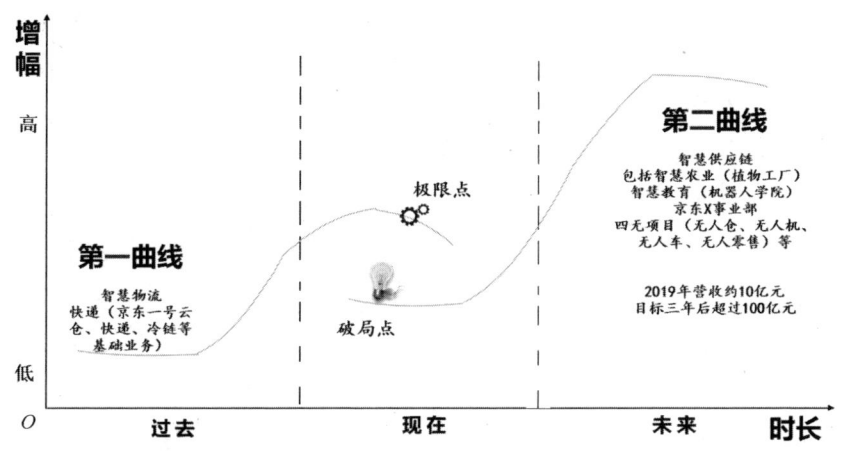

图 13-7　京东物流的二次曲线

13.5.2　小米企业生态

小米的商业模型由硬件、新零售和互联网服务三部分组成,并形成相互协作、相互支撑的关系。硬件是小米产业链的基础,由手机、电脑、音箱、电视、路由器等自营产品和小米生态链企业研发的其他硬件组成。小米通过线上(小米商城及各大平台商城)、线下(小米之家)及新零售方式,向客户出售各类硬件产品和生活产品,并借助硬件的操作系统,为客户提供互联网服务,最终获取硬件零售收入和互联网服务收入。小米的硬件模式最大限度地发挥了规模效应,为小米倡导的"价格厚道"提供了支撑,同时高性价比的硬件实现了客户的大面积覆盖,又为互联网服务低成本导入了信息。借助互联网服务,小米收集到了客户的喜好和意见反馈,为公司研发提供了最前沿的信息,从而促进硬件改进、新零售、互联网服务的良性循环。小米自营产品采取 OEM 模式生产,由供应商提供系统芯片、存储器、电子组件和触控屏幕等组件,小米安排组装外包伙伴进行集成。

 小贴士

中国物流供应链生态"六大江湖门派"

未来五年,集中化、综合化和智能信息化仍是物流界的主轴,物流投资围绕"价值+产业+技术"展开。

中国式供应链管理——大国博弈时代的供应链战略与运营

一是阿里系。阿里巴巴组建了中国物流骨干网，先后投资四通一达（圆通、申通、中通、汇通、韵达）组成菜鸟系，占据电商中低端快递市场；围绕电商和城市新零售，2016—2019 年参与 21 宗并购，聚焦智能信息化、快递快运和城市新零售物流，包括增持申通和菜鸟网络股份，投资心怡科技、日日顺、饿了么、蜂鸟、丹鸟、溪鸟等。

二是普洛斯系（隐山资本）。普洛斯先后投资涵盖智能信息化、城市新零售物流等企业，包括中铁特货运输、壹米滴答、纵腾网络等；2016—2019 年参与 25 宗物流相关并购。

三是钟鼎资本系。钟鼎资本从 2010 年开始聚焦物流供应链，先后投资京东物流、德邦、货拉拉、满帮集团、纵腾网络、则一物流、G7、福佑卡车、中谷物流、跨越物流、南航物流等，初步建立物流生态。

四是顺丰系（见图 13-8）。顺丰自 2018 年起加大物流跨领域投资，2016—2019 年参与 15 宗交易，涉及智能信息、生鲜冷链、最后一公里等领域，包括收购 DHL 中国供应链业务、战略投资信特安供应链、现金收购嘉里物流股份。除此之外，顺丰系还包括原有的丰巢科技、新夏晖、正大富通、物联亿达、丰速科技、顺陆、数字绿土、丰修、丰泰产业园等。

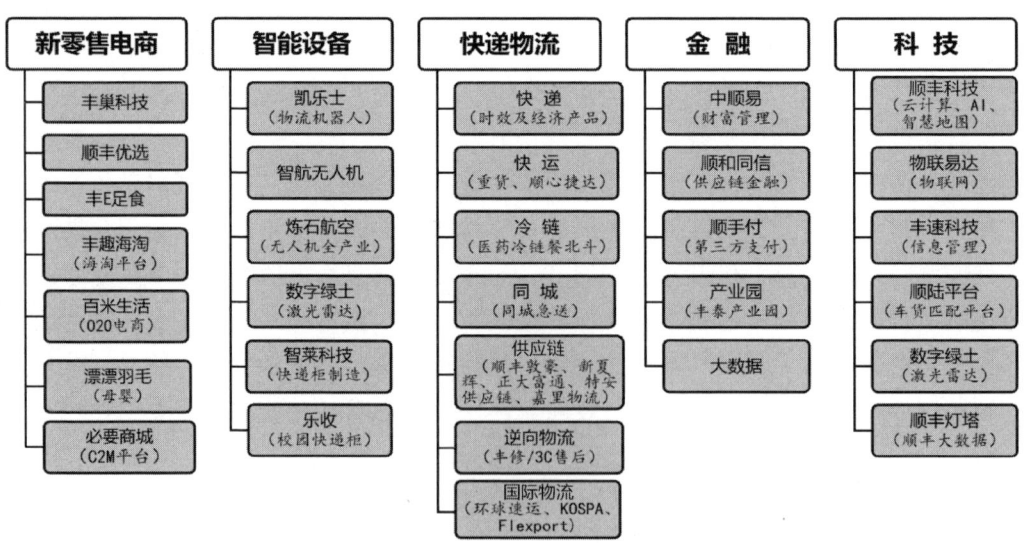

图 13-8　顺丰系的物流供应链生态布局一览表

五是京东系。京东于 2017 年 4 月正式成立京东物流，提供物流一体化服务，包括京东物流供应链、京东快递、京东冷链、京东快运、京东云仓、国际供应链等。2017年至2019年分别营收51亿元、124亿元、235亿元，不过尚未盈利。京东物流至2020年1月，外部收入占比超过40%，仓储面积达2000万平方米。

六是邮政系。有人的地方，就有邮政。邮政拥有国内特快专递、同城快递、快递包裹、极速鲜专递、贵品专递、国际快递、国际E邮宝、国际小包等产品，网络通达全球。另外，邮政还有邮政科学院、中邮信息科技、中邮科技、邮储银行、中邮保险、中邮证券、邮乐网等综合实力机构，形成了物流、资金流、信息流综合供应链。

第 14 章 智慧行业供应链

智慧行业供应链的研究重点是商贸业供应链（良品铺子）、制造业供应链（攀升兄弟）、服务业供应链（快递物流），这也是应用最广的行业供应链。

14.1 智慧行业供应链简述

14.1.1 三类供应链的定义

一是商贸业供应链，也称贸易型供应链，是以贸易企业为核心打造的供应链，实现了高效交付和安全库存管理，并通过信息化实现了计划、预测，提高了反应速度，推动了全渠道发展，降低了交易成本，缩短了交付周期，提升了企业竞争力，实现了商品供需平衡。典型企业有国美、苏宁等。

二是制造业供应链，也称生产型供应链，是以生产企业为核心打造的供应链，实现了原材料采购、中间加工、最终出厂的一体化整合和全过程协同，供应链管理的重点是内部流程优化和协同，降低生产和交易成本，提高生产效率。①该供应链探索智能互联工厂，变革传统的制造模式和供应链体系。②采用"规模定制+敏捷制造+创新平台"的智能供应链模式，实现大型制造向规模定制的转型，并建立以用户体验为中心，协同多方的智能制造供应链，提升企业智能制造供应链的市场竞争力。典型企业有海尔、格力等，其中海尔建立了以生产为主体的垂直整合型供应链体系，2009—2016 年，家电零售占全球市场份额从 5.1%提升至 10.3%，成为智能制造供应链的引领者。

三是服务业供应链，以供应链服务企业为核心打造的商业生态供应链，在产品研发、设计、生产、物流和分销等全生命周期内提供专业的服务，帮助客户专注核心业务，为客户提供增值服务，帮助客户融合成本、质量、营销、效率和服务 5 个核心要素的资源，实现总成本领先。典型企业有怡亚通、顺丰速运等。

14.1.2 智慧供应链的变化趋势

（1）柔性供应链是降低供应链风险的重要手段之一。

（2）电子商务的发展提升了用户对柔性供应链生产和交付的期望，使交付方式更加多样化。

（3）数字供应链能更好地预测短缺或断供现象的发生。

（4）供应链管理人才需要不断自行培养和引进，满足企业对供应链管理人才的需求。

（5）供应链管理的改善加速了自动化信息技术和大数据分析技术的应用。

（6）网络安全是数据驱动供应链管理的前提。

（7）物联网技术得到进一步应用。

14.2 商贸业供应链

商贸业供应链的发展。一是构建全渠道供应链，推进"互联网+流通"，推动零售企业向新零售平台转型发展，开展场景升级，挖掘商圈消费。二是构建智慧供应链，发展无人零售，推动智慧街区、智慧商圈、半小时社区圈等的发展。三是推进供应链生态化聚集发展，加强供应链互通互联，鼓励流通企业向供应链两端延伸，打造流通供应链协同平台，提升流通供应链服务水平。四是发展绿色供应链，绿色制造、绿色流通，建立健全供应链环保信用评价披露机制。五是建立逆向物流体系，探索互联网逆向物流，建立基于企业供应链的废旧商品回收平台，并持续推动社会再生资源交易市场线上与线下相结合模式的发展。

14.2.1 卓尔商贸业供应链崛起

卓尔智联集团（以下简称卓尔，股票代码：2098.HK）是湖北营收最高的民营企业。卓尔从城市地产运营商逐步升级为供应链运营商。2011年7月13日，卓尔以汉口北作为经营主体，登陆香港资本市场。

卓尔供应链的发展之路分为六步（见图14-1）。

一是建立海陆空立体物流供应链格局。在香港上市仅2个月，2011年9月，卓尔拿下香港上市公司中国基建港口的控制权，成为武汉阳逻港一期实际控制人。收购中国基建港口是为了与商贸批发业相辅相成,汉口北是交易平台,港口是物流平台,阳逻港是国家一类开放口岸,难得的深水良港,卓尔以武汉为中心,建设长江航运体系,布局物流供应链,提升竞争力。之后,卓尔又在武汉建成汉南港,陆续布局长江流域多个码头,实现江海联运、水铁联运、陆水联运、陆空联运,以长江经济带为依托,实现"通江达海"和"海陆空"立体交通大格局的目标。

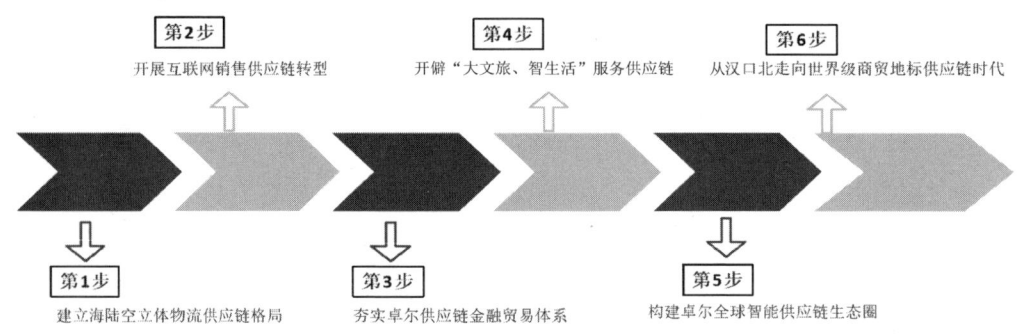

图 14-1　卓尔供应链发展之路

二是开展互联网销售供应链转型。卓尔成立汉口北电子商务有限公司;建设 100 万平方米的天津电商城;建设阿里巴巴武汉产业带;组建中国(天门)棉花交易中心产业园;1 号店创始人于刚出任卓尔发展董事局联席主席并推出卓尔云市;卓尔武汉云传媒科技股份有限公司在新三板挂牌,2015 年 7 月汉口北国际商品中心被中华人民共和国商务部认定为国家电子商务示范基地,2015 年 11 月 28 日卓尔云市推出卓尔购、卓金服、卓集送三大产品;2016 年 3 月 17 日卓尔与兰亭集势签订股份购买协议,成为其第一大股东;阿里巴巴前 CEO 卫哲以独立董事身份加盟卓尔;卓尔收购嘉实资本旗下融资租赁公司,组建卓尔金融集团;2016 年 10 月持有中国最大农产品 B2B 电商中农网 60%的股权;2017年湖北首家民营银行武汉众邦银行揭牌,卓尔为第一大股东;收购化工及塑料原材料电商平台化塑汇;组建卓钢链电子商务公司,开展钢铁等黑色系大宗商品经营;参与全球大型 B2B 交易平台"世界商品智能交易中心(CIC)"的构建及运营;入股海鲜 B2B 交易平台"海上鲜";卓尔旗下兰亭集势收购新加坡电商 Ezbuy;卓尔航空更名"卓尔宇航";卓尔创投投资 1 药网。

三是夯实卓尔供应链金融贸易体系。交易平台,形成在消费品批发,如白糖、蚕丝、板材、海鲜等领域有重大影响的交易平台集群;物流服务平台,形成卓集送、兰亭智通等全球化物流服务链;供应链金融平台,形成嘉石榴、卓金服、卓付通、弘康保险、众邦租赁、众邦保理、众邦银行等金融服务链;供应链管理平台,形成卓易通、汉口北国际、卓贸通等供应链服务体系,交易规模超 5000 亿元。卓尔成为中国 B2B 领域市值最高的上市公司。2017 年，卓尔智联营收为 222.49 亿元，其中供应链管理及贸易收入占比为 93.21%。

四是开辟"大文旅、智生活"服务供应链。成立卓尔文旅集团，开设卓尔书店，建设桃花驿小镇，建设羊楼洞世界茶业第一古镇，首创武汉客厅，规划建设 20 座卓尔小镇，体现了全球化、社交化、场景化、智能化运营，营造了精致的文创休闲体验空间，编织了"智造美好生活"的美妙图景。

五是构建卓尔全球智能供应链生态圈。建设中国（天门）棉花交易中心，交易中心由交易大厅、仓储区、加工区、物流区、轻纺市场、物流配送区、棉花博物馆、商务区等功能区组成，实现"买全球，卖全球"。打造中国最大 B2B 企业，卓尔围绕交易平台搭建配送、物流、金融服务平台，2018 年 7 月 3 日"卓尔集团股份有限公司"正式更名为"卓尔智联集团有限公司"，明确新定位、新战略"智联天下生意，智造美好生活"。现代物流与供应链服务是企业最清晰的标签，积极、执着、稳健、公信是卓尔的企业文化，卓尔构建了以区块链为平台底层，以物联网、大数据、人工智能、数字货币为支撑的新型智能交易平台，建设了互联互通、融合共生的全球智能供应链生态圈。

六是从汉口北走向世界级商贸地标供应链时代。在以国内大循环为主体、国内和国际双循环相互促进的新发展格局基础上，武汉汉口北迎来了历史发展机遇，卓尔将汉口北国际商品交易中心升级为武汉国际贸易城，以高规模定位、高标准规划和高质量发展之势争创世界级商贸地标。在数字化和智慧化方面，建设了 3000 平方米的汉口北直播选品中心，在生产、选品、仓储、物流各环节实施供应链生态整合，引入直播带货机构和电商直播平台官方服务商，推动汉口北 30 个行业品类和 2.2 万家商户进行数字化转型。汉口北国际商品交易中心提升为武汉国际贸易城后，将重点打造以武汉展览馆、国际会议中心、众邦金融港、世界贸易数据中心等 12 大主题项目为主，建筑面积达 1200 万平方米的超大现代商贸物流集群，构建世界贸易之都、世界商贸之城。2021 年 10 月 12 日，全球数字贸易大会在汉口北召开。

卓尔，智联天下生意，智造美好生活。

14.2.2 名创优品的供应链管理

超市为何会为顾客准备手推车？进饰品店和零食店铺时，店员为何首先会热情地为顾客准备小篮子？因为这个主动推荐购物装载工具的细节，一般会给商家带来 30%以上的销售增量，顾客因为采购容器的变化会适当购买更多的产品。2013 年，名创优品在广州开了首家店铺，在七年时间内店铺开到 80 多个国家和地区，全球店铺超过 4500 家，并于 2020 年 10 月 15 日在美国纽约交易所上市，发展速度罕见。消费者喜欢将名创优品与无印良品相比较。其实，名创优品的产品价格一般只有无印良品的 30%～50%，并且名创优品七年时间的营收和店铺数量均超过发展 30 多年的无印良品。名创优品运营总部在中国广州，定位"优质低价"，并与全球顶级 IP（如迪士尼、可口可乐、故宫、漫威等）合作，顶级 IP 概念深入人心。

创始人叶国富在考察全球市场后，对标大创公司（产品是中国制造的，设计师是日本设计师）。受无印良品和大创公司启发，他联合日本设计师三宅顺也，联手创办名创优品，结合无印良品的设计及大创公司的低价策略，将目标客户定位于 18～35 岁的年轻女性，主要销售自有品牌产品。

（1）产品设计。要求系列感、简约风、时尚感、优质低价和时尚设计相结合。

（2）店铺扩张。名创优品采用投资加盟的方式，即投资商选址后交名创优品审核，审核通过后缴纳品牌使用费、装修费用和货品保证金，成为名创优品的本店投资商。店铺由名创优品总部统一装修、统一供货、统一管理，实现店铺形象和管理风格的统一。投资商也不参与店铺的日常运营，只收取销售分红。

（3）店铺选址。名创优品选址往往在城市中心，如步行街、商圈、购物中心等，实现更高的进店率和转化成交率。名创优品将每天营业额的 38%（食品饮料 33%）分给投资商，但投资商需承担店铺转让费、装修费、门店日常租金、一线员工工资及水电费等日常经营支出。这种模式使名创优品快速扩张，仅 2015 年就新开了 1100 多家店铺，其将加盟商变为合伙人，以最低成本实现双赢发展。

（4）品牌宣传。创始人叶国富通过媒体公关、在偶像剧中植入广告、参加各类节目等方式，扩大品牌影响力，树立国际化快时尚品牌形象；采取"扫码就送包装袋"的方式，使企业微信公众号的粉丝超过 4000 万人，位居中国企业微信公众号前几名。同时，开发微信小程序，基于 LBS 功能实现社交电商，使几千家门店升级为前置仓，实现线上、线下同步销售，小程序累计登录用户超过 3000 万人次。

（5）供应商管理。名创优品拥有一套良好的供应商管理模式，"以量制价+买断定制+不压货款"。名创优品与供应商联合开发新品，买断版权，占据产品的独家资源；批量采购特定数量的产品，减少供应商库存之忧；快速付款，大规模下单，获得采购成本优势。名创优品很多供应商也是无印良品的供应商，对于核心供应商其还会采取参股投资方式，确保供应链的安全性和稳定性。

（6）场景管理。名创优品专注于研究场景管理，考虑到中国女性平均身高约为

1.55 米，于是将中国店铺零售货架设计为 1.5 米，以适合中国人的身高。在店铺内，名创优品还通过智慧零售系统，告诉店员如何摆放产品、如何增加连带销售、提升营收效率，为店铺业绩提高提供了支撑。

（7）运营方式。名创优品以"低成本+低毛利+高周转"的方式运营。定价机制简单透明，零售价是采购成本的 2 倍，即定倍率（零售价除以进货价）为 2，同行一般为 3~5 倍。名创优品还实行爆款单品策略，单件产品往往采购数量过千万件，规模采购和及时付款让名创优品获得业内最低的进货价，也就使终端价格更具竞争力。例如，一款 10 元的商品，名创优品进价 5 元，返还投资加盟商 3.8 元，名创优品获得 1.2 元，名创优品除去设计、采购、运营及物流等费用，依然可以维持 5%左右的净利润。据统计，2019 年中国名创优品的门店超过 10 亿人次进店，有 3 亿人购买，转化率约为 30%。

（8）供应链金融。名创优品善于运用供应链金融工具。投资加盟是第一个杠杆，供应链金融和消费者金融是第二个杠杆，腾讯及机构投资是第三个杠杆。名创优品积极与背后千家供应商开展供应链金融合作。

14.2.3 钱大妈的供应链之道

钱大妈近几年快速发展，成为生鲜的代表企业，其宣传口号是"从不卖隔夜肉"，通过打折，实现门店当日零库存。钱大妈从广东走向全国，估值近百亿元，作者挖掘其成功奥秘和供应链发展，总结为"八大秘籍"。

（1）SKU 极少（不足百品，爆品制胜）。钱大妈以社区店为主，采取加盟模式，店面相对密集，SKU 极少，且以肉类为主，以蔬菜、水果和水产品为补充，总 SKU 数在 400 个以内，单店仅 100 多个 SKU。钱大妈不碰米面粮油，聚焦肉和菜，降低了供应链管理难度。在实际销售中，猪肉占总销售额的 40%、蔬菜占 30%、鱼占 10%~15%、水果不到 10%。

（2）社区发展（心理占位，肉品主店）。社区离消费者更近，钱大妈抢占了消费者的心理卡位。2013 年，钱大妈从农贸市场搬出，与商超和菜场形成地点差异，弥补了在家门口购买优质平价、干净卫生肉品及蔬菜的渠道空白。钱大妈主打卖肉的定位，建立了消费者认知，满足了时间稀缺、对品质有要求的消费者的需求，"从不卖隔业肉"成为吸引消费者的"噱头"。若按一小区 1500 户来算，单店争取做三分之一客户的生意，即 500 户，初期通过促销、特价引流，日均稳定在 350 人，客单价达 25 元即可盈利。二三线城市门店的日营业额约为 1.1 万元，一线城市门店的日营业额可达 1.5 万元，钱大妈总部抽成 6%~8% 后，店铺的毛利率约为 20%~25%。

（3）做零库存（打折促销，快周转率）。每晚 7 点后，店内产品开始打折，先是打 9 折，每隔半小时降低一折，时间越晚折扣越大，晚上 11 点半还未售出的产品免费赠送。根据实测，7 点后打折的产品仅约为全天总量的 10%。早上以高端消费者为主、下午以下班群体为主、晚上以社区阿姨为主，满足了不同消费者的需求，能够快速清理库存，提升周转率。同时，为了提升新店吸引力，会发放开业补贴，以快速打开市场。

（4）产地直采（强供应链，仓配中转）。在供应链上，钱大妈强调产地直供、产地建仓，在核心城市会建配送仓储中心，实现产品从产地到城市仓，再到门店。城市仓仅用于加工和配送，不做储存，提高了整体周转率。产地直采降低了损耗，降低了成本，从采购到门店，产品全程损耗仅为 5%~10%，远低于传统商超 20%~30% 的损耗。从生鲜食材供应到销售，全链条在 12 小时内完成。最初有人怀疑这种模式，认为供应链后端太重，产地直采和城市中心仓需巨额投入，对快速复制也存疑。仅 2018 年，钱大妈在广东开店 600 家，是前五年开店数之和，并且多数门店实现了在半年内盈利，使这种模式获得认可。

（5）蜂窝战术（城市打透，形成差异）。门店距离从 300 米进一步缩短至 250 米，截至 2019 年 11 月全国共 1600 多家门店，有 1500 多家在广东，其中约 1000 家开在深圳和广州，建立了行业竞争壁垒。同时，钱大妈在广州、深圳发展之后，迅速进入中国香港，"供港产品"使企业形象大增。

（6）全国拓展（单城打透，全国复制）。2020 年，钱大妈启动全国"九城千店"战略，先后在上海、苏州、无锡、常州、杭州、武汉、长沙、成都、重庆 9 座城市铺开加盟，每座城市计划开 100 家。这样可以形成规模优势，使议价能力进一步提升，形成良性循环。

（7）加盟为主（降低面积，快速复制）。在全部店铺中，加盟店占 90%，直营店占 10%。一般面积为 40 平方米左右，主力店铺为 60~80 平方米，一侧为保鲜柜产品，一侧为蔬菜水果，中间放品相好的水果等，店铺最大不超过 100 平方米。选址小区户数要超过 1500 户。

（8）数据管理（技术驱动，看板管理）。钱大妈引入互联网人才，推动线上线下新零售发展，以数据驱动经营，提高销售效率，降低库存，提高供应链管理透明度和可预见性。

14.2.4 良品铺子的供应链

良品铺子是一家总部位于湖北的全国性休闲零食企业，2020 年 2 月在上海证券交易所"云上市"，成为中国"高端零食第一股"。2019 年，公开披露的年度财报中营收达 77.15 亿元，同比增长 20.97%，净利润为 3.49 亿元，同比增长 40.79%。该企业 2006 年 8 月 28 日在武汉广场对面开出第一家店铺，目前全国门店超过 2700 家。

良品铺子的供应链管理模式分为四层：零售层、核心企业层、产品供应层和原料供应层（见图 14-2）。零售层就是良品铺子的各种销售渠道；核心企业层是良品铺子金银湖公司总部、东西湖区总仓物流枢纽等；产品供应层是各食品加工厂；原料供应层则为最上游的一层，是全国各地的食材供应商。良品铺子在供应链管理上投入巨大，通过全渠道营销，打通了各销售平台，参与食品生产的每一环节，制定了严格苛刻的供应链管理标准，以销定产，以量补货。

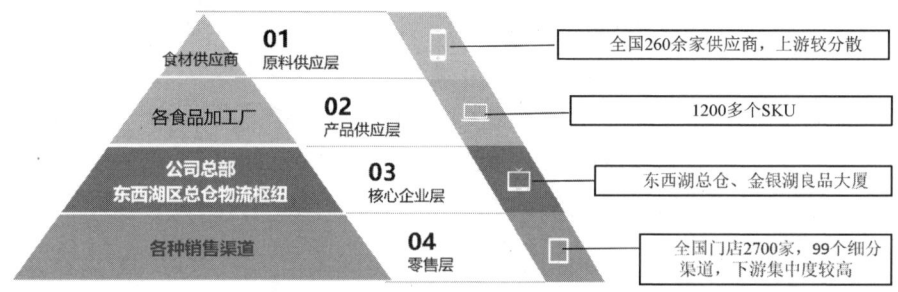

图 14-2　良品铺子的供应链管理模式

2019 年，良品铺子提出"高端零食"战略，实施"以销定采"的模式，精准、有计划地采购定制和非定制产品，提高库存周转率，保证产品到达消费者手中时的新鲜度。截至 2020 年 8 月底，良品铺子拥有 260 余家供应商。销售渠道方面，良品铺子线下包括直营门店、加盟门店、O2O 外卖和大客户团购四类渠道，线上通过天猫、京东、微信商城等第三方电商平台和良品 App 开展销售。良品铺子已形成覆盖多个品类、拥有 1200 多个 SKU 的产品矩阵，位居行业第一，满足了消费者不同场景的消费需求，并且每月会推出 30～40 款新品。

供应链分析：良品铺子供应链的下游集中度较高，而上游较分散。下游门店等销售渠道易于集中管理；上游涉及多种多样的供应商，保障提供多品种休闲零食。供应链上游食材供应商的协同是良品铺子供应链战略的核心发展方向，需要加大集中力度。

14.3 制造业供应链

制造业供应链的发展。一是制造业供应链可视化和智能化，在制造业供应链环节全面推动智能感知技术的应用，打造制造业供应链运营可视化和管理智能化示范企业。二是供应链协同制造，完善研发、设计、生产、售后供应链体系，推动协同采购、协同物流、协同制造、协同研发等服务。三是加快供应链技术创新应用，培育供应链龙头企业，加快人工智能、云计算、大数据、物联网、区块链技术在供应链中的应用，并积极申报高新技术企业。

14.3.1 手机供应链解困

2018—2019 年，国内两个知名手机品牌连续发生热销机型断货的现象，引起行业关注。手机供应链涉及上百家供应商，管理需要更加系统化和数据化。当一个品牌走红后，其对供应链的掌控能力会变得至关重要，可以采取如下方法：一是多家，一般来说，核心供应商至少有 3 家，避免出现拖延、跳票或断货等问题；二是多边，选派合适级别的供应链对接人员，与供应商对接也非常重要，企业必须与供应商建立高级别、部门级别、普通级别的多层对接模式，关键时需要企业分管副总裁，甚至总经理、董事长对接，提升合作深度，并让合作企业认识到供应链战略合作的重要性。

14.3.2 攀升电脑供应链崛起的秘密

2019 年 "双 11"，攀升电脑全网销售额达 3.07 亿元，成功卫冕品类冠军，在外贸上更是远销 50 余个国家。攀升电脑近千名员工中，"90 后"占到 80% 以上，新进数位 "00 后"员工。2019 年，攀升电脑销售额突破 35 亿元，2020 年剑指 50 亿元。这家传奇的湖北 IT 企业是如何快速崛起的？是如何成为细分领域的冠军的？供应链管理又起到了怎样的决定性作用？

攀升电脑创始人、董事长陈孝军，是一名 "80 后"年轻企业家，毕业于华中科技大学计算机应用专业。2008 年，陈孝军在武汉广埠屯创业，并赚取了人生的第一桶金。经过四年的快速发展，他意识到，伴随消费互联网的快速发展，实体电脑店作为标准化产品必将被电子商务率先取代，于是毅然转型电商，从店商向电商拓展。2013 年，陈孝军全面布局电子商务，当年 9 月攀升天猫旗舰店开张运营，首季获得 1300 万元销售额，由于网络更强调性价比，经过一段时间低价的"阵痛"，攀升电脑在互联网上逐步站稳脚跟。

"心存善念，行方久远"是攀升的核心价值观。攀升电脑系列产品及年会展台如图 14-3、图 14-4 所示。

图 14-3　攀升电脑系列产品

图 14-4　攀升电脑年会展台

攀升电脑采取了以下做法。

一是专注高性能电脑。2013 年，其与清华同方合作，提高定制电脑网购质保标准。

二是注重科研创新。2014 年，设立攀升产品研究院，从攒机商向拥有核心技术和产品的服务商转型。2017 年的爆款主机"赛格"、2018 年 IPC 高性能一体电脑，均是市场热捧的产品，截至 2019 年，攀升电脑获得 60 余项专利技术。

三是柔性生产服务电竞大市场。近几年，国内电竞市场蓬勃发展，攀升电脑主动出击高性能电竞主机市场，提供私人定制服务，实现个性化生产，凭借炫酷的外观和强劲的性能从电竞赛事中脱颖而出。

14.3.3　华为供应链管理

目前，跨国企业的竞争，已经上升为供应链之间的竞争。华为公司成立于 1988 年，是我国员工持股比例最高的民营科技企业。同时，华为也是世界领先的信息和通信技术方面的优质解决方案供应商，并服务于 170 多个国家和地区，具备快速、高质量及低成本集成供应链的核心竞争优势。

华为对企业的供应商实施分层分级管理，有严格的认证体系和服务标准，从技术、响应、质量、交付、环保、成本、社会责任七个方面，对合作供应商进行严格认证和评估。

华为对本企业的组织机构进行深度优化，将生产部、采购部、计划部、认证部、进出口部、发货部、外协合作部、仓储部等部门进行合并，成立公司集中统一管理供应链的部门，称为"供应链管理部"，并且由集团公司的高级副总裁直接来担任这个部门的总裁，部门也不仅是简简单单的合并，而是将企业供应链管理资源聚合，作为华为在降本、降库存，提高资金周转率、供货质量、供货速度，以及工程质量管理上的一种有效控制手段，获得华为在整体供应链上的成本优势。

14.3.4 格力供应链的成本控制

国外企业外部采购由于供货方生产技术先进、制造稳定，品质也相对更好控制，而国内市场大环境还不够规范，与国外采购存在差异。格力根据国内市场，探索出一套降低成本、保证质量和满足生产的三要素采购策略。

第一，降低成本。

供应商的评估选择"四条件"。一是等同或高于现在供应商的质量、技术含量、工艺及生产规模的水平；二是价格具备优势，实现采购成本降低；三是供应商布局合理，贴近生产组装基地；四是信誉度较高。

供应商组合使用解决"三不足"。单一供应商往往对制造企业不利，体现为价格竞争不足、质量提升不足、供货及时性不足。在这种背景下，格力将每种物料供应商限定于2～3家，确保供货及时，促进供应商良性竞争。

供货分配率要参考"四评级"。格力对供应商实施季度和年度评级，通过入厂检验、生产使用和客户售后等渠道质量数据，将供应商分为A、B、C、D四个级别，A级一般可占企业供货量的60%～70%，B级约占30%～40%，C级作为补充。企业将供货分配率与供应商的供货质量实行充分的挂钩，促进和驱使合作供应商不断提高产品质量。

供货商产品价格的"三原则"。一是优质优价原则；二是同等质量竞标制原则；三是价格成本结构分析谈判制原则。

供应商的淘汰机制。季度评级获得D级评价的，停供一个季度，限期整改；年度评级获得D级评价的，淘汰出局；出现严重质量问题的，处罚甚至取消其供货资格。通过对合作供应商的长期评估管理，建立长效科学的合作发展机制。

第二，保证质量。一是入厂检验把关，格力建立了200余人的质检筛选中心，通过先进的检测设备，抽检或全检产品，确保入厂合格；二是不定期对供应商进行实地审查，对于关键和重要零部件，供应商每年抽检审查不低于两次；三是签订企业质保协议，给予违规供应商相应的处罚；四是及时整改质量问题，每周格力会提供给合作供应商相应的质量数据，限期要求供应商进行快速整改，有效提高质量。

第三，满足生产。与供应商建立良好的战略合作伙伴关系。一方面严格审核供应商，另一方面给予供应商一定的扶持，共同发展、共存共荣。

14.3.5 特斯拉供应链管理

特斯拉上海超级工厂 2020 年产能首度突破 50 万辆，并向 100 万辆迈进。这是上海特斯拉供应链管理的胜利。据了解，特斯拉供应链分为三部分：量产传统零部件、量产创新零部件、北美创新零部件。特斯拉团队先后招募供应链管理相关人才，包括供应链运营工程师、供应链运营支持专员、供应商开发质量工程师、供应商质量保障工程师等。目前，全球有 6 家特斯拉工厂，美国 3 家、欧洲 2 家、中国 1 家。受益于中国速度和中国制造，特斯拉上海超级工厂充分发挥了中国国内零部件采购的优势，带动相关产业链配套销售工作，在车身、底盘、电驱动系统、内饰、充电、中控系统、锂电池组、电池管理系统等方面均选择中国企业。特斯拉是一家软件、硬件和大数据相结合的复合型超级企业，在中国的主要为供应链产业，而创新研发材料、设备和系统这些核心环节在美国。特斯拉和苹果公司一样，每年投入大量开支用于研发设备和软件，但自己却没有工厂，研发的设备提供给供应链企业使用。例如，在富士康的代工生产线上，每千台手机制造设备中有 500 台是苹果公司研发设计和提供的设备，富士康还重金投资 ERP 系统和钦差系统（包括工程专案经理、全球供应链经理、供应商质量工程师），让供应链环节及企业在苹果公司面前透明化，形成了半合作半监督的关系。即便特斯拉和苹果公司 90%的部件在中国生产，但供应链管理核心依然在美国。

注：目前国内车企格局是"4 个三"，即三家央企（一汽、东风、长安）、三家地方国企（上汽、广汽、北汽）、三家传统民企（吉利、长城、比亚迪）、三家造车新势力（理想、蔚来、小鹏）。

14.4 服务业供应链

14.4.1 外卖企业供应链

外卖巨头转向线下。线上电商纷纷涌向线下，企业内部供应链深入整合。基于美团、饿了么的巨量用户，经营模式的转变升级给投资商带来了非常深入的想象空间，未来将改变现有菜市场的经营模式。

一是饿了么建立全渠道供应链。饿了么线上线下与新零售相结合，建立开放平台。2019 年，阿里巴巴外卖平台口碑、饿了么正式宣布建立新的生鲜配送销售开放平台，并在供应链、配送、流量、数字化、金融五个方面，助力平台上的商户快速成长。据了解，仅 2018 年，口碑、饿了么生鲜频道的中老年消费者增速超 5 倍，智能手机的便利化和移动支付的普及让中老年人从"壁垒"变成"香饽饽"，这也将成为阿里巴巴本地生活生态进一步渗透线下的重要标志，并向物流、售后、营销等方向拓展。

二是美团布局城市配送，打造中国版 Sysco。美团买菜首店于 2019 年 4 月 17 日在上海峨山路开张，并迅速在京沪发展到 10 家店。美团买菜采取自营方式，店铺即"前置仓"，让线上线下供应链紧密相连，测试期间推出 0 元送、免费送、最快 30 分钟达，服务半径为 2 千米，时间从早上 7 点到晚上 9 点，充分满足了居民的时间需求，使居民获得了"手机上买菜，片刻送上门"的良好体验。

14.4.2 服务爆品供应链

爆品营销是当今营销制胜的重要手段之一。相对应地，爆品供应链也需与之配套。未来的企业应该用爆品供应链思维来重新定义产品，优化企业经营体系。爆品供应链思维适用于所有产品，如生产制造类、贸易流通类、服务类产品。

爆品也需要不断创新、迭代升级。爆品供应链就是价值型供应链。一流企业生产一流的爆品，也建立一流的爆品供应链。当爆品供应链不成熟时，会进入"没有爆品等死，有了爆品找死"的恶性循环。直播带货或"双 11"等促销期，特别容易产生大量爆品，单品迅速销售几十万件，对供应链的要求也瞬间提升。

 小贴士

依云的供应链管理

依云（Evian）是法国达能集团旗下的知名矿泉水品牌，具有 200 多年的历史，也是全球最昂贵的品牌矿泉水之一。从供应链管理角度分析如下。

依云的设计供应链。品牌的打造是依云设计供应链的第一步，准确定位为其长远发展奠定了基础。1789 年，雷瑟侯爵在无意之中发现，法国的依云小镇有一种清纯甘甜的天然矿泉水，具有治疗肾结石的功效，于是他开始深入研究优质矿泉水的生产，依云水就这样脱颖而出，也被行业定义为"健康之水"，其理疗方面的功效在 1878 年获得法国医药研究会的认可，这也强化了其传奇色彩与贵族地位，并使消费

者在饮用时产生"体现自我,满足自尊"的感觉。

依云的采购供应链。依云水产于欧洲阿尔卑斯山头的雨雪,山头雨雪以每小时约 1.5 厘米的速度和长达 15 年的时间沉淀,逐步渗透进深山的含水层,然后经过天然的过滤和矿化以后,形成了依云的水源地。

依云的生产供应链。依云产品在整个灌装生产过程中,不进行任何加工处理,而是使用自动化流程,并且每天都会取样化验,生产过程中监测水质超过 300 余次,让每一滴依云水都能保持同样的纯净无瑕,甚至法国相关法律规定,依云水的灌装和包装都必须在水源地进行。

依云的销售供应链。一般 2L 的依云水设定为 2.3 欧元/瓶或者 25 元人民币/瓶,这已是世界矿泉水中的奢侈品。当然,好酒也怕巷子深,依云精准定位于各国中高收入人群,寻找合适的销售场所,倡导新的生活方式。目前,中国茅台开始学习并借鉴这种路线。

依云的服务供应链。依云水目前主要在全球重点城市销售(也在逐步下沉),并通过全球 100 余个核心分销商销售给目标人群,而且会定期发售一些限量的珍藏版。同时在不少国家针对少数高档餐厅实施销售认证,增强其神秘性,提高其贵族身份。

第 15 章 数字供应链

15.1 供应链数字化

15.1.1 数字供应链的定义

供应链的数字化转型需要企业实施稳定、连续、协同和高效的供应链管理，并构建在国内国际双循环背景下，相互促进的新发展格局。目前，国内品牌商已逐步接受供应链数字化的理念。

数字供应链就是以数字化的知识和信息为要素，以现代化信息网络为载体，以信息通信技术的有效使用为手段，做好效率提升和经济结构优化，提升企业供应链管理的信息化水平。企业要注重数字供应链、供应链数字化，即数字产业化、产业数字化。

新零售经营活动与数据的产生、传输、使用密切相关，数据作为重要而独特的生产要素，在价值创造过程中不断流动、互联互通、集成加速，实现了组织、管理、服务的新价值。数字化是现代社会中以信息技术为基础的企业的新生存方式。2017年，"数字经济"正式写入党的十九大报告。根据毕马威的预测，2030 年数字经济占中国 GDP 的比例将达到 77%，而 2016 年数字经济规模约为 22.6 万亿人民币，仅占 GDP 的 30%左右。

15.1.2 企业数字化的四个阶段

中国企业数字化分为四个阶段：操作电子化、流程信息化、管理数字化、决策智慧化。数字化转型是企业流程再造的必由之路、关键之路。

第一阶段：操作电子化。各行各业将手工事务性工作，转为机器操作，提高了个体效率，主要体现在办公、财务、自动化生产等环节。

第二阶段：流程信息化。企业通过信息化，重组生产流程，创新管理手段，通过 IT 实现业务流程优化和固化，集中体现为企业 ERP 系统等。

第三阶段：管理数字化。企业将业务和管理进行数字化改革，在采购、营销、生产、财务、人力等各环节实现数字化，打破"信息孤岛"，重构企业流程，提升竞争力，实现现代数字技术和企业管理相辅相成。

第四阶段：决策智慧化。企业通过数字技术，实现智能制造、人工智能管理，构建智慧企业，形成核心优势。

供应链的数字化由客户、供应商、制造商、分销商、零售商、3PL、服务伙伴和金融机构等多方努力，分别开展研发、采购、生产、计划、销售、配送、售后、金融等供应链各环节的数字化，并实施集成协同，使企业达到降本增效、提高效能的管理目标（见图 15-1）。

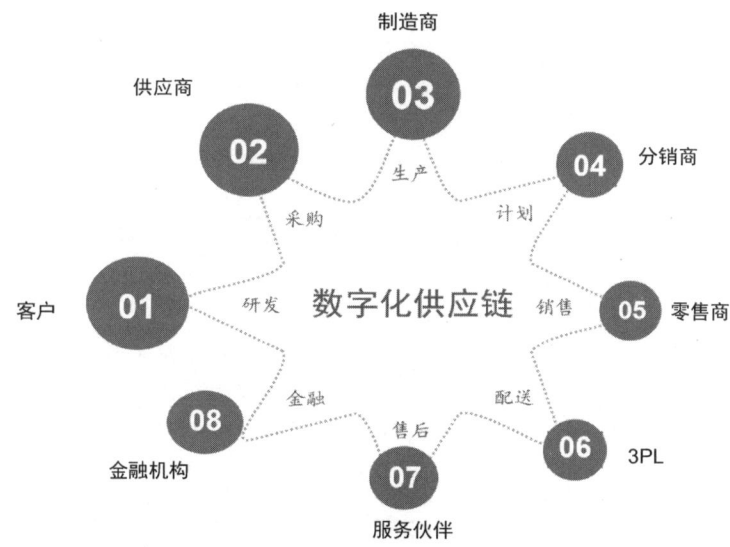

图 15-1　供应链的数字化

数字化真正实现了以客户为中心，在数字浪潮中改变了原来消费者信息不对称的状态，同时将制造能力领先升级为"服务+数字化+制造能力"综合领先，推动了企业的扁平化、创客化，以及跨界合作等综合能力的提升，另外企业通过数据分析，控制关键环节，有效降低了运营成本，并提升了效率。

15.2 数字供应链技术

15.2.1 数字供应链技术的五个层级

伴随着全球供应链管理思想的现代化，供应链管理从工业化时代形成的思想向数字化时代形成的思想升级；从追求产品价值向追求"产品+服务"价值升级；从追求"成本+质量"向追求客户体验升级；从ERP系统向数字化运营平台升级。

数字供应链也可说是数据供应链，其技术分为双网技术、云计算技术、大数据技术、区块链技术、人工智能技术五个层级（见表15-1）。

表15-1 数字供应链技术五个层级分析

层 级	技术名称	技术特点
第一层	双网	双网指物联网和互联网，这两张网将世界全部物质属性和信息属性连接在一起，通过互联网建立起一个虚拟世界，物联网又将两个世界有机融为一体，物联网通过传感器不断产生新数据，又经互联网进行流通，实现智慧物流体系
第二层	云计算	2000年之后，两网产生海量数据，通过一个容量大、安全性高的区域进行存储运算，产生云计算，如车辆配载数据、监控可视化、仓库智慧选址、物流整合等，实现云计算价值
第三层	大数据	在数字物流中，以虚拟物流方式，通过对商品数据、供应商数据、货运及承运商等实时数据实施多维度的精准分析，进行智能决策，达到高级预测和规避风险的效果，优化整体供应链
第四层	区块链	在大数据时代，拥有有效数据越多的人，决策的正确性越高，区块链技术可将物流产业链上的众多环节相结合，提高物流流通的安全性和可视化
第五层	人工智能	人工智能发展取决于数据开发质量。智能机器人将有效地按照预设的数据高速运算，进行分拣、搬运、拣选等，精准处置各类复杂问题，实现智能管理和运营

好的供应链管理公司往往都是科技公司，同时今后供应链的发展一定是向数字供应链方向迈进。

15.2.2 数字供应链的四种大数据

数字供应链的大数据包括四类：结构数据、非结构数据、新类型数据、传感器数据。①结构数据是指关系型数据库和电子表格中存储的数据，只占数据总量的5%，如交易数据和时间数据等，目前社会大数据分析以这类数据为主。②非结构数据是指社会化数据、库存数据、渠道数据和客服数据等，目前这方面的研究相对匮乏。

③新类型数据主要包括地图数据、影像数据、视频数据和声音数据等,可以提高数据分析的精准度。④传感数据包括射频识别数据、QR(Quick Response,快速反应)码位置数据、温度数据等,这些数据实时变化,数据增长速度很快。

大数据技术依托多渠道来获取数据:一是直接渠道,包括企业智慧供应链及社会化网络平台,这只是其中一部分;二是间接渠道,其他社会组织或服务平台,如上游供应商和下游客户的交易数据、第三方物流企业的配送数据、金融信贷机构的征信数据、关联服务组织和第三方支付机构的数据等。政府的相关监管机构,如海关、外汇、税务等部门的大数据中心,都会开放部分数据,另外社会公共服务机构、行业协会、组织机构等也会开放部分数据。使用数据时应遵守国家相关法律法规。

物联网是指通过射频识别、互联网、全球定位系统、红外感应器、激光扫描器、气体感应器等传感信息技术或设备,根据约定,将指定物品与互联网紧密连接,并充分进行信息交换和通信,最终实现智能化识别、跟踪、定位、监控和管理等功能的网络。其中,有三项技术最为关键:传感器技术、射频识别技术、嵌入式系统技术。传感器相当于人的眼睛等器官;射频识别相当于神经系统;嵌入式系统相当于人的大脑,接收信息后根据需要进行分类处理。

15.2.3 数字重构供应链

一家好企业,在产品经营上会面临三项挑战:①产品的研发,要有创新、有特色;②爆款产品的打造;③产品供应链能力的协同。

一家快企业,产品供应链会遇到三大痛点:①成本控制难;②库存周转低;③交付速度慢。这需要企业做好三方面的工作:①做好需求预测;②做好库存计划和管理;③供应链执行到位。

15.2.4 数据驱动企业

数据驱动企业的关键是竭力实现企业信息化、数据化和智能化的三步走。要建造企业发展的竞争壁垒,信息化和数据化是基础,是必行之路,然而真正实现企业的智能化,才能建成企业发展的"护城河"。

一是信息化。处于最底层,本质是企业运营和管理的功能建设,将日常工作梳理到信息化流程中。二是数据化。企业管理的关注点将由信息化向数据化转移,通过将信息变成数据,为决策提供参考,实施更加精细化的管理。三是智能化。通过人工智能进行决策,对运营中形成的大量数据进行分析、测算、条件画像,通过设置的算法，将决策权交予系统进行智能决策，减少人为失误。通过不断迭代，数据智能化决策的准确度会越来越高。

无数据，则无智能；无规模采集，则无数据。在 21 世纪，数据已像石油一样，成为一种重要的竞争资源。未来的企业都将成为数据科技公司。数据是一个非常大的范畴，包括企业的用户数据、生产运营的设备数据、企业管理的分析数据等。

数据驱动就是先通过企业内部完成各类数据的收集、整理和提炼，并建立企业智能分析模型，通过算法最终实现对企业良好运营的监测、判断、管理和预测。

一家零售企业可以通过数据驱动，实现多个领域的智能决策和智慧管理。例如，营业成本颗粒度的智慧控制、智慧排班实现的人效提高、门店员工的数据考评、员工培训的智慧打分、品质控制的智能调度等。企业通过实施模块化、流程化、标准化和透明化的系统管理，将客户的数据资产、供应链和产品资产全部数字化，将企业的管理经验沉淀成算法，使企业的运营更加系统、更加智能。

15.2.5　物联网的数据崛起

物联网在 5G 时代将得到更多的应用。例如，智能咖啡机通过嵌入物联网功能，使工程维修部门和运营部门可通过手机实时看到设备的运行情况，有故障时，咖啡机可自动生成信息发送到维修部门。又如，智能冰箱储存需要冷藏的食品，通过物联网完整记录冰箱内的实时温度，判断是否符合商家要求的食品储存条件，使食品安全更有保证。并且，这些数据的监控将不再需要人力成本，可实现自动获取。瑞幸咖啡、良品铺子等企业都在积极探索物联网在现代企业管理中的数据化应用。物联网产业的发展将经历连接、智能和自治三个阶段。目前，大部分物联网企业处于第一阶段。

15.3　数字物流技术

物流数字化的四个阶段分析如表 15-2 所示。

表 15-2　物流数字化的四个阶段分析

阶　　段	阶段名称	阶　段　特　点	代表企业
第 1 阶段	"信息化"阶段	通过互联网及移动互联网，实现货物运输信息的交易撮合服务，实现"车货配"功能，实现沟通和交易效率的提升	货车帮

续表

阶　段	阶段名称	阶段特点	代表企业
第2阶段	"自动化"阶段	有效提升仓、运、配等社会资源的利用率,通过物流行业的自动化、信息化,解决客户发展问题	先进配送企业
第3阶段	"数字化"阶段	产生"平台+服务"模式的供应链运营综合服务商,为品牌企业提供综合解决方案。通过实现资源的数字化管理与调度运营,为品牌企业提供服务,并沉淀数据,通过数据实现指导库存和仓储分布、配送等物流及供应链管理服务	京东物流、京东到家、达达
第4阶段	"智能化"阶段	实现全物联网化,万物相连,可对万物进行信息智能调度	

数字经济时代,社会被划分为两个世界:物理世界和数字世界。数字世界的连接将更加紧密,物理上,我们每年过年回家一次就是一次物理连接,而家庭成员建立的微信群就是数字连接,数字连接让"远隔千里,近在咫尺"成为可能。数字化是物流行业目前的大趋势,也是今后物流企业要走的革新变化之路。当前,制造商、品牌商、终端用户都在发生变化,一家公司如果不结合数据、不结合产业,是无法做大的。数字化的价值,体现为数字化应用,不仅仅是链条参与者线上化,更重要的是以用户需求的驱动,实现全新的协同化、一体化的物流供应链网络,其中的数据可识别、可定义、可运营、可优化。在这个阶段,平台型企业往往比传统企业发展得更迅速,如京东物流,既做物流服务,又做数据服务。

物流数字化案例。海底捞、麦当劳、星巴克等企业的目标不是把产品做到"高端",而是把产品做到"又便宜又好"。企业应以客户需求为导向,提高产品质量和作业效率,整合资源,实现产品设计、采购、生产、销售、服务全过程的高效协同发展。供应链管理就是实现传统企业的管理升级,着力实现市场竞争环境下的企业自身能力建设和上下游资源配置能力建设,使用更先进和更符合市场的经营管理思维和管理手段。

物流企业数字化的五个关键。一是判断可行性。供应链核心企业的业务量是否能够说服上下游合作伙伴,按照自己的游戏规则来运行。二是实施数字化。以业务为依托实现客户体验数字化、管理运营数字化。三是建设云平台。建设云平台,提供云服务,灵活性是关键。四是工业级发展。实现工业工程和IT技术化。五是迭代并升级。确定企业的数字化目标,不断投入,持续迭代。

 小贴士

物联网科技公司G7

G7已成为物流和物联网领域的独角兽企业。2018年年底,G7完成了新一轮3.2

亿美元融资，在产业互联网风口下，在人工智能、物联网技术提速的背景下，G7跃上更快的发展轨道。目前，G7主要有两大发展方向：一是继续拓展商用车队综合服务平台；二是加大对智能资产、智能装备的投入。其发展经历了三个阶段。

第一阶段（干线网络头部位置阶段，2010—2014年），2010年G7正式为社会物流企业提供车队管理服务，专注重点应用场景，在干线网络获得头部位置。第二阶段（技术提升发展阶段，2015—2017年），在三年时间内，G7通过融资实现了更好的技术应用，在这个阶段，G7的知名度不断提升，为更多客户所熟悉，产品也得到了客户的认可，将自身车队管理平台变成连接所有车队的平台产品。第三阶段（智能供应链阶段，2018年至今），G7先后投资冷链、甩挂箱数字货舱等智能物流装备，研发新能源卡车及自动驾驶，全面切入技术，帮助客户提升管理效率，降低集成化运营成本，在时效、司机安全、油耗等方面深入研究，实现了物流企业的提档升级。

G7开始重视产业投资和生产要素、工具、基础服务等方面的管理服务。一是为中小车队服务，通过近10年的发展，G7已服务了全国约6万个车队的80万台车辆，为这些车队提供综合管理平台，实现对司机、车辆、安全、油耗等方面的管控，在这一领域，G7在国内外均处于领先地位。二是为物流行业客户服务，如京东、顺丰、德邦等，实现对自我车辆及社会车辆的综合管理，目前G7已成为管车的超级平台。在降本增效的今天，只有创新商业模式，依靠技术升级，才能使企业发生本质变化。2018年，G7已实现纳入平台的客户车队油耗明显降低、事故率降低60%的重大提升。G7服务解决方案覆盖安全、金融、结算、智能装备等领域，涉及车队管理的全流程、全环节，并正在通过"人工智能+智能资产"战略，科技赋能物流企业，提高行业整体管理效率。

15.4 供应链信息技术

供应链信息技术将改变物流供应链原有模式，主要包括采购类、仓储类、拣选类、配送类、其他类等类别（见图15-2），并在时限类、金融类、功能类、特殊类、增值类5个领域进行深入应用，极大地提高和改变了原来的作业模式，提高了竞争能力（见表15-3）。

图 15-2 供应链信息技术

表 15-3 中国智慧供应链"信息技术应用"汇总表

环节分类	技术应用	技术说明
采购类	无人港口	人工智能时代，推动物流技术变革，以数据驱动供应链管理，实施供应链创新，实现智能化、可视化（透明供应链）、数字化可持续供应链；智慧园区与 5G 融合，机器视觉（货损、人员、车辆识别）、视频监控、无线定位（蓝牙、卫星定位）、人工智能（智能化决策、大数据分析）有机结合，实现供应链管理最佳化
	物流包装技术	包括普通产品包装、充气降震包装、防撞防碎包装、冷链包装等
	自动识别技术	包括条码货品识别技术、二维码识别技术、射频识别技术、红外传感器、声控系统、激光扫描系统、光学成像、视觉辅助分析等
	数据预测技术	精准预测仓内需求，进行远程操控等，实现物流技术和企业组织的变革，以及流程再造
	采购包装线	自动化包装线
仓储类	储存类设施	包括托盘（箱、笼）、物流周转箱、货架、高台货架、集装箱等
	库内搬运类设施	包括叉车、无人叉车、搬运机器人、自动输送线、伸缩机、堆码堆垛机器人等
	温库类设施	分常温库、恒温库、冻库等类别，分别用于普通产品、定温保存产品和冷冻产品等
	仓储内信息系统	人工智能技术码垛系统、上架系统等
	智能穿梭车	提高仓库利用率，让仓储更高效
	计算机视觉技术	在快递物流企业的收派件、运输等智慧物流环节落地，实现装卸口资源利用率、车辆装载率、人员能效提升，优化排班系统，车辆仓库利用率有效提升

续表

环节分类	技术应用	技术说明
仓储类	无人仓	通过信息化，实现无人仓储的智能化，最大限度地节省人力，实现自动化、省力化，让仓库实现高效运作
	库内作业信息系统	WMS（仓储管理系统）、OMS（订单管理系统）、TMS（运输管理系统）、SMS（服务管理系统）
拣选类	AGV智能分拣机器人	应用于快递分拣，包括大件、小件分拣两类，分别可承担10千克和100千克以内物品的自动分拣
	智能分拣系统	包括智能传送系统、拣选路径规划系统、高速分拣系统、机器视觉拣选系统、电子标签拣选系统等
	智能分拣	包括GAS（翻盖分拣系统）拣选、机器人分拣、机械手臂拣选、语音拣选、电子标签拣选、自动传输分拣等
	自动输送分拣设备	包括交叉带分拣机、滑块分拣机、摆臂分拣机、模组带分拣系统、万向摆轮分拣机、麦克纳姆分拣机、翻盘分拣机等
	分拣系统结构形式	直线式、矩阵式、环绕式、多层结构等
配送类	智能配送机器人	主要用于城市电商包裹派送、医院内病人药品配送、餐厅菜品配送等场景
	无人机	对时效要求较高的配送，如限时递等，以及特殊区域，如地震灾区等不便进入区域的配送
	冷链周转箱	冷链产品配送
	冷链配送车	车内保持一定可变温度，进行冷冻或冷藏
	多式联运	多种运输方式衔接，降低物流成本，包括空运、海运、铁路运输和汽运
	无人车	在配送环节，通过物联网、智慧调度、自动识别等技术，实现车辆的自动驾驶及运输配送
	物联网	定位信息系统，包括大数据处理、信息可视化、传感器应用和地理空间信息定位等技术
	智能包裹柜	最后一公里实现无人配送，从尝试期已进入成熟期，成为社区、写字楼等接收快递包裹的主要方式，派收后收件人会收到短信通知
其他类	各类信息系统	货运车联网系统、智能卡车系统、无人机系统、配送机器人系统等

 小贴士

数字物流四大趋势

一是数据自动化和透明化。数据是物流的灵魂，通过收集、分析、共享，让物流系统与智能装备无缝衔接，实现对供应链端到端的可预见性，实现数字化智能物流的高度集成。

二是技术革新大量运用。在供应链管理企业中，以快递物流企业或电商平台为例，无人驾驶车辆、无人机、搬运机器人大量应用于具体项目中，如亚马逊的美国仓库仅 2012 年就布局了 1.5 万台智能机器人，国内京东物流、菜鸟科技也启用无人仓、无人机、无人车自动仓储项目，京东启动 5G 物流可视化监控、智能机器人配送等项目。

三是快捷性催生新生产。不同国家和地区的网络相连，突破了时间和空间约束，使供应链活动效率大幅提升，企业供应链节奏加快，前景更广阔，使强者更强、弱者更弱。

四是平台绿色可持续化。数字物流减少了有形资源和能源消耗，降低了物流成本，减少了环境污染，提升了边际效益，实现了企业的可持续发展。

第16章

智慧供应链金融

16.1 供应链金融三层级

供应链金融是指供应链的核心企业通过对上下游企业进行隐性信用背书，引入相关金融服务机构，解决中小型企业融资难、融资贵的问题，并获得一定效益的业务服务。

我国供应链金融起步较晚、应用程度浅、种类单一。从产品类别上看，主要分应收、预付、存货、信用四个品类，并逐步在汽车、医药、三农、大宗商品等各个领域运用，利息目前仍是供应链金融的主要盈利来源。供应链金融的最终目标是降低运营资本，增加企业投资回报，同时做好供应链风险防控，提升供应链服务水平，并实现企业可持续发展，提升企业社会责任。

供应链金融不是标准化产品，企业需要与供应商及第三方金融机构共同设计解决方案。其中，消费类企业主要为降低成本，提高回报；高科技企业主要为实现企业运营风险防控。国际上市企业会很关注和细致管理应收账款、应付账款、库存周期3个非常核心的营运资产要素。供应链金融就是要优化这3个核心营运资产要素，也就是将整条上下游供应链的现金循环周期进行协同、整合，实现现金循环周期最优化。核心供应商的整体融资能力较强，其诉求是为其二三级合作伙伴提供支持，帮助合作伙伴获得更多资金利好、降低融资成本、提升全供应链的稳定性，如飞利浦集团、李维斯等企业，支持合作伙伴采取绿色生产、可持续生产，使其合作伙伴可从企业处获取供应链金融支持和更加优惠的价格政策。

供应链金融一般分为三个层级。基础层：日常运营层级，实现资产运营；中间层：固定资产融资层级，实现战术级别的操作，典型企业如李维斯等；顶端层：战略级别层级，提供股权级别的供应链金融融资方案，典型企业如 ASML 和英特尔等。

16.2 供应链金融九大应用

2018年，供应链成为一个独立分类行业，一夜之间，全国供应链公司如雨后春笋不断涌现，供应链金融作为其重要抓手之一，应用场景分析如表16-1所示。

表16-1 供应链金融应用场景分析

序号	应用场景	详细介绍
1	银行主导	银行是风控体系主体，其选择供应链企业时，规模大、资金数据全的企业成为其优先选择，借贷成本相对较低
2	B2B电商交易平台	电商门户网站，以及B2B电商交易平台，均瞄准供应链金融这一方向，大胆实践，如焦点科技、慧聪网、网盛生意宝、上海钢联、找钢网等
3	B2C电商平台	B2C电商平台沉淀了商家及交易的历史数据，可以为好的商家提供供应链金融服务。例如，京东近年来发力供应链金融业务，利用京东庞大的数据体系和整体供应链的较强优势，为京东上下游各环节的供应商先后提供六项服务：采购订单融资、入库订单融资、应收账款融资、京小贷、委托贷款模式、京保贝等。京东金融融资流程：核定额度、银行开户、提交融资申请、核对结算金额、提供结算申请单、结算审批、融资资料准备、审核通过、银行放款京东还款。阿里巴巴平台提供三种供应链金融产品：淘宝小贷、阿里小贷、合营贷款
4	第三方支付企业	第三方支付企业将企业定位于"支付+金融"，如快钱帮助联想整合上下游经销商、供应商的电子收付款和应收应付款，帮助中小型企业授信；蚂蚁金服与中华保险共同成立农联中鑫，服务农业供给侧改革，为蒙牛等企业提供供应链金融服务
5	ERP软件服务商	通过多年积累，ERP软件服务商基于商家信息、商品信息、会员信息、交易数据等建立供应链金融生态圈，如用友、金蝶、管家婆等数据IT服务商
6	第三方供应链企业	部分领先的第三方供应链企业，已集合商务、物流、资金、结算等一站式供应链服务能力，对供应链全过程涉及的物流、存货等信息充分掌握，如怡亚通、汇通达、阿里巴巴一达通等企业
7	信息管理系统服务商	通过数据开展供应链金融业务，如零售行业富基标商、进销存管理行业平安银行橙e网生意管家、物流行业易流e-TMS等企业
8	商贸园区及物流园区	依托园区或市场海量商户，发挥商贸流通领域的优势，以交易和物流数据为基础，开展供应链金融服务，如华强北、义乌小商品城、武汉卓尔汉口北市场等，上下游小微企业有完整产业链，却缺乏抵押物，园区正好提供基于存货金融的网络服务
9	大型物流企业	顺丰、德邦已通过物流数据切入供应链金融服务，提供仓储融资、保理融资等

供应链金融创新企业：中农网、怡亚通、众陶联、深圳前海。

怡亚通，中国首家供应链上市企业（股票代码 002183），是深圳国资集团旗下企业，拥有超过 500 家分支机构，员工达 3 万人，2017 年营业额近 1000 亿元，是中国供应链企业的样板企业，也是服务领域最广、规模最大的供应链服务企业之一，该企业连续 8 年荣登《财富》中国 500 强。

16.3　新零售与供应链金融

基于供应链管理思维的创新发展，供应链呈现电商、新零售、供应链金融三个递进发展趋势。

一是电商发展。国内市场以阿里巴巴、京东为代表，"让天下没有难做的生意"，方便企业销售、个人消费。网络销售打破了地域限制，实现了全国、全球范围内的交易和市场竞争，逐步减少中间商环节，让中国消费者享受更为便利实惠的消费服务。二是新零售发展。当线上红利逐步消失，线上线下如何互动？如何提供销售效率？如何降低获客成本、提升单位坪效？以盒马鲜生、小米等为代表的企业，充分与消费者互动，实现"线上销售+线下销售+物流配送+粉丝运营"的良性发展局面，有效占领全渠道。三是供应链金融发展。从消费侧向供给侧延伸，从买卖向资金扩展，通过建立共享发展理念，为上下游配套企业提供交易物流之外的供应链金融服务，更好地助力企业持续发展并获得相应效益。

电商已成为"空气"，在各业态经营中作为销售通道之一，得到基本配置应用；新零售有效衔接线上线下，以数字化驱动方式让交易更加便利；供应链金融给企业插上飞翔的翅膀，使企业更好、更快地腾飞。

16.4　供应链金融中外发展解析

供应链金融包括生产运营、物流、贸易流通、商业银行、电子商务、互联网等领域的供应链金融。

1. 国内供应链金融

国内普遍认为供应链金融是指依托核心关键客户，在真实贸易的基础上，运用自偿性贸易融资方式，通过使用应收账款质押登记、第三方监管等手段，实现资金流的封闭和物权控制，为供应链上下游企业提供综合金融产品和服务。换言之，供应链金融就是一种新型的商业融资模式，依托核心企业，为单一或者多个供应链环节的企业，提供系列全面的金融服务，从而稳固核心企业供应链上下游的产、供、销，大幅降低金融成本，提高企业透明度，使企业、银行和供应链之间实现共存和谐，进一步实现可持续健康发展。核心企业将为供应商和分销商或者客户提供综合的金融服务。

2．全球供应链金融

供应链金融理论首先在西方发达国家形成。200多年前，西方国家就开始尝试，1990年以后不断完善，伴随经济全球化的趋势，国际产业链得以形成，供应商、制造商、分销商被紧密联结在一起，成为供应链金融产生的大背景。世界排名前50的银行目前均已开展供应链金融服务。

第一阶段：19世纪中期。主要以存货质押开展金融贷款，丰收季节谷物价格较低，农民将剩余谷物抵押给银行，待谷物售价高时卖掉，偿还本金和利息。

第二阶段：19世纪中期至20世纪70年代。以存货质押业务为主，应收账款为辅，1954年美国颁布《统一商法典》，明确存货质押规划，使供应链金融发展更健康。

第三阶段：20世纪80年代至今。物流企业快速发展，行业开始集中，逐渐出现预付账款融资、保险等融资新产品，大型跨国物流巨头渗透跨国企业供应链，并与金融机构合作，推出质押物价值评估、处理、监管和信用担保等服务，方便银行获得客户，也降低了运营成本和风险。物流企业的全面介入，使"物流为主，金融为辅"的理念深入人心，提高了行业供应链金融的发展速度。核心企业会为供应链金融业务提供信用支持，各类物流企业参与并作为业务的中介者、监管者及信息中心，不仅提供专业或定制化物流服务，还通过质押物为中小型企业做担保，为银行提供仓储监管、质押评估拍卖等中间服务，弥补银行等金融机构的功能缺失。

3．国内外供应链金融的不同点

一是国外业务品种更多。国外除了商业银行的应用，还在研究整体供应链企业的金融赋能行为。国内供应链金融目前还是以应收账款融资、仓单质押及保兑仓融资为主，相对有限。国外开通的服务领域更多，包括出口信用证项下授信、商业承兑汇票授信、票据池授权、仓单质押授信、货权质押授信、先票后货授信等。二是供应链融资主体不同。国内供应链融资主体为银行，为供应链金融业务提供资金和结算服务，解决上下游企业的融资问题，并借助物流等第三方对融资企业进行评估；

而国外供应链融资主体更多元化,如银行、基金、保险、贷款公司、物流企业等,解决了核心企业销售回款的问题。各级政府在招商中,应引入国际知名金融机构和物流企业,拓展供应链金融业务,更好地服务于中小型企业和实体经济。

4. 中国供应链金融的四个阶段

(1)起源 1.0 阶段。我国供应链金融起源于1999年,深圳发展银行初步尝试供应链金融,推出动产和存货融资业务,经过多年摸索,于2006年6月推出多款供应链金融产品,并获得成功,之后供应链金融迅速在国内发展。招商银行、上海浦东发展银行、中国民生银行、中信银行及兴业银行纷纷加入这一极具市场潜力和风险可控的金融服务领域,推出具有特色的供应链金融产品及服务。在这一阶段,形成了"1+N"模式,即某"1"家核心企业为供应链上的"N"家企业提供融资服务,在采购、生产、销售间形成供应链,连接供应商、制造商、分销商、零售商和消费者,让分工更细化、合作更默契,提升了整体供应链的价值和稳固性。我国商业银行主要在汽车、钢铁及能源等行业推出供应链金融服务和产品,基于"物"的状况,强调有形要素。

(2)发展 2.0 阶段。资金提供方不再以银行为主,物流企业、线上交易平台、拥有大数据的互联网企业均开始参与供应链金融。在这一阶段,互联网化是最大特点,供应链环节的物流、信息流、商流和资金流不再在线下流通,而是改为通过虚拟平台、互联网等方式传递,信息化、数字化将减少需求信息的扭曲和波动。这一阶段强调物流状态,对物流和商流的信息要求较高。

(3)协同 3.0 阶段。随着互联网技术和互联网金融的发展,供应链金融得到加速发展,也称互联网供应链金融阶段。这一阶段,"1+N"向"N+1+N"转变,去中心化,"1"不再是供应链的核心企业,而是供应链服务平台,能有效解决信息不对称的问题,实现批量授信、流水线式操作,供应链金融呈现平台化趋势。这一阶段强调网络交易结构和交易关系,信息来源及形态具有较高的复杂性。

(4)跨界 4.0 阶段。未来,供应链金融将跨产业、跨区域,与资本、行业、政府深度联盟,实现互联网、云计算、大数据和物联网有机融合的大金融生态,供应链金融将更好地服务于各主体,提升运营效率,使商业生态获得更好的发展。

供应链金融,首先来源于供应链。2017年10月,国务院办公厅印发《关于积极推进供应链创新与应用的指导意见》(国办发〔2017〕84号),将供应链正式上升到国家战略层面。当年全国金融工作会召开,各个行业都开始关注供应链金融创新和应用,把供应链金融作为解决中小型企业融资难问题的重要手段之一,同时社会普遍关注供应链金融的风险防控问题,通过互联网供应链金融,在行业、企业信息、供应链三个领域对融资企业进行系统评判,通过大数据提供技术保障。民间借贷利率达20%以上,银行借贷利率为6%~8%,供应链金融填补了8%到20%之间的利率差额,是产业链再升级的战略级突破口。要想推动供应链金融大发展,必须建立完善的金融风险防控体系,中国供应链金融发展目前主要存在供应链管理不成熟、信息技术能力欠缺、风险管控体系不完善三个方面的问题,需要通过订立契约增强链条企业约束,使物流、信息流、资金流封闭运行,建立推动金融发展的信息技术平台三个方面完善供应链金融保障机制,并在技术、制度、业务上不断创新,结合国情,吸收国外供应链金融的发展经验,探索中国供应链金融发展之路。

供应链金融业务主要涉及3个领域:采购阶段的预付账款融资、生产阶段的库存融资、销售阶段的应收账款融资。

5. 电商企业供应链金融启示

供应链金融作为供应链发展的趋势和方向,伴随电子商务的发展和相关法规制度的不断完善,逐步形成销售型电子商务供应链金融、采购型电子商务供应链金融和整合型电子商务供应链金融3种类型(见表16-2)。

表16-2 电子商务供应链金融分类及业务品种

分　　类	实施企业	代表性供应链金融业务品种
销售型电子商务供应链金融	京东	京保贝、京东白条、京小贷、云仓京融,2012年11月,京东试水供应链金融
采购型电子商务供应链金融	京东	预付类、存货类(采用仓单质押方式,获得50%~70%融资额度)、应收类
整合型电子商务供应链金融	目前国内尚无	供应链金融的发展方向,目前阿里巴巴、京东、苏宁等企业均在研究

电子商务企业依托强大的数据分析能力和对物流供应链的透明管控,方便拓展供应链金融业务并控制风险。以京东为例,其供应链金融发展如下。

第一阶段:试水银行放贷(2012年)。2012年11月,电商企业京东开始试水供应链金融业务,通过与相关贷款银行进行深入合作,逐步为京东商城的供应商提供各类金融业务支持,既解决了这些供应商对金融资金需求方面的问题,又进一步稳固了京东整体销售的供应链。主要融资的方式包括以下几类:订单融资、入库单融资、应收账款融资和委托贷款融资等。京东向银行获取其全供应链授信后,再完成供应商与银行分解授信,银行负责发放授信资金。这一推进工作让京东领先其他企业一程。

第二阶段：面向自营平台卖家以自有资金放贷（2013 年）。基于京东零售平台供应链的优势，2013 年 12 月京东先使用自有资金开展相关融资服务，服务的对象暂时只针对自营平台的卖家，推出"京保贝"等供应链金融业务和服务，并借助大数据，使卖家提出相关申请、审批、贷款到账的全过程均线上受理，无须人工判断和审核，此举既降低了管理成本，又提高了审批效率。京东商城也通过对卖家交易记录的授信，根据卖家以往历史交易的大数据和信用程度，匹配相关风险控制模型，最终核定卖家的授信额度，京东供应链金融真正上马启动。

第三阶段：面向平台商家放贷，建立生态（2014 年）。2014 年 10 月，京东金融推出"京小贷"创新服务，面向平台所有商家开放，弥补了原来"京保贝"融资范围不足的问题，强化了京东金融生态圈的竞争能力。信用较好的平台商家，无须抵押，可以在线查看资格，自主申请，系统自动审批，贷款立即到账，"京小贷"衔接商家的京东支付和结算平台，融资时长最高可达 12 个月。

第四阶段：针对动产放贷融资（2015 年）。互联网首个电商企业动产融资供应链金融项目，就是京东 2015 年 9 月联手中国邮政共同推出的"云仓京融"项目。依据云计算和大数据，京东可将平台上商品不同时期的价格及其他电商平台同类产品的价格进行对比分析，实现"云仓京融"与仓库管理系统的充分对接，实现上游供应商和下游消费者的仓储及销售数据共享，自动识别风险，服务于整个电子商务供应链，完成授信。

四年四大步，京东金融从消费者、商家、产品几个维度，实现了业务全覆盖，基于平台大数据走出了一条精准营销和风险可控的供应链金融之路。

6．供应链金融切入方式

电商平台和核心企业进入供应链金融，主要有以下方式。一是设立小贷公司，利用自有资金向上下游企业放贷，获得利息收入。当前企业的实际贷款利率，也就是融资成本较高，约是基准利率的 4 倍，年利率可达 15%，放款快，期限灵活，缺陷是资金来源不足，资金主要是股东资本金、银行融入资金等。二是设立担保公司，用本企业资信为上下游企业担保使其获取贷款，担保公司需缴纳 10% 的保证金，缺点是受限于资金额度，银行审批慢，较难满足社会中小型企业的需求。供应链金融业务平台主要涉及大宗商品、农业、房地产、制造业等。

7．互联网供应链金融的未来趋势

在国家政策支持和"互联网+"的推动下，商业银行、供应链核心企业、电商平台纷纷在供应链金融领域竞争、合作、创新、成长，解决中小型企业抵押不足、担保匮乏的问题。①电商平台类供应链金融发展迅速。例如，阿里巴巴、金银岛、敦煌网等，通过自有资金（阿里小贷、天猫小额贷款、天猫供应链贷款）和外来资金拓展在线供应链金融业务。②自营平台供应链金融稳步发展。例如，京东、苏宁云商等。③垂直电商的供应链在细分领域具备优势。在一些行业领域，垂直电商的供应链金融潜力巨大，实现专业化、精细化发展。④有完整产业链的巨头生态链更好。例如，苏宁作为国内最大的商业零售企业，供应链金融具有较大优势，2012年上线"省心贷""随心贷"，随借随还，大大满足了供应商的短期资金需求，并初步实现"供应链金融+消费信贷+基金保险"的全产业链金融大布局。⑤产融结合，供应链金融配套设施日益健全。供应链基础设施，如供应链金融平台、支付风投设施、信用基础设施、风险防控设施、信息技术设施、供应链征信设施等均会伴随社会发展而快速发展。未来，除银行主导的供应链金融外，物流企业、电商平台、大型核心企业主导的供应链金融必将不断发展，供应链管理将推动物流、信息流、资金流、商流"四流合一"企业的快速发展，如供应链综合物流金融中介性公司，既当物流公司，又当金融机构。

 小贴士

中国股市上的供应链企业

2017年10月，国务院印发《关于积极推进供应链创新与应用的指导意见》，这是国家第一次把"供应链"上升到国家战略层面，具有重要意义。

这项国务院指导意见的出台，具有三层现实意义。一是供应链创新是国务院落实新发展理念的重要举措；二是供应链创新也是中央供给侧改革的重要抓手；三是供应链创新是新时期企业发展的重要方向。

在中国资本A股市场，截至2021年8月底，以供应链命名的上市企业有9家，分别为深圳市怡亚通供应链股份有限公司、深圳市普路通供应链管理股份有限公司、深圳市东方嘉盛供应链股份有限公司、深圳市飞马国际供应链股份有限公司、瑞茂通供应链管理股份有限公司、密尔克卫化工供应链服务股份有限公司、易见供应链管理股份有限公司、新疆天顺供应链股份有限公司、海程邦达供应链管理股份有限公司。另外，老牌世界500强供应链公司有四家：物产中大集团股份有限公司、厦门象屿股份有限公司、厦门建发股份有限公司、厦门国贸集团股份有限公司。这些公司都是供应链行业的引领企业。

第 17 章 供应链风险管理

17.1 供应链风险管理概述

2020年，新冠肺炎疫情暴发，让世界经济按下暂停键，全球供应链安全成为国家领导人极其关注的问题。我国从20世纪末开始研究供应链风险。

17.1.1 供应链风险管理的定义

供应链风险管理是指供应链上的企业之间是相互依赖关系，一旦某一个企业出现资金风险问题，会波及其他企业，甚至整个行业，导致整体供应链无法正常运作，甚至出现破裂，需要加强风险管理。供应链风险管理包括风险的识别、风险的衡量、风险的控制和风险管理的实施四步。常用的处理方法包括风险转移、企业成员信任和监督机制重新建立、优化合作伙伴选择等。

供应链风险主要包括供应链中断和供应链延迟。供应链中断包括自然灾害、政治不稳定、运营事故和单源供应风险等；供应链延迟包括产能风险、产品服务不稳定风险、库存风险、质量风险、系统风险、技术变化风险等。

供应链风险管理不再是单一部门的业务，而是贯穿于企业运作和管理的全过程，涉及市场需求分析研究、产品设计开发、供应商选择开发、供应商管理、产品质量管理、生产运作、国际贸易、仓储和物流、售后服务等全环节，以及政策法规、技术信息和客户关系管理等，需要同时熟悉采购、物流、贸易、信息技术、电商、法律等领域。2018年，锤子手机一再推迟上市，痛失发展良机和大好人气。随后小米手机也出现类似情况，由此可见，企业供应链风险管理至关重要。

"深挖洞、广积粮"，如何应对供应链风险，保障国人生活生产健康运行？针对风险和不确定性，应对、应急成了供应链风险管理中需要重点研究的课题。

17.1.2 供应链风险的产生原因

供应链风险的产生原因分为三类。第一类是运营事故,如设备故障、系统故障、供应商破产等;第二类是自然灾害,如地震、飓风等;第三类是恐怖袭击或政治因素。这几种情况一旦发生,对企业影响巨大,明智的做法是提前做好供应链风险预案。

17.1.3 供应链风险的应对

应对供应链风险的几种办法。一是全员营销;二是研发新产品;三是尽一切可能降低成本;四是提高生产效率;五是搞好人际关系。

防范供应链中断风险的四点要求。一是摸透供应链的潜在风险,做到心中有数;二是提高供应链管理能力,心有预案;三是优化产品设计和模块式装配,将地域个性化降到最低,心想优化;四是提升供应链柔性,做到数据化对接,提前获取供应商能力信息,做到心心相印。跨国企业一般在多国布局多家同类产品供应商,或做出"备胎计划",如华为快速启动鸿蒙操作系统,应对不利的供应链风险和市场竞争,在高端进口芯片不足影响手机销量的情况下,大力发展华为笔记本等其他系列产品,基本化解企业供应链风险。

企业缺乏内部协作和商业情报是供应链的痛点之一。供应链风险也是企业的物流风险,物流线也是企业的生命线。中国目前急需建设强大的国际物流支撑体系,需要大力投资数字化和智能化的全球物流基础运营设施,完成全球智慧物流"新基建"建设,保障国际物流通道畅通及国际供应链的安全,参与全球物流服务标准制定,提升中国在全球物流体系中的话语权。企业要尽量确保实体经济的供应链、产业链留在国内,并强化国际供应链合作。

我国应加快建立储备充足、反应迅速和抗冲击能力强的应急物流体系,加快建设现代军事物流体系,促进我国国防力量和经济实力的同步提升。

17.2 应急物流

当今世界,自然灾害和疫情灾害不断出现,给社会造成巨大的损失。而与之相对应的,我国的应急物流供应链体系建设才刚起步,应对突发事件时显得力不从心。下面介绍应急物流体系相对专业的主要国家的做法。

1. 美国设立救灾物流专门机构

美国采取的应急管理模式为行政首长领导，中央协调，地方实施。美国政府设立了联邦应急管理署（Federal Emergency Management Agency，FEMA），负责全国范围内所有防救灾事务，实行集权化和专业化的管理模式。联邦应急管理署统筹全国的救灾工作，并直接向美国总统负责，其下设立国家应急反应队，拥有超过 5000 人的预备人员，并且实行军事化管理。美国大力强调积极运用各类先进的高新科学技术，进行事先预防及模拟演练工作，针对不同的大城市及人口相对稀少的地区发生的灾害，采取不同的预案和救灾方式。另外，美国的救灾规划中会设计管理社会治安的任务，在发生重大灾害的时候，迅速转变为国家紧急救灾体系中的一部分。联邦应急管理署内也设有专门的物流管理机构，在平时主要承担救灾物资的储备和管理、救灾物资的配送路线规划、救灾物资的需求预测，以及救灾物流中心的设置等各项工作。一旦自然灾害发生，物流管理单位便立即转入并启动联邦紧急救灾状态，开始各类救灾物资的接收及发放工作。当地方和州一级政府在应急能力和应急资源不足的时候，还会进一步向上一级政府申请专项支持。面临特大灾害时，救援经费大部分来自美国联邦应急管理署负责的"总统灾害救助基金"。在国际救灾方面，美国还设有 OFDA（Office of Foreign Disaster Assistance，对外灾害援助办公室），负责处理全球范围内各种国际紧急事务，并且在全球已建立了七个应急专用仓库，这些仓库一般都在紧靠机场和海港等交通十分便利的城市，平常也会存储一些基础的救灾物资，如帐篷、塑料薄膜、手套、防尘面具、毯子、钢盔、尸体袋等，当某一区域突发重大的灾害时，OFDA 就会从距离最近的仓库迅速调拨专项救灾物资，极速送达受灾地区。美国还十分注重灾害应急处理方面的立法，出台了《灾害救助和紧急援助法》《全国紧急状态法》《国家地震灾害减轻法》等司法条例，依法进行指挥，依法进行危机处理和全民动员，另外美国对应急物流等活动也都进行了专项规范。

2. 日本救灾物资物流分阶段管理

日本应急管理模式基本上可归纳为行政首脑亲自指挥，综合机构快速协调联络，中央会议制定相关对策，地方政府负责具体实施。

日本的救灾体系根据职能可划分为三级管理机制，包括中央国土厅救灾局和地方都道府及市乡镇。各级日本政府防灾管理的部门机构健全、职责清晰、程序明了、内容比较完善。并且，日本政府将每一年的 9 月 1 日定为国民"防灾日"，每年都会举办有日本首相和有关大臣参加的全国性防灾演习,进一步提高日本国民的防灾意识,并且对相关防灾组织机构的人员进行全面实战训练,检验中央及地方政府在救灾、通信、救护、消防等方面的运转协调能力。在救灾应急物流方面,日本采取的主要做法如下。①制定发生灾害后的运输替代方案,根据方案规划陆、海、空运输救灾的安全运输路径,尤其是利用好海运和空运这两类受自然震灾影响相对较小的物流运输方式。②制定救灾物流的标准作业流程手册,对救灾物资的运输、设备机械的应用和分工合作等方面都做出明确要求。③设计规划灾害避难所,当灾害发生时,迅速将平时作为其他用途的相关场所转变成为当地灾民的避难所,并且还可以作为救援物资的发放地点。④对救灾物资配送工作实施三个阶段的管理,第一个阶段由政府相关行政单位全面负责,执行紧急救援物资的收集、存放及运输等重要工作,配送中心也实行24小时不停息作业,国家军队协助进行交通管制,提供紧急的物品及相关运输保障;第二阶段由社会物流公司负责,由他们设立相关的配送中心,实行储存和物流管理,提升物资的配送效率;第三阶段仍然是物流公司负责,依据各类灾害需求订单进行专业配送。日本政府目前已做到充分利用现代商业物流的效率和能力,将各类救灾物资根据不同性质分送到全国不同的仓库,社会企业和个人捐赠的必需物资也经过交叉的站台快速分类之后能够快速送到灾民点,非必需的物资则送到相关的储存仓库,以便今后使用。

3. 德国积极发挥民间组织的救灾作用

德国的灾害预防及救治工作,充分实行分权制和多元化管理。应急物流管理工作由多个机构共同协作完成,最高的协调部门是公民保护与灾害救治办公室,这个机构隶属于德国联邦内政部。当德国发生相关疫情、火灾、水灾等灾害的时候,救灾物流由民防专业队伍负责。德国在全国约有6万名专门从事民防工作的相关人员,另外在德国还有超过150万名消防救护、医疗救护及技术救援志愿人员。这些在德国经过专业技术训练的民防队伍,按照不同地区建立抢救队、消防队、卫生队、维修队、空中救护队等队伍。在救灾物流方面,德国技术援助网络等专业机构会为救灾物资的运送及供应等提供非常专业的知识和先进的技术装备。另外,德国健康促进会作为一家非营利国际人道主义组织,在全国救灾物流管理方面也发挥着重要的作用,该机构每年会利用水陆空等途径,向世界范围的80余个国家和地区配送超过三百多万千克的救灾物资,并且通过高效的计算机捐赠管理信息系统,保证德国救灾物资的快速安全送达。

17.3 绿色供应链和碳中和

绿色供应链管理（Green Supply Chain Management，GSCM）是指将资源利用、环境保护等意识融入供应链管理各环节，在产品设计、材料选择、产品生产、产品营销和再回收等过程中，使核心企业与上下游企业从战略高度系统协调经济效益、社会责任和环境保护三重底线（经济底线、社会底线、环境底线），并有效管理物流、信息流和资金流的管理模式，这是现代企业实现可持续发展的有效途径。绿色供应链使环境保护的现代理念在供应链管理中得以体现。

1996年，美国密歇根州立大学的制造研究协会（Manufacturing Research Centre，MRC）在名为"环境负责制造"的研究中首次提出"绿色供应链"概念。这以后，"绿色供应链"概念在企业界和学术界得到广泛关注。到21世纪，绿色供应链管理理论趋向成熟，通用汽车2008年启动"绿色未来"全方位绿色发展战略；截至2015年获得世界环境中心认证的绿色供应商超过300家；2008年，沃尔玛公司也在店铺设计、供应商、物流和包装四个方面推广绿色供应链。

绿色供应链管理的对象主要包括供应商、制造商、销售商、回收商、消费者、社区及政府。管理内容包括绿色采购管理、内部绿色管理和环境伦理管理。

2021年5月26日，我国碳达峰碳中和工作领导小组第一次全体会议在北京召开，标志着绿色供应链这一重大战略决策开始全面推进。

"碳达峰"是指二氧化碳的排放量达到一定的峰值以后，不再增长。这就意味着2030年前，我国的二氧化碳排放总量在达到规定峰值后，不允许再增长，并且开始逐年下降。

"碳中和"是指到2060年之前，中国通过植树造林、企业节能减排和产业调整等各种形式，抵消我国自身产生的二氧化碳排放量。

碳达峰和碳中和将全面改变我国的能源产业格局，重构制造业的产业链、供应链，改变企业和个人的生产生活方式。当前在我国能源产业格局中，产生碳排放的化石能源占总能源消耗的84%，如煤炭、石油、天然气等，而不产生碳排放的水电、风电、核能等仅占16%。截至2060年，中国将实现碳中和，摆脱对国际外部能源进口的依赖，全球石油地缘政治时代也将改变，全球焦点将转移到对低碳技术价值链的控制和竞争上。中国当前开始全面制定碳达峰和碳中和的目标、时间表、路线图、施工图。供应链管理应注意在设计、采购、生产、销售、服务等全环节对碳排放指标进行管控。

供应链正走向绿色和零（低）碳供应链，让采购中的环保行为成为新常态：消费品包装可回收；使用绿色能源；制定供应商绿色排放标准；整个供应链减少排放。

17.4 供应链管理体系建设风险管理

供应链管理体系的建设源于三大因素。一是需求竞争，客户个性化需求的增加，再加上价格的多变、产品生命周期的缩短，使需求预测越来越难；二是成本竞争，全球竞争给供应链带来了成本压力，要求降低劳动力及生产成本；三是流程竞争，复杂的分销及外包模式，增大了供应链管理的复杂程度。

成功的供应链管理就是以更少的资源投入，获得更好的结果，或是在正确的时间，将正确数量的正确产品，送抵正确地点，并付出合适的成本。

1．我国企业在供应链管理体系实践中的"四不"问题

一是"不懂"，对供应链管理体系认知不完整。要么认为供应链管理就是采购、生产，要么认为供应链管理是物流，认知相对片面。

二是"不建"，未建立有效的组织领导体系。即便懂了，企业的领导体系松散，各自为政，无法有效和高效协调。

三是"不纠"，供应链管理的责任主体缺失。相关部门都在管，但又都没管，供应链管理的责任及考核不明确，各部门相互推诿责任。

四是"不通"，缺乏供应链管理的顶层设计战略。供应链管理体系懂了、建了、明责了，却不知如何开展工作，缺乏企业级供应链管理的顶层设计战略，还是起不到应有的作用。

2．供应链管理组织架构的现代化

企业需要针对供应链进行"四定"，即设定专职供应链管理部门、设定首席供应链官（或供应链总裁）、界定供应链组织边界、确定供应链结构模式。通过实施组织架构，实现企业整体供应链的可见性，实现跨时间、跨流程和跨部门的计划同步进行，实现合作伙伴和协同部门的协作性，避免延迟。

3．供应链管理体系的技术方法及工具

2000年前后产生的供应链管理方法包括MRP（Material Requirement Planning，物资需求计划）、MRPⅡ（Manufacturing Resource Planning，制造资源计划，它的简

称也是 MRP，为了与传统的 MRP 有所区别，并表示制造资源计划是 MRP 的延续和发展，将其名称改为 MRPⅡ）、ERP，存在数据分散、缺乏端到端的洞察能力、客户意图分散等问题。

当前，供应链管理要求提升信息系统的数字化运营能力，包括培养具备供应链管理思维的技术人才，掌握大数据、云计算、IT、人工智能算法等技术；开发或引入专业的供应链管理系统，如 SAR（Sense and Respond）系统等。

企业应打造数字化供应链管理中心，建设供应链管理中心（平台），实现从供应商到客户间的"寻源+库存+订单+交付"的可视化、智慧化、协同性和决策优化。具体可采用两种方法，第一种方法是"链主"企业自建并使用供应链管理中心，对企业要求较高；第二种方法是供应链服务公司提供并维护供应链管理平台，通过互联网向客户提供数据、信息和运作管理等有偿服务。中小型企业可以运用第二种方法，更快、更低成本地实施企业供应链智能化建设。

 小贴士

服装企业电商供应链如何崛起

湖北是中国服装大省，却不是服装强省。湖北服装的历史悠久，优势明显，服装企业超过 5000 家，产值超千亿元。那么，如何借助供应链管理发力，打造"武汉服装之都"？

一、湖北服装简史

（一）线下发展

20 世纪 90 年代，武汉服装崛起，也称"汉派服装"，黄金时代在 1995—1997 年，彼时服装企业数超过 2000 家，在中国十大女装中占有 6 席，多家男装居前列，武汉曾一度成为中国服装重镇。随着市场竞争加剧，北上广及深江浙闽崛起，汉派服装日渐沉沦，10 年前 10 余个汉派服装企业从武汉广场集体清退，更是轰动一时，汉派服装现在更多销往三四线城市。2017 年 9 月，武汉市"重振汉派服装行动"启动，并推出十大举措，计划在 5 年内使全市服装产值突破 2000 亿元，成为中国服装名城和全球时尚中心。

（二）线上发展

服装行业是电子商务渗透率最高的行业，比例为 30%～40%。在服装电商领域，湖北服装也曾经辉煌一时。第一阶段：萌芽期（2003—2007 年，共 5 年）。

一批汉正街电商加入淘宝,获得收益,开店赚钱的可能性很大。第二阶段:黄金期(2008—2012年,共5年)。这期间,我的百分之一、安都等服装企业快速崛起,依靠好的创意,如我的百分之一"服装拍摄全球十国行",让气质模特穿上汉派服装,在法国巴黎、美国夏威夷、英国伦敦等城市拍照上架,每周上新后迅速被网民抢购一空,一时成为全国服装电商企业翘楚。服装电商也成为湖北电商屹立全国电商界的三大王牌之一(服装、食品、装备)。第三阶段:更替期(2013—2018年,共5年)。伴随传统服装品牌企业纷纷触网、淘宝运营规则改变、竞争加剧、消费者需求升级,原有的湖北服装淘品牌纷纷"陨落"。数据显示,从2012年开始,湖北服装淘品牌就开始感到吃力,2014年武汉排名前20的服装电商中,多家的销量出现断崖式下跌。与此同时,一批传统服装品牌企业不断加入互联网电商,猫人、爱帝等发力电商,快速崛起,形成一拨又一拨的电商发展高潮。凭借供应链和品牌优势,传统企业全面抢占了服装电商靠前位次。第四阶段:供应链复活期(2018年至今)。一批传统服装品牌企业加大投入,冰川羽绒服、裕大华等品牌复出江湖。如果淘宝为1.0模式,移动电商为2.0模式,新零售模式为3.0模式,那么今天直播崛起,为消费者提供了更好的消费体验,将成为新的战场。

二、全国发展趋势

一是服装电商传统企业领先。2017年,中国服装行业销售收入百强前五名为海澜集团、雅戈尔集团、红豆集团、杉杉控股、波司登。百强销售额达6573亿元,同比增长12.5%,占国内规模以上服装企业销售总收入的30%,国内百强服装企业年收入门槛为6.5亿元。传统服装品牌企业仍是榜上主力,但线上线下共同发力成为主流。湖北仅武汉凯晨国际贸易有限公司入榜(以企业自愿申报方式评选)。二是服装电商C2B趋势显现。一批高端用户,借助线下实体店或是上门测量,开展服务电商"定制服务"。三是服装阿米巴经营模式初见成效。服装企业开始创建并成为个人创业平台,老板变成创业小伙伴们的幕后支撑力量,员工在服装电商及产业链上开始共同创业,小批量、多款式、定制日益成为趋势。四是服装电商市场不断壮大。中国服装电商市场规模仍然保持稳定增长趋势,2011年达1257亿元,到2016年达7457亿元,5年增长了6倍,远超很多行业,市场潜力毋庸置疑。

三、成功案例启示

案例一:"综合派"海澜之家,全面出击。2018年,海澜之家上半年收入过百亿元,利润达27亿元。公司围绕打造生活消费类多品牌管理平台的战略目标,实现多品牌、多品类、管理型平台运营。腾讯入股后,市值迈向500亿元,并入驻大众点评，推出海澜优选生活馆微商城、海澜之家微商城。海澜之家入驻美团外卖，开创外卖配送服装先河，借力50万名骑手和2.5亿名用户的优势快速发展。海外店也开始加快布局，马来西亚已开9店，海澜之家以新加坡、马来西亚、泰国为起点，进军东南亚，从亚洲走向世界。

案例二："平价派"优衣库，电商强势。优衣库目前做到了两个打通：一是线上线下同款同价；二是线上线下会员权益打通。无论是在网店还是在门店，实现了"A店买、B店换、C店退"高度数字化管理，在服装领域的成熟度远超其他品牌。据了解，优衣库采取"统筹外包模式"，总部就是中国区电商的"大脑"。优衣库实现了面料自主研发，拥有高起点，同时执行力强大、管理效率高。

案例三："回归派"李宁，设计回归时尚。"中国李宁"系列及"悟道"系列，亮相即成为行业话题，并引起社交平台的强烈关注。李宁体育2017年上半年营业额同比增长58%，"中国李宁"系列新产品收入贡献率从13%提升至19%。其他品牌，如森马，2017年电商收入突破50亿元，全渠道收入突破100亿元。邦购网、梦芭莎、玛萨玛索、七匹狼纷纷加大对电商和新零售的投入。

案例五："海外派"Everlane，透明轻奢打天下。Everlane是一家美国服装电商，于2011年成立。由于其设计简约，面料高档，剪裁中性，供应链强大，质量有保证且价格低廉，在几年时间内迅速崛起，年毛利润过亿元。其定位就是摆脱中间商，为消费者提供高质量、低价格的服装。例如，一件T恤的成本为7.5美元，网上只售价15美元，但社会精品店内同品质的T恤却要55美元左右。为了使成本更低，其并未在商场设专柜，也无实体商店，直接服务消费者。由于成本管控，其实施不打折模式，任何时候购买均让人感觉到实惠。另外，Everlane的广告费用仅占公司支出的5%，其主要利用口碑扩大粉丝群。Everlane的产品理念是"十年不过时"。该品牌不是季节性发售，而是一件件推出，每年新品并不多。这让设计团队有更多时间酝酿产品，并反复测试。简约成为用户偏爱这个品牌的核心元素之一，这也是消费者品位升级的结果。为了强化信息互通，高度透明，使用户更信赖，产品标签甚至标出了成本。例如，白衬衫，棉布、线及扣子10.8美元、剪裁1.2美元、缝制8.4美元、物流4.6美元，合计成本25美元，零售价55美元，而其他品牌的同类产品为110美元左右。因此，30%的消费者会成为重复购买者。Everlane为客户着想，注重客户体验，发布App，通过移动端更好地为客户服务。

四、湖北服装新零售的几点思考

全国服装行业规模约为3万亿元，科技渗透相对不足。服装是电商的第一大品类，也是过度竞争的行业。要想在众多企业中脱颖而出，企业要有清晰的定位、独特的设计理念、鲜明的风格。

一是错位竞争，做好行业服装。例如，中老年人服装是湖北的优势品类，产业配套能力也很强，企业要更好地发挥优势，进行错位竞争。二是发力新零售。这是一次逆袭的机会。湖北培养出全棉时代、五谷磨坊、良品铺子、周黑鸭、仟吉、Today等知名新零售企业，而在服装领域还有欠缺。如何注重电商、拓展粉丝、向年轻化转型等，都需要企业下功夫。三是做好产品消费升级。做更好的产品，好产品会说话。四是充分借助资本的力量。针对好的服装，进行产业链配套。五是发挥服装"创二代"的作用。与发达城市及全球时尚信息对接，重点切入新平台，如抖音、小红书等，发挥社交电商的优势。六是发挥数字化及信息科技的力量。利用人工智能为消费者提供穿搭建议，增强线下购物体验。七是回归定位及客户需求。回归初心，确定最能打动消费者的是什么，其他的都是补充方式。八是全面拥抱供应链管理。重点做好设计的供应链管理和销售的供应链管理，做产品微笑曲线的最高端部分，可以将生产外包出去，增强核心竞争力。

☑ 本篇知识点小结

1. 智慧供应链由感知层、决策层（网络层）和应用层三个层级架构组成。

2. 智慧供应链管理的"四化提升"：智能化（人工智能）、可视化（透明供应链）、数字化（大数据化）、无人化（减少人工、控制成本）。

3. 供应链的水平是国家竞争力的重要标志之一。

4. 2018年，供应链管理成为一个行业细分类目，社会上供应链公司大规模登记、注册、运营，这成为新物流及新零售行业的新特点和趋势。

5. 物流供应链管理先后经历基础物流整合服务、供应链服务、供应链金融服务、产业供应链平台服务四个阶段，循序渐进，逐步深入。

6. 三大物流智能装备：物流机器人、快递无人机、自动驾驶货车。

7. 智慧物流技术主要是指信息化和自动化物流技术，包括条码、射频识别、电子数据交换、感应识别和全球定位等各类基础技术。

8. 京东智慧供应链是京东物流的第二曲线。第一曲线是智慧物流和快递（京东一号云仓、快递、冷链等基础业务）；第二曲线是智慧供应链，包括智慧农业（植物工厂）、智慧教育（机器人学院）、京东 X 事业部、四无项目（无人仓、无人机、无人车、无人零售）等。第二曲线将成为京东"看见未来"和"制胜未来"的战略业务。

9．智慧行业供应链包括商贸业供应链、制造业供应链、服务业供应链三类。

10．中国企业数字化分为四个阶段：操作电子化、流程信息化、管理数字化、决策智慧化。数字化转型是企业流程再造的必由之路、关键之路。

11．数字供应链也可说是数据供应链，其技术分为双网技术、云计算技术、大数据技术、区块链技术、人工智能技术五个层级。

12．数字供应链的大数据包括四类：结构数据、非结构数据、新类型数据、传感器数据。三项技术最为关键：传感器技术、射频识别技术、嵌入式系统技术。

13．基于供应链管理思维的创新发展，供应链呈现电商、新零售、供应链金融三个递进发展趋势。

14．供应链风险管理是指供应链上的企业之间是相互依赖关系，一旦某一个企业出现资金风险问题，会波及其他企业，甚至整个行业，导致整体供应链无法正常运作，甚至出现中断。供应链风险主要包括供应链中断和供应链延迟。